RUSSIAN-ENGLISH/ENGLISH-RUSSIAN POCKET LEGAL DICTIONARY

Русско-английский/англо-русский карманный юридический словарь

RUSSIAN-ENGLISH/ENGLISH-RUSSIAN POCKET LEGAL DICTIONARY

Русско-английский/англо-русский карманный юридический словарь

Leonora Chernyakhovskaya, Ph.D

Hippocrene Books, Inc.
New York

Series Editor: Lynn Visson
Series Consultant: James Nolan
Consultants: Valerii M. Schukin, Court Interpreter; Boris Palant, Attorney
    at Law; Merab Boter, M.D., Ph.D., (Health Law); Nataly Gourary, At-
    torney at Law; Yefim Vitomsky, Taxi Driver Institute Director, KCC,
    CUNY

For information, address:
    HIPPOCRENE BOOKS, INC.
    171 Madison Avenue
    New York, NY 10016
    www.hippocrenebooks.com

Library of Congress Cataloging-in-Publication Data

Chernyakhovskaya, L. A. (Leonora Aleksandrovna)
Russian-English, English-Russian pocket legal dictionary / Leonora
 Chernyakhovskaya.
        p. cm.
ISBN-13: 978-0-7818-1222-1 (alk. paper)
ISBN-10: 0-7818-1222-4
1. Law--Dictionaries. 2. Law--Dictionaries--Russian. 3. English
language--Dictionaries--Russian. 4. Russian language--Dictionaries--
English. I. Title.
K52.R8C44 2008
340.03--dc22

                                                        2008004731

Contents
Содержание

Foreword

This pocket dictionary is designed to help those individuals who need to communicate in real-life situations where it is vital to find quickly an English or a Russian legal term or phrase. The organization of the book is therefore more practical than analytical: entries are not listed strictly according to the conventions of lexicography or grammar; nouns are listed in the plural if such usage is common usage; phrases which function as verbs or nouns are listed as such, etc. Without attempting to be exhaustive, we have sought to include most of the terms or concepts relevant to everyday legal situations and currently in use. The reader should be aware that legal terms can be specific to a culture and exact equivalents in another language do not always exist. Some legal topics have developed more specialized terminology, while others are of a more general nature and are addressed in the dictionary's initial section on general and procedural terms. Some terms have been borrowed by Russian from English, but have retained their Russian counterparts as synonyms. Some English legal terms, therefore, had to be given as several synonyms in the same entry, and others required more extensive explanations, especially in Immigration Law. The constant flow of immigrants to the U.S. has resulted in very detailed and sophisticated immigration law with many specific terms that have few direct equivalents in Russian and therefore require more detailed explanations.

Предисловие

Этот карманный словарь предназначен для тех, кому нужна помощь в общении в сложных ситуациях, когда необходимо быстро отыскать в словаре нужный юридический термин или словосочетание, а иногда и целую фразу-клише на русском или английском языке. Словарь организован таким образом, чтобы максимально облегчить эту задачу. Поэтому в нем не всегда соблюдены лексикографические и грамматические каноны. Например, некоторые существительные приводятся только со множественном числе, потому что именно так, а не иначе они употребляются именно в терминологическом значении. Целые словосочетания, которые имеют функцию глагола или существительного, указываются именно как глаголы и существительные, соответственно.

Мы постарались сделать словарь по возможности полным,

хотя и компактным, стремясь отразить в нем наиболее важные и наиболее общеупотребительные термины, которые могут понадобиться в ситуациях, связанных с решением самых разнообразных юридических вопросов. При этом следует помнить, что в американской и русской культурах термины часто могут не совпадать, что каждый день появляются новые термины, которые иногда не успевают получить соответствующий эквивалент в другой культуре, а иногда в этом просто нет необходимости в силу различий в американской и русской юриспруденции, культурных особенностях этих двух стран. В русском языке есть множество заимствований из английской терминологии, но при этом этом язык сохраняет и свою собственную терминологию, поэтому многие термины приводятся в словарных статьях вместе с рядом синонимов, которым в английском языке соответствует один и тот же термин. И наоборот, некоторые весьма многозначные русские термины, в силу своей многозначности, имеют в английском целый ряд синонимических соответствий.

Термины наиболее общего характера приводятся в разделе «Общая и процедурная терминология». Более специальные термины в различных областях юриспруденции расположены по соответствующим специальным разделам, потому что именно в специализированных терминах двух языков наблюдается больше всего различий, в силу различий в культурах и традициях. Однако некоторые области юриспруденции имеют особенно разветвленную терминологию в рамках одного языка, в силу специфики юридической терминологии именно в этой области, и поэтому часто не имеют соответствий в другом языке, и тогда приходилось прибегать к объяснениям, особенно в разделе «Иммиграционные законы». Поскольку США—страна иммигрантов, поток которых не иссякает и в наши дни, это вызвало к жизни множество специальных законов, связанных с иммиграцией, и соответственно, весьма специфическую терминологию, которая имеет очень мало прямых соответствий в руском языке и требует объяснений.

Notes on Pronunciation and Parts of Speech
Фонетическая транскрипция и условные обозначения

The pronunciation of Russian words in the dictionary is rendered in the Latin alphabet, without resorting to special transcription symbols. This practical system enables the user to pronounce Russian words correctly and shows the difference between the spelling of the words and their pronunciation. A brief guide to Russian pronunciation is given in the following table:

Russian	Transcription	Pronunciation
Аа	A*	like *a* in *father*
	a	like *u* in *hut*
Бб	b	like *b* in *box*
Вв	v	like *v* in *voice*
Гг	g	like *g* in *gone*
Дд	d	like *d* in *date*
Ее	Ye*	like *ye* in *yet*
	E**	like *e* in *let*
	I	like *i* in *lit*
Ёё	Yo*	like *yo* in *yonder*
	O*	like *u* in *turn*
Жж	Zh	like *s* in *measure*
Зз	Z	like *z* in *zoo*
Ии	I*	like *ee* in *need*
	I	like *i* in *lit*
Йй	y	like *y* in *toy*
Кк	k	like *k* in *kite*
Лл	l	like *l* in *love*
Мм	m	like *m* in *man*
Нн	n	like *n* in *note*
Оо	O*	like *o* in *port*
	o	like *o* in *pot*
Пп	p	like *p* in *put*
Рр	r	like *r* in *arrow*
Сс	s	like *s* in *spoon*
Тт	t	like *t* in *tank*

Russian	Transcription	Pronunciation
Уy	U*	like *oo* in *fool*
	u	like *u* in *full*
Фф	f	like *f* in *fat*
Xx	kh	like *kh* in *khaki*
Цц	ts	like *ts* in *its*
Чч	ch	like *ch* in *chance*
Шш	sh	like *sh* in *shoe*
Щщ	shch	like *shch* in *fresh cheese*
ъ	not designated	not pronounced; softens
ы	I*i	like *i* in *tip*
ь	not designated	not pronounced; softens the preceding consonant
	E*,e	(you may add a slight i sound for the purpose)
Ээ	Yu*, yu	like *e* in *end*
Юю	**U****	like *u* in *use*
	Ya*	like *u* in *dune*
Яя	**A****	like *ya* in *yard*
		like *a* in *la*

* Accented vowels are indicated in transcription by uppercase letters.
** Accented vowels after soft consonants (indicated in the text by letters in **bold** type) sound slightly different as compared to their pronunciation after hard consonants. (See the examples above.) Thus the bold type in the transcription means both that the consonant in question is soft and that the quality of the following vowel changes slightly.

Basic Grammar Information

The dictionary supplies basic grammar information in every entry. For the Russian language, adjectives coordinate their endings with gender and these therefore differ depending on the gender of the noun they modify. Adjectives given as separate entries have masculine gender endings. Feminine or plural endings are supplied when necessary, after a slash and a hyphen, as in ценн-ый/-ная (masculine and feminine endings) or ценн-ый/-ые (masculine and plural endings).

Verbs are provided in their two base forms, perfective and imperfective. The root of a verb is given, followed by its hyphenated perfective ending after a slash, e.g.: лиш-ить/-ать. Transcription is given of both the perfective and imperfective forms in full, e.g.: [lishIt/lishAt].

Abbreviations

Abbreviation	English	Russian
adj	adjective	прилагательное
adv	adverb	наречие
(*Lat.*)	Latin	(*лат.*)
(*slang*)	slang	(*слэнг*)
(*colloq.*)	colloquial	(*разг.*)
(*jarg.*)	jargon	(*жарг.*)
(*etc.*)	et cetera	(*и.т.п.*)
e.g.	for example	(*напр.*)
	especially	*особ.*
	mostly	*преим.*
	also	*ткж.*
n	noun	существительное
nf	feminine noun	женский род
nm	masculine noun	мужской род
nn	neuter noun	средний род
npl	plural noun	существительное во множественном числе
v	verb	глагол

RUSSIAN-ENGLISH DICTIONARY

РУССКО-АНГЛИЙСКИЙ СЛОВАРЬ

Общая и процедурная терминология
General and Procedural Terms

агентство [agEntstva] *nn* agency

агентство по взысканию платежей [agEntstva pa vziskAniyu platizhEy] *nn* collection agency

адвокат [advakAt] *nm* lawyer; attorney; counsel; solicitor

адвокатский гонорар [advakAtskiy ganarAr] *nm* attorney's fees

административное производство [administratIvnaye praizvOtstva] *nn* administration

административный [administratIvniy] *adj* administrative

администрирование судебных дел [administrIravaniye sudEbnikh dEl] *nn* caseflow management

акт о происшествии [Akt a praishEstviyi] *nm* incident report

алкоголь [alkagOl] *nm* alcohol

алкогольный [alkagOlniy] *adj* alcoholic

алкоголик [alkagOlik] *nm* alcoholic; drunkard

алкоголизм [alkagalIzm] *nm* alcoholism; habitual drunkenness

алкогольная интоксикация [alkagOlnaya intaksikAatsiya] *nf* alcohol poisoning; alcohol intoxication

амфетамин [amfitamIn] *nm* amphetamine

анализировать факты [analizIravat fAkti] *v* examine the facts

аннотация [anatAtsiya] *nf* abstract; annotation; summary; note; brief

аннулировать [anulIravat] *v* annul; quash

аннулирование [anulIravaniye] *nn* annulment; abatement; dissolution; repeal; rescission; voidance

архив суда [arkhIf sudA] *nm* case files

аффидавит [afidavIt] *nm, also* **официальное свидетельство** [afitsiAlnaye svidEtilstva] *nn* affidavit

апелляция [apilAtsiya] *nf, also* **апелляционная жалоба** [apilit-siOnnaya zhAlaba] *nf* appeal; appellate; petition for appeal

апелляционная жалоба [apilitsiOnnaya zhAlaba] *nf* appeal; appellate; petition for appeal

    пода-ть/-вать апелляцию [padAt/padavAt apilAtsiyu] *v* file an appeal; appeal

апелляционный суд [apilitsiOnniy sUt] *nm* court of appeals; appellate court

арбитраж [arbitrAsh] *nm* arbitration

арбитражное примирение [arbitrAzhnoye primirEniye] *nn* conciliation

арестов-ать/-ывать [aristavAt/aristOvivat] *v* arrest; detain; put under arrest

атторней [atarnEy] *nm* lawyer; attorney; counsel; solicitor

аутентичный [autintIchniy] *adj, also* **имеющий силу оригинала** [imEyushchiy sIlu ariginAla] *adj* original; authentic; genuine

Общая и процедурная терминология

балансовый [balAnsaviy] *adj* balance
балансовый отчет [balAnsaviy atchOt] *nm* statement
банда [bAnda] *nf* gang; mob
без права апелляции [bis prAva apilAtsii] *adv* with prejudice
безгражданство [bizgrazhdAnstva] *nn* absent nationality
беспристрастно [bispristrAsna] *adv* without prejudice
в порядке опровержимой презумпции [f parAtki apravirzhImay
      prizUmptsiyi] *adv* prima facie
в силу действия закона [f sIlu dEystviya zakOna] *adv* by
      operation of law
вердикт [virdIkt] *nm* verdict
вещественный [vishchEstviniy] *adj* tangible
взяточничество [vzAtachnichistva] *nn* bribery; venality
виза [vIza] *nf* visa
вменяемость [vminAimast] *nf* responsibility
вменяемый [vminAimiy] *adj* sane; criminally sane; responsible
вмен-ить/-ять в вину [vminIt/vminAt v vinU] *v* assign; inculpate
вина [vinA] *nf* guilt
виновный [vinOvniy] *adj* guilty
виновность [vinOvnast] *nf* culpability
внезапность [vnizApnast] *nf* surprise
внести/вносить [vnestI/vnasIt izminEniya] *v* alter; modify; amend
вовлечь/вовлекать [vavlEch/vavlikAt] *v* induce; entice; involve;
      engage; implicate
возбудить/ возбуждать иск [vazbudIt/vazbuzhdAt yIsk] *v*
      claim; initiate a claim; prosecute a claim
возврат-ить/-щать дело на доследование [vazvratIt/vazvrashchAt
      dEla na daslEdavaniye] *v* remand
возмещение убытков [vazmishchEniye ubItkaf] *nn* compensation;
      compensation of losses; recovery; reimbursement; restitution;
      indemnity
возобнов-ить/лять [vazabnavIt/vazabnavlAt] *v* resume; revive
возражать [vazrazhAt] *v* challenge; defend; oppose
возражение [vazrazhEniye] *nn* objection; caveat; counter-plea;
      issue; challenge
возражение по иску [vazrazhEniye pa yIsku] *nn* defense;
      counter-case
восстанавливать в правах [vastanAvlivat f pravAkh] *v*
      rehabilitate
вручение [vruchEniye] *nn* delivery
вруч-ить/-ать судебный приказ [vruchIt/vruchAIt sudEbniy
      prikAs] *v* serve; deliver; process
вред [vrEt] *n* harm; damage; grievance
вредный [vrEdniy] *adj* harmful
встречное требование [fstrEchnaye trEbavaniye] *nn* offset;
      counter demand; counter-claim; demand in reconvention
встречный иск [fstrEchniy yIsk] *nm* counterclaim; counteraction
вступительная речь [fstupItilnaya rEch] *nf* opening statement

вступ-ить/-ать [fstupIt/-fstupAt] *v* enter; join

выговор [vIgavar] *nm* admonition; reprimand

выдача [vIdacha] *nf* delivery; issuance

выдача преступника [vIdacha pristUpnika] *nf* extradiction; criminal extradiction

выдви-нуть/-гать [vIdvinut/vidvigAt] *v* advance; promote

выз-вать/вызывать в суд [vIzvat/vizivAt f sUt] *v* summon

выйти/выходить из состава [vIyti/vikhadIt is sastAva] *v* withdraw

вынести/выносить приговор [vInisti/vinasIt prigavOr] *v* adjudicate; argue; deliver judgment; pass a judgment; invoke a sentence; render a sentence

выписка [vIpiska] *nf* abstract; abstract of record; brief; docket; summary

выписка из судебного решения [vIpiska is sudEbnava rishEniya] *nf* abstract of judgment

выплата [vIplata] *nf* payment; pay-off; pay-out; discharge; pay; redemption; disbursement

выра-зить/-жать вотум недоверия [vIrazit/virazhAt vOtum nidavEriya] *v* impeach

выстав-ить/-лять встречное требование [vIstavit/vistavlAt fstrEchnaye trEbavaniye] *v* counterclaim

выступ-ить/-ать в качестве посредника [vIstupit/vistupAt f kAchistvi pasrEdnika] *v* mediate

выступление в суде [vistuplEniye f sudE] *nn* appearance; oral argument; pleading; oral pleading

Высший суд [vIshshiy sUt] *nm* superior court

гарант [garAnt] *nm, also* **поручитель** [paruchItil] *nm* guarantor

гарантийный [garantIyniy] *adj* guaranteed; warranty

гарантия [garAntiya] *nf* guarantee; warranty; indemnity; bond; security

гашиш [gashIsh] *nm* cannabis; hasheesh; hashish

гражданский иск [grazhdAnskiy yIsk] *nm* civil suit; civic plea; civil action; action; civil claim; common plea

гражданский судебный спор [grazhdAnskiy sudEbniy spOr] *nm* litigation

гражданское правонарушение [grazhdAnskaye prAvanarushEniye] *nn* tort; civil infraction; civil offense; civil wrong

гражданство [grazhdAnstva] *nn* citizenship; citizenship status; political nationality; legal nationality; national status

групповой иск [grupavOy yIsk] *nm* class action

дата [dAta] *nf* date

датировать [datIravat] *v* date

дата слушания дела [dAta slUshaniya dEla] *nf* trial date

да-ть/-вать отвод присяжным [dAt/davAt atvOt prisAzhnim] *v* challenge

да-ть/-вать взятку [dAt/davAt vzAtku] *v* bribe; buy over; suborn; corrupt

да-ть/-вать показания [dAt/davAt pakazAniya] *v* testify

Общая и процедурная терминология

да-ть/-вать свидетельские показания под присягой
[dAt/davAt svidEtilskiye pakazAniya pat prisAgay] *v* depose; give evidence as a witness; bear testimony; bear witness; testify
да-ть/-вать согласие [dAt/davAt saglAsiye] *v* consent
движимое имущество [dvIzhimoye imUshchistva] *nn* chattel; movable effects; personal property
дееспособность [dEeispasObnast] *nf* legal capacity
дееспособный [dEispasObniy] *adj* competent
декларация [diklarAtsiya] *nf* declaration; bill; statement
декрет [dikrEt] *nm* decree; edict; ordinance
деликт [dilIkt] *nm, also* **правонарушение** [prAvanarushEniye] *nn* delict; tort; civil injury
деликтный [dilIkntniy] *adj, also* **неправомерный** [nipravamErniy] *adj* delictual; tortuous; unlawful
делинквент [dilInkvent] *nm, also* **несовершеннолетний правонарушитель** [nisavirshEnalEtniy prAvanarushItil] *nm* delinquent; delinquent offender; wrong-doer
дело [dEla] *nn* affair; case; claim; investigation
денежная облигация [dEnizhnaya abligAtsiya] *nf* bond; bond certificate; debenture bond; obligation
денежные обязательства [dEnizhniye abizAtilstva] *npl* money liability; pecuniary liability
депрессия [diprEsiya] *nf* mental depression
дисквалификация [dIskvalifikAtsiya] *nf* recusation; challenge; removal
дисконтинуитет [dIskantinuitEt] *nm, also* **прекращение дела** [prikrashchEniye dEla] *nn* discontinuance
диспашер [dispAsher] *nm, also* специалист по оценке убытков [spitsiaIlst pa atsEnke ubItkaf] *nm* adjuster; average adjuster; quantity adjuster
диффамация [difamAtsiya] *nf* defamation; libel
длящееся поведение [dlAshcheYesa pavidEniye] *nn* course of conduct; conduct; continuing course of conduct
добровольный отказ [dabravOlniy atkAs] *nm* abandonment
добросовестно [dabrasOvisna] *adv* in good faith; conscientiously; religiously; scrupulously
доверенное лицо [davErinaye litsO] *nn* fiduciary; agent; proxy
доверитель [davirItil] *nm* grantor; trustor
доверительный фонд [davirItilniy fOnt] *nm* trust
договор [dagavOr] *nm* agreement; act; covenant; contract; convention; specialty; bargain; treaty
договорный [dagavOrniy] *adj* contractual
доказательная сила [dakazAtilnaya sIla] *nf* probative value
доказательная ценность [dakazAtilnaya tsEnnast] *nf* probative value
доказательный [dakazAtilniy] *adj* evidentiary
доказательство [dakazAtilstva] *nn* argument; evidence; fact of evidence; proof; testimony; witness

доказ-ать/-ывать [dakazAt/dakAzivat] *v* prove; assert; satisfy; testify

документ [dakumEnt] *nm* document; deed; conveyance; record

документ за печатью [dakumEnt za pichAtyu] (*a legal instrument for transfer of right*) *nm* deed

документ о передаче права собственности [dakumEnt a piridAchi prAva sOpstvinasti] *nm* deed

документ о правовом титуле [dakumEnt a pravavOm tItuli] *nm* abstract of title

документ о согласии на выплату долга [dakumEnt a saglAsiyi na vIplatu dOlga] *nm* satisfaction of judgment

документ об отказе от права [dakumEnt ab atkAzi at prAva] *nm* waiver

долг [dOlk] *nm* debt; burden; obligation; liability; encumbrance; arrears

должностное преступление [dalzhnastnOye prostuplEniye] *nn* malfeasance

доля [dOla] *nf* allotment; contribution; portion; share

домицилий [damitsIliy] *nm* domicile

домогательство [damagAtilstva] *nn* harassment

допрос [daprOs] *nm* interrogation; examination; questioning

допрос свидетеля [daprOs svidEtila] *nm* examination of witness

допрос свидетеля противной стороны [daprOs svidEtila pratIvnay staranI] *nm* recross; cross-examination

перекрестный допрос [pirikrOsniy daprOs] *nm* cross-examination; cross-interrogation

допросить/допрашивать [daprasIt/daprAshivat] *v* interrogate; examine; question

допр-осить/-ашивать под присягой [daprasIt/daprAshivat pat prisAgay] *v* depose; examine upon oath

допустимое доказательство [dapustImaye dakazAtilstva] *nn* admissible evidence

достоверность [dastavErnast] *nf* credibility

достоверный [dastavErniy] *adj* credible

досье [dasyE] *nn* record; criminal record; file; case file; docket; docket of cases

досье приводов [dasyE privOdaf] *nn* prior record

доход [dakhOt] *nm* income; revenue; proceeds; yield; return; earnings

душеприказчик [dUshiprikAshchik] *nm* administrator; executor; legal representative

единица [idinItsa] *nf* unit

единый [idIniy] *adj* integrated; joint; single; unified

если стороны не договорились о противном [yEsli stOrani ne dagavarIlis a pratIvnam] *adv* unless otherwise agreed

жалоба [zhAlaba] *nf* action; appeal; complaint; claim; grievance; petition

жаловаться [zhAlavatsa] *v* complain; wage a grievance; appeal

General and Procedural Terms

жулик [zhUlik] *nm* cheat; swindler

жульничать [zhUlnichat] *v* cheat; swindle

завер-ить/-ять [zavErit/zavirAt] *v* certify; notarize; authenticate; legalize (*a signature*)

заверенная копия завещания [zavErinaya kOpia zavishchAniya] *nf* probate

завещание [zavishchAniye] *nn* will; testament

задерж-ать/-ивать [zadirzhAt/zadErzhivat] *v* attach; apprehend; take into custody

задержание [zadirzhAniye] *nn* arrest; detention; lien

заказная корреспонденция с уведомлением о вручении [zakaznAya karispandEntsiya s uvidamlEniyem a vruchEnii] *nf* first-class mail; registered mail; certified mail

заключ-ить/-ать контракт [zakluchIt/zalkuchAt kantrAkt] *v* enter into a contract

заключ-ить/-ать под стражу [zakluchIt/zalkuchAt pat strAzhu] *v* commit; take into custody

заключение [zakluchEniye] *nn* opinion; conclusion (*of a contract*); contracting (*of a loan*); formation (*of an agreement*); pronouncement

заключение брака [zakluchEniye brAka] *nn* consummation of marriage; contraction of marriage

заключение под стражу [zakluchEniye pat strAzhu] *nn* confinement; detention; taking into custody

заключительная речь адвоката [zakluchItilnaya rEch advakAta] *nf* summation

заключительное обращение судьи к присяжным [zakluchItilnaye abrashchEniye sudyI k prisAzhnim] *nn* charge to the jury

закон [zakOn] *nm* law; act; articles; rule; statute, canon; enactment; legislation; act of legislation

закон об исковой давности [zakOn ab iskavOy dAvnasti] *nm* statute of limitations

законный [zakOnniy] *adj* legal; lawful; legitimate; sound; according to law; good in law; just; rightful; loyal; statutory

законный представитель [zakOnniy pritstavItil] *nm* legal representative; legitimate representative; official representative; representative by operation of law; authorized agent

зал суда [zAl sudA] *nm* courtroom

замешанный [zamEshaniy] *adj* implicated

записка по делу, предъявляемая адвокатом в суд [zapIska pa dElu, pridyavlAimaya advakAtam v sUt] *nf* brief

запрет [zaprEt] *nm* ban; writ; proscription

судебный запрет [sudEbniy zaprEt] *nm* injunction

запрет на осуществление иска [zaprEt na asushchistvlEniye yIska] *nm* bar

запрещение [zaprishchEniye] *nn* restraint; suppression; providing against; denial; interdiction

запуг-ать/-ивать [zapugAt/zapUgivat] *v* intimidate

зарплата [zarplAta] *nf* wages; salary; pay; paycheck; pay envelope; earned income

засвидетельствовать [zasvidEtilstvavat] *v* attest; depose; legalize; testify; authenticate; witness; verify

заседать [zasidAt] *v* be in session

защита [zashchIta] *nf* defense

защитить/защищать(-ся) [zashchitIt/zashchishchAt(-sa)] *v* defend

заявитель [zayavItil] *nm* applicant; declarant; claimant; applicant party; appellant

заяв-ить/-лять [zayavIt/zayavlAt] *v* announce; claim; declare

заяв-ить/-лять отвод [zayavIt/zaivlAt atvOt] *v* recuse; challenge

заявление [zayavlEniye] *nn* notification; petition; application; notice; statement

злоупотребление [zlaupatriblEniye] *nn* abuse

злоупотребление доверием [zlaupatriblEniye davEriyem] *nn* abuse of trust

злоупотреблять [zlaupatriblAt] *v* abuse; misuse; trespass

издержки [izdErzhki] *npl* costs; fixed costs; expenses; expenditures; disbursement

изнасилование [iznasIlavaniye] *nn* sexual abuse; violence; rape

иметь намерение [imEt namEreniye] *v* intend

имеющий силу оригинала [imEyushchiy sIlu ariginAla] *adj* authentic

иммигрант [imigrAnt] *nm* immigrant

иммиграция [imigrAtsiya] *nf* immigration

индоссирование [indasIravaiye] *nn, also* **подтверждение** [patvirzhdEniye] *nn* endorsement; acknowledgement

инкассатор [inkasAtar] *nm* collector

иностранец [inastrAnits] *nm (colloq.)* alien; foreigner; foreign national

иностранный гражданин [inastrAnniy grazhdanIn] *nm* alien; foreigner; foreign national

инструкция [instrUktsiya] *nf* authorization; bylaw; direction; instruction; guidelines; manual; order

интерпретация [intirpritAtsiya] *nf* interpretation

интоксикация [intaksikAtsiya] *nf* intoxication

иск [yIsk] *nm* action; case; claim; suit; lawsuit; legal action; proceeding; proceedings

    встречный иск [fstrEchniy yIsk] *nm* counterclaim; counter action

    гражданский иск [grazhdAnskiy yIsk] *nm* civil suit; civic plea; civil action; action; civil claim; common plea

    групповой иск [grupavOy yIsk] *nm* class action

    коллективный иск [kaliktIvniy yIsk] *nm* class action

    перекрестный иск [pirikrOsniy yIsk] *nm* cross-claim; cross-complaint

исковое заявление [iskavOye zayavlEniye] *nn* complaint; bill;

bill of complaint; original bill; declaration; primary allegation; statement of action; statement of claim; court claim; petition

исполнительный [ispalnItilniy] *adj* administrative; executive

использование служебного положения в корыстных целях [ispOlzavaniye sluzhEbnava palazhEniya f karIsnikh tsElakh] *nn* self dealing

истец [istEts] *nm* claimant; complainant; plaintiff; declarant; petitioner; litigant

истец по апелляции [istEts pa apilAtsiyi] *nm* appellant

исте-чь/-кать [istEch/istikAt] *v* expire

истечение (срока) [istichEniye (srOka)] *nn* expiration

исчерпание средств юридической защиты [ischirpAniye srEtstf yuridIchiskay zashchIti] *nn* exhaustion of remedies

кассация [kasAtsiya] *nf* cassation

кассационный суд [kasatsiOnniy sUt] *nm* court of cassation

клевета [klivitA] *nf* defamation (*including libel and slander*)

клиент [kliyEnt] *nm* client; case

клиническое исследование [klinIchiskaye islEdavaniye] *nn* clinical examination

клиринг [klIring] *nm* clearing

банковский клиринг [bAnkafskiy klIring] *nm* bank clearing

валютный клиринг [valUtniy klIring] *nm* currency clearing

кодекс [kOdiks] *nm* code

количество [kalIchistva] *nn* number; quantity; amount

коллегия [kalEgiya] *nf* board; body; college; panel

коллегия адвокатов [kalEgiya advakAtaf] *nf* the bar; bar association; college of advocates

коллективный иск [kaliktIvniy yIsk] *nm* class action

кока [kOka] *nf* coca

кокаин [kakayIn] *nm* cocaine

кокаиновый куст [kakayInaviy kUst] *nm* coca

колотая рана [kOlataya rAna] *nf* puncture wound; stab wound

команда [kamAnda] *nf* crew; team

командировка [kamandirOfka] *nf* business trip

командировочные [kamandirOvachniye] *npl* travel allowance; travel expenses; subsistence

комиссия [kamIsiya] *nf* commission (*a group of people*); committee

комиссионное вознаграждение [kamisiOnnaye vaznagrazhdEniye] *nn* commission (of a broker)

комитент [kamitEnt] *nm* client; customer; consignor; consigner; principal

коммерческий [kamErchiskiy] *adj* commercial; mercantile; trade

компания [kampAniya] *nf* company; firm; partnership

компаньон [kampanyOn] *nm* partner

компенсация [kampinsAtsiya] *nf* compensation; indemnification; recompense

компенсировать [kampinsIravat] *v* compensate; indemnify; reimburse; recompense

конопля [kanaplA] *nf* cannabis; hemp
конституция [kanstitUtsiya] *nf* constitution
конституционный [kanstitutsiOnniy] *adj* constitutional
консул [kOnsul] *nm* consul
консульство [kOnsulstva] *nn* consulate
контракт [kantrAkt] *nm* contract
конфиденциальный [kanfidintsiAlniy] *adj* confidential
конфискация [kanfiskAtsiya] *nf* appropriation; condemnation;
    eminent domain; forfeiture; confiscation; seizure
конфисковать [kanfiskavAt] *v* appropriate; confiscate
коррумпированный [karumpIravaniy] *adj* corrupt
коррумпировать [karumpIravat] *v* corrupt
коррумпированность [karumpIravanast] *nf* corruption
коррупция [karUptsiya] *nf* corruption; corrupt practices; venality
косвенные улики [kOsvinniye ulIki] *npl* circumstantial evidence
легальный [ligAlniy] *adj* legal; lawful; legitimate; sound;
    according to law; good in law; just; rightful; loyal; statutory
легитимный [ligitImniy] *adj* legal; lawful; legitimate; sound;
    according to law; good in law; just; rightful; loyal; statutory
легитимация [ligitimizAtsiya] *nf* legalization
ликвидация спора [likvidAtsiya spOra] *nf* settlement
ликвидные убытки [likvIdniye ubItki] *npl* liquidated damages
лицо [litsO] *nn* person; legal entity; legal person
    физическое лицо [fizIchiskaye litsO] *nn* physical body;
        natural person; person; individual
    юридическое лицо [yuridIchiskaye litsO] *nn* legal person
лицо, дающее аффидевит [litsO dayUshcheye afidavIt] *nn* deponent
лицензия [litsEnziya] *nf* permit; license
личность [lIchnast] *nf* individual; personality
личный [lIchniy] *adj* personal; private
лишение [lishEniye] *nn* forfeit; forfeiture
лишение свободы [lishEniye svabOdi] *nn* custody
лишения [lishEniya] *npl* hardships
лиш-ить/-ать [lishIt/lishAt] *v* deprive; revoke
лиш-ить/-ать (имущества, права) [lishIt/lishAt (imUshchistva,
    prAva)] *v* forfeit
лиш-ить/-ать опеки [lishIt/lishAt apEki] *v* neglect
льгота [lgOta] *nf* benefit; exemption; immunity; privilege
льготный [lgOtniy] *adj* preferential
льготный срок [lgOtniy srOk] *nm* grace period
манипулировать [manipulIravat] *v* tamper with
марихуана [marikhuAna] *nf* cannabis; hasheesh; marijuana
материалы следствия [matiriAli slEdstviya] *nn* record of
    investigation
мафия [mAfiya] *nf* mob; gang; mafia
маржа [marzhA] *nf* margin
марка [mArka] *nf* brand; model
маркетинг [markEting] *nm* marketing

материалы судебного дела [matiriAli sudEbnava dEla] *npl* trial record

махинация [makhinAtsiya] *nf* machination

медицинское заключение [miditsInskaye zakluchEniye] *nn* medical report; medical evidence

мена [mEna] *nf* barter

местный [mEsniy] *adj* local

методика [mitOdika] *nf* procedure

мировой судья [miravOy sudyA] *nm* magistrate judge

мотив [matIf] *nm* motive; ground

на время рассмотрения дела [na vrEma rasmatrEniya dEla] *adv* pendente lite (*Lat.*)

на свой страх и риск [na svOy strAkh i rIsk] *adv* at your own risk

наводящий вопрос [navadAshchiy vaprOs] *nm* leading question

надбавка [nadbAfka] *nf* surcharge

надлежащая правовая процедура [nadlizhashchaya pravavAya pratsidUra] *nf* due process

назнач-ить/-ать [nanAchit/naznachAt] *v* assign; vest; charge

наложение [nalazhEniye] *nn* imposition; infliction

наложение ареста на имущество должника у третьего лица [nalazhEniye arEsta na imUshchistva trEtyeva litsA] *nn* garnishment

наказание [nakazAniye] *nn* penalty; term (of punishment)

наложение ареста на личную собственность [nalazhEniye arEsta na lIchnuyu sOpstvinast] *nn* execution on personal property

нал-ожить/-агать пеню [nalazhIt/nalagAt **pEnu**] *v* impose a penalty

намерение [namEreniye] *nf* intention

напутствие судьи присяжным [napUtstviye sudyI prisAzhnim] *nn* jury charge

наркоман [narkamAn] *nm* addict; drug user; drug addict; narcotic addict

наркотики [narkOtiki] *npl* narcotics; drugs; narcotic drug

наркотическая зависимость [narkatIchiskaya zavIsimast] *nf* addiction; drug dependence; drug abuse

нарушение (права, закона, договора, обязанности, *etc.*) [narushEniye (prAva, zakOna, abAzanasti)] *nn* misconduct; breach (*of right, law, rule, etc.*); defiance; delinquency; failure to comply; infraction; infringement; offense; violation

наруш-ить/-ать [narUshit/narushAt] *v* breach; infringe; violate

насильственная смерть [nasIlstvinnaya smErt] *nf* wrongful death

наследник [naslEdnik] *nm* heir; successor; devisee; legatee; lawful heir; legitimate heir; legal representative; personal representative

наследовать [naslEdavat] *v* inherit; succeed; take by inheritance

наследство [naslEtstva] *nn* inheritance; heritage; bequest; legacy; heirloom; patrimony; estate

национальность [natsianAlnast] *nf* nationality; ethnicity; ethnic nationality

начать тяжбу [nachAt tAzhbu] *v* issue; sue; take to court; commence legal proceedings

не имеющий юридической силы [ni imEyushchiy yuridIchiskay sIli] *adj* null and void

не оформленный завещанием [ni afOrmliniy zavishchAniyem] *adj* intestate

невменяемый [nivminAyemiy] *adj* insane

невменяемость [nivminAyemast] *nf* insanity; legal insanity; mental derangement; mental incompetence

недееспособность [nidEeyespasObnast] *nf* disqualification; lack of legal capacity; legal incompetency

недобросовестность [nidabrasOvisnast] *nf, also* **нечестность** [nichEsnast] *nf* bad faith

недоимка [nidayImka] *nf, also* **просрочка** [prasrOchka] *nf* arrears; outstanding debt; unpaid balance

незаконный [nizakOnniy] *adj* illegal; illegitimate; lawless; unlawful; wrongful

неисполнение [niispalnEniye] *nf* failure to comply

неисполнение обязательств [niispalnEniye abizAtilsv] *nn* default on obligation; bad faith

неисполнение обязанности [niispalnEniye abAzanasti] *nn* breach of duty

неконституционный [nikanstitutsiOnniy] *adj* unconstitutional

нелегальный [niligAlniy] *adj* illegal; illicit

нелегальный въезд [niligAlniy vyEst] *nm* illegal entry

неотвратимая опасность [niatvratImaya apAsnast] *nf* imminent danger

необеспеченный [niabispEchiniy] *adj* insecure

необязательный [niabizAtilniy] *adj* non-compulsory

неопровержимая презумпция [niapravirzhImaya prizUmptsiya] *nf* irrebuttable presumption

неправомерный [nipravamErniy] *adj* delictual; tortuous; unlawful

непредумышленное убийство [nipridumIshlinnaye ubIystva] *nn* involuntary manslaughter

непристойная брань [nipristOynaya brAn] *nf* obscenity

непристойное поведение [nipristOynaye pavidEniye] *nm* lewd conduct

несоблюдение [nisabludEniye] *nn* non-compliance; violation

неподсудность [nipatsUdnast] *nf* lack of jurisdiction

несовершеннолетний [nisavirshEnnalEtniy] *nm* minor / *adj* juvenile

несовершеннолетний правонарушитель [nisavirshEnalEtniy prAvanarushItil] *nm* delinquent; delinquent offender; wrong-doer

нетрудоспособность [nitrudaspasObnast] *nf* disability; incapability; incapacity for work

нетрудоспособный [nitrudaspasObniy] *adj* disabled; incapacitated

неуважение к суду [niuvazhEnie k sudU] *nn* contempt of court
номинальная стоимость [naminAlnaya stOimast] *nf* face value
номинальный [naminAlniy] *adj* facial; face
нотариальный [natariAlniy] *adj* notarial
нотариус [natArius] *nm* notary; notary officer; notary public
обвинение [abvinEniye] *nn* allegation; arraignment; action; prosecution
обвинитель [abvinItil] *nm* public prosecutor; prosecuting attorney; counsel for prosecution
обвинительное заключение [abvinItilnaye zakluchEniye] *nn* indictment
обвиняемый [abvinAyemiy] *nm* accused party; accused person; alleged offender; charged offender; criminal defendant
обвин-ить/-ять [abvinIt/abvinAt] *v* allege; argue; charge; prosecute; indict
обжалование [abzhAlavaniye] *nn* appeal
обжаловать [abzhAlavat] *v* appeal; lodge a complaint
облава [ablAva] *nf* stalking
обладание правом [abladAniye prAvam] *nn* eligibility
обман [abmAn] *nm* fraud; false pretenses; fraudulent conduct
обман-уть/-ывать [abmanUt/abmAnivat] *v* deceive; cheat; swindle
обмен-ять/-ивать [abminAt/abmEnivat] *v* barter; convert; exchange
обойти/обходить (закон, договор) [abaytI/abkhadIt (zakOn, dagavOr)] *v* circumvent
обременение [abriminEniye] *nn* encumbrance; burden; impairment
обремен-ить/-ять [abriminIt/abriminAt] *v* encumber
общественный обвинитель [apshchEstvinniy abvinItil] *nm* public prosecutor; prosecuting attorney; counsel for prosecution
общество [Opshchistva] *nn* association; company; partnership; society
объект [abyEkt] *nm* object; project
объект права [abyEkt prAva] *nm* legal object; object of law
объект права собственности [abyEkt prAva sOpstvinasti] *nm* property
объяв-ить/-лять [abyavIt/abyivlAt] *v* declare; proclaim
объяв-ить/-лять заседание закрытым [abyavIt/abyivlAt zasidAniye zakrItim] *v* adjourn the meeting
обыск [Obisk] *nm* search; bodily search
обязанность доказывания [abAzanast dakAzivaniya] *nf* burden of proof
обязательный [abizAtilniy] *adj* mandatory; compulsory; obligatory
обяз-ать/-ывать [abizAt/abAzivat] *v* bind; commit; oblige
оговорка [agavOrka] *nf* proviso; stipulation; caveat
оказ-ать/-ывать содействие [akazAt/akAzivat sadEystviye] *v* assist; facilitate; render assistance
округ [Okruk] *nm* district

окружной прокурор [akruzhnOy prakurOr] *nm* district attorney

опека [apEka] *nf* custody; guardianship; trust

опекун [apikUn] *nm* administrator; caretaker; guardian; tutor

опись [Opis] *nf* inventory; list; schedule

опроверг-нуть/-ать [apravEgnut/apravirgAt] *v* rebut

опровержение [apravirzhEniye] *nn* rebuttal; denial; refutation; written answer; written reply

опровержимый [apravirzhImiy] *adj* rebuttable

опьянение [apyanEniye] *nn* intoxication

ордер [Ordir] *nm* order; warrant; writ; voucher

ордер на обыск [Ordir na Obisk] *nm* search warrant

оружие [arUzhiye] *nn* arms; weapons

оскорбление [askarblEniye] *nn* assault; insult; offense

оскорб-ить/-лять [askarbIt/askarblAt] *v* assault; insult; offend

основное право [asnavnOye prAva] *nn* fundamental right

остав-ить/-лять [astAvit/astavlAt] *v* abandon

остав-ить/-лять за собой право [astAvit/astavlAt za sabOy prAva] *v* reserve the right

осуд-ить/-ждать [asudIt/asuzhdat] *v* convict; condemn; sentence

осуждение [asuzhdEniye] *nn* conviction

осуществ-ить/-лять процессуальные действия [asushchistvIt/ asushchistvlAt pratsisuAlniye dEystviya] *v* proceed; execute process

ответ истца по иску [atvEt istsA pa yIsku] *nm* written answer; written reply

ответчик [atvEtchik] *nm* appellee; litigant; defendant; respondent; respondent party

ответчик по апелляции [atvEtchik pa apilAtsiyi] *nm* respondent on appeal

ответ-ить/-чать перед судом [atvEtit/atvichAt pirit sudOm] *v* stand trial

отвод (присяжным, свидетелю) [atvOt (prisAzhnim, svidEtyilu)] *nm* challenge; jury challenge; recusation; removal (*of a judge or a juror*)

отказ [atkAs] *nm* abandonment; denial; refusal; renunciation

отказ в иске [atkAz v Iske] *nm* condemnation; denial of claim

отказ от иска [atkAz at yIska] *nm* abandonment of claim

отказ от права, требования [atkAz at prAva, trEbavaniya] *nm* waiver; renunciation; surrender

отказ-ать/-ывать [atkazAt/atkAzivat] *v* decline; refuse; renounce; repudiate

отказ-ать/-ывать в ходатайстве [atkazAt/atkAzivat f khadAtaystvi] *v* deny a motion

отказ-аться/-ываться [atkazAtsa/atkAzivatsa] *v* waive (*a right, a claim, a demand*); abandon (*rights, claims, a family*)

отложение дела слушанием [atlazhEniye dEla slUshaniyem] *nn* continuance; remand

отклонение [atklanEniye] *nn* dismissal; denial

отклонить/-ать возражение [atklanIt/atklanAt vazrazhEniye] *v* overrule an objection

отклон-ить/-ать иск [atklanIt/atklanAt Isk] *v* defeat a claim; dismiss a case; disallow a claim; deny

отклон-ить/-ать иск (в суде) «с преюдицией» [atklanIt/atklanAt yIsk (f sudE) s priyudItsiey] *v* dismiss with prejudice

отклон-ить/-ать иск (в суде) без сохранения за истцом права предъявить в дальнейшем иск по тому же основанию [atklanIt/atklanAt yIsk (f sudE) biz sakhranEniya za istsOm prAva pridyavIt v dalnEyshem yIsk pa tamU zhe asnavAniyu] *v* dismiss with prejudice

отклон-ить/-ать иск (в суде) «без преюдиции» [atklanIt/atklanAt yIsk (f sudE) biz priyudItsii] *v* dismiss without prejudice

отклон-ить/-ать иск (в суде) с сохранением за истцом права предъявить в дальнейшем иск по тому же основанию [atklanIt/atklanAt yIsk (f sudE) s sakhranEniyem za istsOm prAva pridyavIt v dalnEyshem yIsk pa tamU zhe asnavAniyu] *v* dismiss without prejudice

отмена [atmEna] *nf* revocation; rescission; disaffirmance; disaffirmation; voidance; abrogation; cancellation

отменять [atminAt] *v* annul; abrogate; abate; cancel; countermand; discharge; lift; reverse; repeal; rebate; revoke; quash; withdraw

отправлять правосудие [atpravlAt pravasUdiye] *v* administer justice

отсрочка [atsrOchka] *nf* delay; grace; respite; deferral; continuance

официально [afitsiAlna] *adv* officially

официально уведом-ить/-лять [afitsiAlna uvEdamit/uvidamlAt] *v* put on notice

официальное вручение удебного приказа [afitsiAlnaye vruchEniye sudEbnava prikAza] *nn* service of process

официальное свидетельство [afitsiAlnaye svidEtilstva] *nn* affidavit

официальное утверждение завещания [afitsiAlnaye utvirzhdEniye zavishchAniya] *nn* probate

официальный [afitsiAlniy] *adj* official; formal

оцени-ть/-вать [atsenIt/atsEnivat] *v* appraise; estimate; evaluate

оценка [atsEnka] *nf* appraisal; estimate; evaluation

оценочная неустойка [atsEnachnaya niustOyka] *nf* liquidated damages

очевидец [achivIdits] *nm* eyewitness

очная ставка [Ochnaya stAfka] *nf* confrontation; physical confrontation; line-up

ошибка [ashIpka] *nf* mistake; error; flaw; inadvertence; drawback

палата [palAta] *nf* chamber; house

> **апелляционная палата** [apilatsiOnnaya palAta] *nf* Court of Appeals

> **Торговая Палата** [targOvaya palAta] *nf* Chamber of Commerce

параграф [parAgraf] *nm* paragraph; article

паспорт [pAspart] *nm* passport

пеня [pEna] *nf* fine; penalty; late fees; late payment charges; default interest rate

первоначальный допрос свидетеля [pirvanachAlniy daprOs svidEtila] *nm* direct examination

перевод [pirivOt] *nm* interpretation; translation

перев-ести/-одить [pirivistI/pirivadIt] *v* interpret; translate

переводчик [pirivOtchik] *nm* interpreter; translator

передача [piridAcha] *nf* assignation; transfer; transport; relegation; removal

передача на поруки [piridAcha na parUki] *nf* admission

передача дела в федеральный суд [piridAcha dEla f fidirAlniy sUt] *nf* removal to federal court

перекрёстный допрос [pirikrOsniy daprOs] *nm* cross-examination; counter-interrogation

перекрестный иск [pirikrOstniy yIsk] *nm* cross-claim; cross-demand

перен-ести/-осить [pirinistI/pirinasIt srOki] *v* postpone; defer; transfer

перен-ести/-осить заседание [pirinistI/pirinasIt zasidAniye] *v* adjourn; reschedule; postpone (*a meeting*)

перенос [pirinOs] *nm* carryover; postponement; removal; rescheduling

перепись [pEripis] *nf* census; inventory

перерыв между заседаниями [pirirIv mEzhdu zasidAniyami] *nm* adjournment

пересмотр судебного дела [pirismOtr sudEbnava dEla] *nm* retrial; reopening of a case; new trial of a case

переуступка права [piriustUpka prAva] *nf* assignment; cession; transfer

персонал [pirsanAl] *nm* personnel; staff

персональный досмотр [pirsanAlniy dasmOtr] *nm* bodily (body) search

письменная доверенность [pIsminaya davErinast] *nf* power of attorney

письменное заявление [pIsminnaye zayavlEniye] *nn* written statement

письменное показание под присягой [pIsminnaye pakazAniye pat prisAgay] *nn* deposition; affidavit

письмо [pismO] *nn* letter

    гарантийное письмо [garantIynaye pismO] *nn* guarantee bond

    заказное письмо [zakaznOye pismO] *nn* registered mail

    сопроводительное письмо [sapravadItilnaye pismO] *nn* cover letter

плата [plAta] *nf* pay; payment; compensation; consideration

платёж [platOsh] *nm* payment; settlement

платёжеспособность [platOzhispasObnast] *nf* solvency

платёжеспособный [platOzhispasObniy] *adj* solvent; payable; creditworthy; financial

по неосторожности [pa niastarOzhnasti] *adv* negligently

по собственной воле [pa sOpstvinay vOle] *adv* willingly

пледирование [plidIravaniye] *nn* pleading

поверенный [pavEriniy] *nm* attorney (in court); lawyer; Solicitor-at-Law

повестка в суд [pavEstka f sUt] *nf* subpoena

повторный перекрёстный допрос [paftOrniy pirikrOsniy daprOs] *nm* re-cross examination

пода-ть/-вать апелляционную жалобу [padAt/padavAt apilitsiOnnuyu zhAlabu] *v* appeal

пода-ть/-вать иск [padAt/padavAt yIsk] *v* declare; file a claim

податель [padAtil] *nm* bearer; filer

подверг-нуть/-ать перекрёстному допросу [padvErgnut/padvirgAt pirikrOstnamu daprOsu] *v* cross-examine

подделка [paddElkal] *nf* counterfeit; forgery

подде-лать/-ывать [paddElat/paddElivat] *v* counterfeit; forge; falsify

подзаконные акты [padzakOnniye Akti] *npl* bylaws; regulations

подзащитный [padzashchItniy] *nm* defendant; client (*of a lawyer in a case*)

подкрепленный доказательствами [patkriplOniy dakazAtilstvami] *adj* corroborated

подкуп [pOtkup] *nm* graft; bribery

подкупать [patkupAt] *v* bribe; suborn

подлинный [pOdliniy] *adj* original; authentic; genuine

подпис-ать/-ывать [patpisAt/patpIsivat] *v* sign

подпис-ать/-ывать контракт [patpisAt/patpIsivat kantrAkt] *v* to execute a contract

подпись [pOtpis] *nf* signature

подслушивание [patslUshivaniye] *nn* eavesdropping (*as a crime*)

подстрекательство [patstrikAtilstva] *nn* subornation

подстрек-нуть/-ать [patstriknUt/patstrikAt] *v* incite; instigate; suborn

подсудимый [patsudImiy] *nm* person on trial; prisoner on trial; accused; defendant

подтвер-дить/-ждать [patvirdIt/patvirzhdAt] *v* affirm; confirm; corroborate; acknowledge; ratify

подтверждение [patvirzhdEniye] *nn* endorsement; acknowledgement

подтверждение выполнения судебного решения [patvirzhdEniye vipalnEniya sudEbnava rishEniya] *nn* acknowledgement of satisfaction of judgment

подтверждение вручения (повестки) [patvirzhdEniye vruchEniya (pavEstki)] *nn* proof of service

подтверждённый [patvirzhdOniy] *adj* corroborated

подчиниться/-яться [patchinItsa/patchinAtsa] *v* obey; abide; comply; be subordinate

показание [pakazAniye] *nn* evidence; statement; testimony

покойник [pakOynik] *nm* decedent; deceased

полиция [palItsiya] *nf* police

полицейский [palitsEyskiy] *nm* policeman; police officer; cop (*slang*)

полномочие [palnamOchiye] *nn* authority; commission; warrant; call; power; proxy

половой акт [palavOy Akt] *nm* sexual intercourse

польза [pOlza] *nf* benefit; use

пользование [pOlzavaniye] *nn* enjoyment; use

пользователь [pOlzavatil] *nm* user

пользоваться [pOlzavatsa] *v* enjoy; use; benefit from; profit by

помилование [pamIlavaniye] *nn* pardon; clemency

помощник адвоката [pamOshchnik advakAta] *nm* paralegal

понятой [panatOy] *nm* witness; attesting witness; official witness

поочерёдный [paachirOdniy] *adj* alternate

попечитель [papichItil] *nm* administrator; fiduciary; trustee; caretaker; guardian; custodian; conservator; tutor; caregiver

попечительство [papichItilstva] *nn* patronage; custody; custodian care; tutorship

поправка [paprAfka] *nf* amendment; correction; modification

поражать в правах [parazhAt f pravAkh] *v* disqualify

поражение в правах [parazhEniye f pravAkh] *nn* deprivation of civil rights; civil death; incapacitation; disqualification; disenfranchisement

поручение [paruchEniye] *nn* commission; errand; instruction; order

поручитель [paruchItil] *nm* co-signor; guarantor; sponsor; underwriter; warrantor; pledger

поруч-ить/-ать [paruchIt/paruchAt] *v* charge; commission; entrust

пособие [pasObiye] *nn* assistance; benefit; maintenance allowance; relief

посольство [pasOlstva] *nn* embassy

посредник [pasrEdnik] *nm* mediator

поставить подпись [pastAvit pOtpis] *v* affix a signature

постановление [pastanavlEniye] *nn* decree; decision; enactment

постоянное место жительства [pastayAnnaye mEsta zhItilstva] *nn* domicile; permanent place of residence

потерпевшая сторона [patirpEfshaya staranA] *nf* injured party; offended party; affected party

потерпевший [patirpEfshiy] *nm* complainant; wronged person

потеря [patEra] *nf* loss

потребитель [patribItil] *nm* consumer; user

почерк [pOchirk] *nm* handwriting

пошлина [pOshlina] *nf* duty; filing fee; toll; tax

право [prAva] *nn* law; franchise; interest; power; statutory power; right

    гражданское право [grazhdAnskaye prAva] *nn* civil law; civil right

    общее право [Opshcheye prAva] *nn* common law

    уголовное право [ugalOvnaye prAva] *nn* criminal law

право государства на принудительное отчуждение частной собственности [prAva gasudArstva na prinudItelnoye atchuzhdEniye chAsnay sOpstvinasti] *nn* eminent domain

право на апелляцию [prAva na apilAtsiyu] *nn* leave to appeal

право собственности [prAva sOpstvinasti] *nn* right of property; right of ownership; proprietary interest; property law; property right; legal ownership

правовая норма [pravavAya nOrma] *nf* legal norm; rule of law; legal provision; legal rule

правовая проблема [pravavAya prablEma] *nf* legal issue

правовое преимущество [pravavOye preimUshchistva] *nn* legal preference

правовой [pravavOy] *adj* juridical; judicial; legal

правовой запрет [pravavOy zaprEt] *nm* bar; legal injunction; legal prohibition; penal prohibition

правомочие [pravamOchiye] *nn* authority; legal power; eligibility

правомочность [prAvamOchnast] *nf* authority; competence; eligibility

правомочный [pravamOchniy] *adj* eligible; competent

правомочный давать свидетельские показания [pravamOchniy davat svidEtilskiye pakazAniya] *adj* competent to testify

правомочный отвечать перед судом [pravamOchniy atvichAt pirit sudOm] *adj* competent to stand trial

правонарушение [prAvanarushEniye] *nn* delict; tort; civil injury

правонарушитель [prAvanarushItil] *nm* offender; tortfeasor; wrong-doer

правопорядок [prAvaparAdak] *nm* legal order; law order; rule of law

правопреемник [prAvapriyEmnik] *nm* assign; assignee; cessionary; legal representative; legal successor; personal representative; subsequent proprietor; successor; transferee

правоспособность [pravaspasObnast] *nf* legal capacity

правоспособный [prAvaspasObniy] *adj* competent

превышение власти [privishEniye vlAsti] *nn* abuse of power

превышение пределов самозащиты [privishEniye pridElaf samazashchIti] *nn* exceeding the limits of self-defense

преда-ть/-вать суду [pridAt/ridavAt sudU] *v* commit; commit to court; bring to trial; present legally; bring a case before the bar

предварительное следствие [pridvarItilnaye slEtstviye] *nn* preliminary inquiry; preliminary proceedings

предвидимый [pridvIdimiy] *adj* foreseeable

пределы юрисдикции [pridEli yurisdIktsii] *npl* jurisdictional limit

предмет договора [pridmEt dagavOra] *nm* recitals

предмет спора [pridmEt spOra] *nm* issue; matter in issue; object in issue; object of dispute; fact in dispute

преднамеренно [pridnamErinna] *adv* deliberately; knowingly; intentionally; voluntarily; willingly

преднамеренный [pridnamEreniy] *adj* deliberate; premeditated
предостерегать [pridastirigAt] *v* admonish
предположить/предполагать [pritpalazhIt/pritpalagAt] *v* presume
предпосылка [pritpasIlka] *nf* prerequisite
председатель [pridsidAtil] *nm* chairman
председатель суда [pritsidAtil sudA] *nm* presiding judge
председательствовать [pritsidAtilstvavat] *v* preside over; chair
представитель [pritstavItil] *nm* representative; spokesman
представ-ить/-лять [pritstAvit/pritstavlAt] *v* represent
предста-ть/-вать перед судом [pritstAt/pritstavAt pirit sudOm]
    v appear in court
предубеждение [pridubizhdEniye] *nn* prejudice
предумышленный [pridumIshlinniy] *adj, also* **преднамеренный**
    [pridnamEreniy] *adj* deliberate
преюдиция [priyudItsiya] *nf, also* **ущемление прав**
    [ushchimlEniye prAf] *nn* prejudice; res judicata (*Lat.*)
предусмотренный законом [pridusmOtrinniy zakOnam] *adj*
    statutory
предъяв-ить/-лять вещественное доказательство
    [pridyavIt/pridyavlAt vishchEstvinnaye dakazAtilstva] *v*
    exhibit physical evidence
предъяв-ить/-лять иск [pridyavIt/pridyavlAt yIsk] *v* sue; bring
    action; take an action; commence an action
презумпция [prizUmptsiya] *nf* presumption
презюмировать [prizumIravat] *v, also* **предпол-ожить/-агать**
    [pritpalazhIt/pritpalagAt] *v* presume
прекра-тить/-щать (дело) [prikratIt/prikrashchAt (dEla)] *v*
    close a case; dismiss a case; abandon an action; withdraw an
    action; dismiss a charge
прекращение дела [prikrashchEniye dEla] *nn* discontinuance
прекращение судопроизводства [prikrashchEniye sUdapraiz-
    vOtstva] *nn* severance of proceedings
преследование [prislEdavaniye] *nn* proceeding; prosecution;
    stalking
преследовать в судебном порядке [prislEdavat f sudEbnam
    parAtke] *v* sue; process; prosecute; take legal steps
преступление [pristuplEniye] *nn* crime; misdeed; wrongdoing;
    criminal act; criminal conduct; criminal violation; offense;
    felony offense
преступная небрежность [pristUpnaya nibrEzhnast] *nf* gross
    negligence
преступник [pristUpnik] *nm* criminal; felon; offender
преступность [pristUpnast] *nf* delinquency; crime; criminality;
    villainy
    детская преступность [dEtskaya pristUpnast] *nf* juvenile
        delinquency
преступный [pristUpniy] *adj* criminal; felonious
претензия [pritEnziya] *nf* complaint; claim; pretension

прецедент [pritsidEnt] *nm* precedent

   судебный прецедент [sudEbniy pritsidEnt] *nm* judicial precedent; legal precedent

прецедентное право [pritsidEntnaye prAva] *nn* case law

прибыль [prIbil] *nf* profit; rise; gain; benefit; return; earnings

приговор [prigavOr] *nm* condemnation; sentence; verdict

приведение в исполнение (приговора, судебного решения) [prividEniye v ispalnEniye (prigavOra, sudEbnava rishEniya] *nn* execution

приведение в исполнение решения суда [prividEniye v ispalnEniye reshEniya sudA] *nn* enforcement of judgment

привести/приводить в исполнение (приговор, судебное решение) [privistI/privadIt v ispalnEniye (prigavOr, sudEbnaye rishEniye)] *v* execute

привод [privOt] *nm* arrest; taking into custody

приговор [prigavOr] *nm* ruling; sentence; verdict; judgment

приемная секретаря суда [priyOmnaya sikritarA sudA] *nf* court clerk's office

признание [priznAniye] *nn* admission; acknowledgement of guilt

призна-ть/-вать виновным [priznAt/priznavAt vinOvnim] *v* convict; find guilty; adjudge guilty

призна-ть/-вать себя виновным [priznAt/priznavAt sibA vinOvnim] *v* admit guilt; plead guilty

признанный неправоспособным [prIznanniy niprAvaspasObnim] *adj, also* **признанный недееспособным** [prIznanniy nidEyispasObnim] *adj* disqualified

приказ [prikAs] *nm* order; ban; decree; rule; warrant

примен-ить/-ять (нормы права) [priminIt/priminAt (nOrmi prAva)] *v* administer (*law*)

принимая во внимание [prinimAya va vnimAniye] *adv* whereas

прин-ять/-имать присягу [prinAt/prinimAt prisAgu] *v* swear; take an oath

принудительное осуществление [prinudItilnaye asushchistvIEniye] *nn* enforcement

принудительный [prinudItilniy] *adj* coercive; compulsory

принцип состязательности сторон [prIntsip sastazAtilnasti starOn] *nm* adversarial principle

приоритет [priaritEt] *nm* priority

присутствие (в суде) [prisUtstviye (f sudE)] *nn* attendance

присяга [prisAga] *nf* oath

присяжные для расследования [prisAzhniye dla rasslEdavaniya] *npl* inquest jury

присяжный [prisAzhniy] *nm* juror

присяжный поверенный [prisAzhniy pavEriniy] *nm* attorney-at-law; lawyer

притязание [pritizAniye] *nn* ambition; claim; encroachment; pretension

причиняющий вред [prichinAyushchiy vrEt] *adj* prejudicial; obnoxious; offensive

прогул [pragUl] *nm* absenteeism; truancy

продление срока пребывания [pradlEniye srOka pribivAniya] *nn* extension of period of stay

проигравшая дело сторона [praigrAfshaya dEla staranA] *nf* aggrieved party; defeated party

произв-ести/-одить обыск [praizvistI/praizvadIt Obisk] *v* search

производственная травма [praizvOtstvinnaya trAvma] *nf* work-related injury

произвол [praizvOl] *nm* arbitrariness; abuse of power

прокурор [prakurOr] *nm* public prosecutor; prosecuting attorney; counsel for prosecution

просроченная задолженность [prasrOchinnaya zadOlzhinast] *nf* arrears; insufficient payment; outstanding debt; unpaid balance; default on payment

просрочи-ть/-вать [prasrOchit/prasrOchivat] *v* delay

противозаконный [protivazakOnniy] *adj* illegal; lawless; contrary to law; illegitimate; unlawful; wrongful

противоправное поведение [protivaprAvnaye pavidEniye] *nn* delinquent behavior; offending behavior; wrongdoing; unlawful conduct

противоправное половое сношение [protivaprAvnaye palavOye snashEniye] *nn* sexual abuse

противоправный [prOtivaprAvniy] *adj* illegitimate; lawless; unlawful; wrongful

противоречивый [protivarichIviy] *adj* conflicting; contradictory; discrepant

протест [pratEst] *nm* caveat; objection

противная сторона [pratIvnaya staranA] *nf* adversary

противоправный [prOtivaprAvniy] *adj* illegal; wrongful; unlawful

протокол [pratakOl] *nm* minutes (*of a meeting*); record

процедура примирения сторон [pratsidUra primirEniya starOn] *nf* mediation

процедура судопроизводства [pratsidUra sUdapraizvOtstva] *nf* trial procedure

процесс [pratsEs] *nm* hearing; proceedings; process; trial

профессиональная компетенция [prafisianAlnaya kampitEntsiya] *nf* expertise

прошение [prashEniye] *nm* application

психиатрическое освидетельствование [psikhiatrIchiskaye asvidEtilstvavaniye] *nn* psychiatric evaluation

психическая неполноценность [psikhIchiskaya nipalnatsEnast] *nf* mental deficiency

психическое заболевание [psikhIchiskaye zabalivAniye] *nn* mental disorder

пункт [pUnkt] *nm* article; clause; item; point

пьянство [pyAnstva] *nn* drunkenness (*a crime of appearing drunk in public*)

пьяный [pyAniy] *adj* drunk

пьяница [pyAnitsa] *nm* drunk

равенство [rAvinstva] *nn* equality; parity

равенство перед законом [rAvinstva pirid zakOnam] *nn* equality under the law

разбирательство [razbirAtilstva] *nn* examination; investigation

    арбитражное разбирательство [arbitrAzhnaye razbirAtilstva] *nn* arbitral proceedings

    судебное разбирательство [sudEbnaye razbirAtilstva] *nn* legal proceedings

разгла-сить/-шать [razglasIt/razglashAt] *v* disclose

разглашение [razglashEniye] *nn* disclosure; unauthorized disclosure

разрешение [razrishEniye] *nn* authorization; license; permission; settlement; solution

разрыв [razrIf] *nm* break; gap; rupture; severance

разрыв отношений [razrIv atnashEniy] *nm* breach of relations; severance of relations

разумное основание [razUmnaye asnavAniye] *nn* reasonable basis; reasonable ground

рана [rAna] *nf* wound

ранение [ranEniye] *nn* injury

раскаяние [raskAyaniye] *nn* repentance

раскрытие сведений в судебном процессе [raskrItiye svEdeniy v sudEbnam pratsEse] *nn* discovery

расследование [rasslEdavaniye] *nn* inquiry; examination; inquest; search

расследовать [rasslEdavat] *v* investigate; inquire; inquire into; pursue investigation; search; try; examine

рассм-отреть/-атривать дело в суде [rassmatrEt/rassmAtrivat dEla v sudE] *v* judge

расторг-ать/-нуть [rastargAt/rastOrgnut] *v* abrogate; annul; rescind

расторжение [rastarzhEniye] *nn* annulment; denouncement; dissolution *(of a contract)*; termination *(of a contract)*

растление малолетн- его (- ей) [rastlEniye malalEtniva (malalEtney] *nn* corruption of youth/of a minor

расшифровка стенограммы [rasshifrOfka stinagrAmi] *nf* transcript

реабилитировать [riabilitIravat] *v, also* **восстан-овить/-авливать в правах** [vasstanavIt/vasstanAvlivat f pravAkh] *v* rehabilitate

реабилитация [riabilitAtsiya] *nf* rehabilitation

реестр судебных дел [riyEstr sudEbnikh dEl] *nm* docket

решающий довод [rishAyushchiy dOvat] *nm* closing argument

решение суда [rishEniye sudA] *nn* ruling; court decision; court ruling; judgment of court; legal decision; findings

решение, вынесенное в порядке упрощённого судопроизводства [rishEniye vInisinnaye f parAtke uprashchOnnova sUdapraizvOtstva] *nn* summary judgment

розыск [rOzisk] *nm* hunt; inquiry; search

уголовный розыск [ugalOvniy rOzisk] *nm* criminal tracking; criminal investigation

с правом апелляции [s prAvam apilAtsii] *adv* without prejudice

самоотвод судьи [samaatvOt sudyI] *nm* recusal; disqualification of self; resignation (*law of procedure*)

санкция [sAnktsiya] *nf* penalty; sanction

санкционировать [sanktsianIravat] *v* sanction

свидетель [svidEtil] *nm* affiant; evidence; testificator; witness

свидетель, дающий показания под присягой [svidEtil dayUshchiy pakazAniya pat prisAgay] *nm* deponent

свидетель защиты [svidEtil zashchIti] *nm* witness for defense

свидетель обвинения [svidEtil abvinEniya] *nm* witness for prosecution

свидетель противной стороны [svidEtil pratIvnay staranI] *nm* adverse witness

свидетель-эксперт [svidEtil ikspErt] *nm* expert witness

свидетельское показание [svidEtilskaye pakazAniye] *nn* witness testimony; testimony; evidence; testimonial evidence

свидетельство [svidEtilstva] *nn* evidence; testimony

свидетельство, основанное на слухах [svidEtilstva, asnOvannoye na slUkhakh] *nn* hearsay

свидетельствовать [svidEtilstvavat] *v* testify; give evidence; witness; attest; bear testimony; bear witness; avouch; vouch

своевременно [svaivrEmina] *adv* in due course

связанный обязательством [svAzanniy abizAtilstvam] *adj* liable; bound; obliged

сделка [zdElka] *nf* transaction

секретарь суда [sikritAr sudA] *nm* court clerk

скамья подсудимых [skamyA patsudImikh] *nf* the dock; prisoner's box

скры-ть/-вать [skrIt/skrivAt] *v* conceal; hide

следователь [slEdavatil] *nm* investigator

следственное большое жюри [slEtstvinaye balshOye zhurI] *nn* jury of inquiry; inquest jury

следствие [slEtstviye] *nn* inquiry; examination; inquest; search; investigation

свидетельствовать [svidEtilstvavat] *v* witness; give evidence; testify

слушание (дела) [slUshaniye (dEla)] *nn* trial; hearing; hearing of a case; proceedings; session

смягчающее обстоятельство [smikchAyushcheye apstayAtilstva] *nn* mitigating circumstance

смягчающ-ий/-ая [smikchAyushch-iy/-aya] *adj* extenuating; mitigating

соб-рать/-ирать улики [sabrAt/sabirAt ulIki] *v* collect evidence

соблю-сти/-дать [sablustI/sabludAt] *v* comply with; follow; observe

собственность [sOpstvinast] *nf* property; belongings; estate

совершеннолетн-ий -ая [savirshenalEtn-iy/-aya] *adj/n* adult

совещание суда с адвокатами сторон [savishchAniye sudA s advakAtami starOn] *nn* pre-trial conference

совещаться [savishchAtsa] *v* confer; consult; deliberate; negotiate

совпадение воль [safpadEniye vOl] *nn* consent

совра-тить/-щать [savratIt/savrashchAt] *v* corrupt; pervert

совращение (малолетн-его, -ей) [savrashchEniye (malalEtn-iva/-ey)] *nn* sexual abuse; sexual seduction of a minor

согласие [saglAsiye] *nn* agreement; consent

согласие, основанное на полученной информации [saglAsiye, asnOvannoye na palUchinnay infarmAtsiyi] *nn* informed consent

соглашение [saglashEniye] *nn* agreement; arrangement; contract; settlement; stipulation

соединение исков [saidinEniye yIskaf] *nn* consolidation of actions

состав жюри [sastAv zhurI] *nm* panel of judges

состав присяжных [sastAf prisAzhnikh] *nm* jury

состязательная система [sastizAtilnaya sistEma] *nf* adversarial system; adversary system

соучастник [sauchAsnik] *nm* accomplice

социальный работник [satsiAlniy rabOtnik] *nm* caseworker

специалист по оценке убытков [spitsiaIIst pa atsEnke ubItkaf] *nm* adjuster; average adjuster; quantity adjuster

СПИД [spIt] *nm* AIDS

спор [spOr] *nm* argument; controversy; dispute

спорный [spOrniy] *adj* controversial

справедливое слушание (дела) [spravidIIvaye slUshaniye (**dE**la)] *nn* fair hearing

срок действия [srOk **dE**ystviya] *nm* duration; term; date; deadline; time; period; space

срок наказания [srOk nakazAniya] *nm* period; term; term of sentence; term of punishment

старшина присяжных [starshinA prisAzhnikh] *nm* foreman of jury

статья (документа) [statyA (dakumEnta)] *nf* article; clause; item; point

стенограф/стенографистка суда [stinOgraf sudA/stinagrafIstka sudA] *nm/nf* court reporter

стенографический отчёт [stinagrafIchiskiy atchOt] *nm* verbatim records

стоимость [stOimast] *nf* value; cost; worth

стоить [stOit] *v* cost

сторона [staranA] *nf* party

субъект опеки [subyEkt apEki] *nm* conservatee

суд [sUt] *nm* court; court of justice; justice court; court of law

суд первой инстанции [sUt pErvay instAntsii] *nm* trial court

суд присяжных [sUt prisAzhnikh] *nm* jury

судебная процедура [sudEbnaya pratsidUra] *nf* judicial procedure

судебная коллегия [sudEbnaya kaIEgiya] *nf* judicial assembly; judicial board

судебная повестка [sud**E**bnaya pav**E**stka] *nf* summons

судебное дело [sud**E**bnaye d**E**la] *nn* action; case; claim; suit; lawsuit; legal action; proceeding(s)

судебное заседание [sud**E**bnaye zasid**A**niye] *nn* session

судебное поручение [sud**E**bnaye paruch**E**niye] *nn* commission; letter rogatory; requisitory letter

судебное постановление [sud**E**bnaye pastanavl**E**niye] *nn* judicial decree; decree; rule of court; injunction

судебное решение в пользу одной из сторон вследствие неявки на суд другой [sud**E**bnaye rish**E**niye f p**O**lzu adn**O**y iz star**O**n vsl**E**tstviye niy**A**fki na s**U**t drug**O**y] *nn* default judgment

судебное разбирательство с нарушением процедуры [sud**E**bnaye razbir**A**tilstva s narush**E**niyem pratsid**U**ri] *nn* mistrial

судебное решение [sud**E**bnaye rish**E**niye] *nn* judgment

судебное следствие [sud**E**bnaye sl**E**tstviye] *nn* proof; inquest; inquiry; judicial investigation; judicial inquiry; judicial examination; court investigation; investigation at the trial; judicial scrutiny

судебные издержки [sud**E**bniyi izd**E**rshki] *npl* cost; legal costs; court costs; legal fees; litigation costs; legal expenses

судебный [sud**E**bniy] *adj* judicial; legal; law; court; forensic; prosecutorial

судебный запрет [sud**E**bniy zap**rE**t] *nm* injunction; court injunction; court order; injunctive relief; prohibitory injunction

судебный иск [sud**E**bniy y**I**sk] *nm* legal claim; law action; action-at-law; common law action; court action

судебный исполнитель [sud**E**bniy ispaln**I**tyil] *nm* officer of justice; server; law enforcement officer; sheriff; executor; marshall; bailiff

судебный надзор [sud**E**bniy nadz**O**r] *nm* judicial supervision

судебный пересмотр [sud**E**bniy pirism**O**tr] *nm* judicial review

судебный прецедент [sud**E**bniy pritsid**E**nt] *nm* parent case; case authority; judicial authority; judicial precedent; rule of decision

судебный приговор [sud**E**bniy prigav**O**r] *nm* adjudication; judgment; judicial judgment

судебный пристав [sud**E**bniy pr**I**staf] *nm* usher; officer of justice; bailiff; court marshal

судебный процесс [sud**E**bniy prats**E**s] *nm* lawsuit; suit at law; trial; hearing; judicial proceedings; proceeding

судебный процесс без участия присяжных [sud**E**bniy prats**E**s biz uch**A**stiya pris**A**zhnikh] *nm* bench trial

судебный спор [sud**E**bniy sp**O**r] *nm* controversy; judicial contest; lawsuit; legal controversy; litigation

судить [sud**I**t] *v* judge; try

судиться (с кем-либо) [sud**I**tsa (s k**E**m l**I**ba)] *v* litigate; be at suit

судопроизводство [s**U**dapraizv**O**tstva] *nn* procedure; proceeding; legal proceedings

судопроизводство по семейным делам [sUdapraizvOtstva pa simEynim dilAm] *nn* domestic proceedings

судопроизводство после суда [sUdapraizvOtstva pOsli sudA] *nn* post-trial procedure

судья [sudyA] *nm/nf* judge

существенная ошибка [sushchEstvinaya ashIpka] *nf* substantial error

сыск [sIsk] *nm* investigation; find

таможенные пошлины [tamOzhinniye pOshlini] *npl* customs

телесное повреждение [tilEsnaye pavrizhdEniye] *nn* bodily harm; bodily injury

тест на ДНК [tEst na DeinkA] *nm* DNA test

токсикоман [tOksikamAn] *nm* addict; drug addict

толковать [talkavAt] *v* interpret

толкование [talkavAniye] *nn* interpretation

торговый [targOviy] *adj* commercial; mercantile; trade

травма [trAvma] *nf* injury; damage

травма мозга [trAvma mOzga] *nf* brain damage

травматический [travmatIchiskiy] *adj* traumatic

траст [trAst] *nm, also* **доверительный фонд** [davirItilniy fOnt] *nm* trust

требование [trEbavaniye] *nn* application; claim; demand; request; requirement

требовать [trEbavat] *v* order; seek; call for; exact; claim; demand; require

тюремное заключение [turEmnaye zakluchEniye] *nn* custody; penal confinement; imprisonment

тяжба [tAzhba] *nf* action; lawsuit; litigation; dispute at law

убийство по неосторожности [ubIystva pa niastarOzhnasti] *nn* involuntary manslaughter

убытки [ubItki] *npl* damages; loss; material losses

убытки, присуждаемые с проигравшей стороны [ubItki, prisuzhdAyimiye s praigrAfshey staranI] *npl* condemnation

уведомление [uvidamlEniye] *nn* declaration; advice note; communication; guidance; notice; notice in writing; notification

уведом-ить/-лять [uvEdamit/uvidamlAt] *v* notify; give notice

угроза [ugrOza] *nf* threat

угрожать [ugrazhAt] *v* threaten

удержание денежной суммы из заработной платы [udirzhAniye dEnizhnay sUmmi iz zArabatnay plAti] *nn* direct income withholding

удовлетворение [udavlitvarEniye] *nn* consideration; satisfaction

удовлетворение правопритязания [UdavlitvarEniye prAvapritizAniya] *nn* relief

удовлетворение судебного решения [udavlitvarEniye sudEbnava rishEniya] *nn* satisfaction of judgment

удовлетворить ходатайство [udavlitvarIt khadAtaystva] *v* grant a motion

удостоверение [udastavirEniye] *nn* attestation; authentication; certificate; warrant

удостоверять [udastavirAt] *v* attest; authenticate; certify; verify

указ [ukAs] *nm* ordinance; decree; edict; assize; order

улика [ulIka] *nf* proof; evidence; clue; incriminating evidence; prosecution evidence; incriminating fact

умышленно [umIshlina] *adv* deliberately

умышлять [umishlAt] *v* intend; intend wrongfully; intend wrongly

управление и распоряжение наследством [upravlEniye I rasparazhEniye naslEtstvam] *nn* administration

употреблять наркотики [upatriblAt narkOtiki] *v* drug; use drugs

управляющий [upravlAyushchiy] *nm* managing director; manager

    главный управляющий [glAvniy upravlAyushchiy] *nm* top manager

упрощённое судопроизводство [uprashchOnnaye sUdapraizvOt-stva] *nn* summary proceedings

устное судопроизводство [Usnaye sUdapraizvOtstva] *nn* oral proceedings

условный иммунитет [uslOvniy imunitEt] *nm* qualified immunity

условие [uslOviye] *nn* condition; proviso; term

    при условии [pri uslOvii] *adv* subject to

устав [ustAf] *nm* articles; bylaws; charter

установление фактов [ustanavlEniye fAktaf] *nn* fact finding

утверждать [utvirzhdAt] *v* affirm; allege

утверждение завещания [utvirzhdEniye zavishchAniya] *nn* probate

утверждение решения суда судом высшей инстанции [utvirzhdEniye rishEniya sudA sudOm vIshshey instAntsiyi] *nn* affirmance (*of a decision*)

участвующий в деле адвокат [uchAstvuyushchiy v **d**Eli advakAt] *nm* attorney of record

ушиб головного мозга [ushIp galavnova mOzga] *nm* brain contusion

ущемление прав [ushchimlEniye prAf] *nn* prejudice; res judicata (*Lat.*)

ущерб [ushchErp] *nm* grievance; lesion; damage(s); harm; prejudice

фальсифицировать [falsifitsIravat] *v* tamper with; falsify

фактические убытки [faktIchiskiye ubItki] *npl* actual damages; compensatory damages

фидуциарий [fidutsiAriy] *nm, also* **доверенное лицо** [davErinaye litsO] *nn* fiduciary agent; proxy

фиктивный [fiktIvniy] *adj* false; bogus

фонд [fOnt] *nm* asset; fund; reserve; stock

халатность [khalAtnast] *nf* negligence

ходатайство [khadAtaystva] *nn* application; petition; motion; notice of motion; move; request

ценность [tsEnnast] *nf* value; assessed value

цедент [tsidEnt] *nm* assignor

цедировать [tsidIravat] *v* cede; transfer; assign

цессия [tsEssiya] *nf, also* **переуступка права** [piriustUpka prAva] *nf* cession; assignment deed

частный [chAsniy] *adj* private

частное определение [chAstnaye apridilEniye] *nn* prejudication; special ruling; intermediate order; order

чек [chEk] *nm* check

чистая стоимость [chIstaya stOyimast] *nf* net worth

чистый доход [chIstiy dakhOt] *nm* disposable income

шизофрения [shizafrinIya] *nf* schizophrenia

штрафные убытки [shtrafnIye ubItki] *npl* punitive damages

штраф [shtrAf] *nm* fine; penalty; forfeiture; surcharge

штрафовать [shtrafavAt] *v* fine; surcharge

эксперт [ikspErt] *nm* expert

экспертиза [ikspirtIza] *nf* examination; expert examination; finding

экспертное заключение [ikspErtnaye zakluchEbiye] *nn* expert opinion

эксплуатация [ikspluatAtsiya] *nf* maintenance; operation; running; service; utilization

юридическая ответственность [yuridIchiskaya atvEtstvinast] *nf* liability

юридическая помощь в гражданских судебных делах гражданам за рубежом [yuridIchiskaya pOmashch v grazhdAnskikh sudEbnikh dilAkh grAzhdanam za rubizhOm] *nf* international judicial assistance

юридически действительный [yuridIchiski diystvItilniy] *adj* valid

юридический [yuridIchiskiy] *adj* juridical; judicial; legal

юридический адрес [yuridIchiskiy Adris] *nm* domicile; legal address

юрисдикция [yurisdIktsiya] *nf* jurisdiction; competency; competence

юрист [yurIst] *nm* lawyer; attorney; counsel; solicitor

юстиция [yustItsiya] *nf* justice

явка с повинной [yAfka s pavInnay] *nf* surrender

якобы [yAkabi] *adv* allegedly

Коммерческое право
Commercial Law

В этом разделе приводятся термины из области контрактного права, бизнеса, финансов, а также терминология, связанная с капиталовложениями, страхованием, термины из сферы торговли и торговых услуг потребителям.

аванс [avAns] *nm* advance; cash advance

авизо [avizO] *nm* notice (*of acceptance, of payment, etc.*)

авуары [avuAri] *npl* assets; holdings; cash holdings

агент [agEnt] *nm* agent

агент по продаже [agEnt pa pradAzhe] *nm* distributor; retailer

агентство [agEntstva] *nn* agency

ад валорем [ad valOrem] *adv, also* **с объявленной цены** [s abyAvlinay tsinI] *adv* ad valorem (*Lat.*)

адвалорная пошлина [advalOrnaya pOshlina] *nf* ad valorem duty

администратор [administrAtar] *nm* manager

адресат [adrisAt] *nm* addressee; consignee; recipient

адресат оферты [adrisAt afErti] *nm* offeree

аккордная оплата [akOrdnaya aplAta] *nf* accord payment; lump-sum payment

аккредитив [akriditIf] *nm* letter of credit

активы [aktIvi] *npl* assets; resources; holdings

акцептование [aktsiptavAniye] *nn* acceptance

акцептованный чек [aktsiptOvanniy chEk] *nm* certified check

акцептовать [aktsiptavAt] *v* accept

акциз [aktsIz] *nm* excise

акцизный налог [aktsIzniy nalOk] *nm* excise tax; excise duty

акцизный сбор [aktsIzniy zbOr] *nm* excise tax; excise duty

акционер [aktsianEr] *nm, also* **пайщик** [pAyshchik] *nm* shareholder; stockholder

акция [Aktsiya] *nf* share; share of stock

акции первого выпуска [Aktsii pErvava vIpuska] *npl* original shares; common stock

акционерная компания [aktsianErnaya kampAniya] *nf* corporation; incorporated company; incorporated business; joint-stock company

акционерная компания открытого типа (АООТ) [AktsianErnaya kampAniya atkrItava tIpa (aOotE)] *nf* publicly traded company

акционерное общество закрытого типа (АОЗТ) [AktsianErnaye Opshchistva zakrItava tIpa (aOzetE)] *nn* private company; closed corporation

акционерный капитал [aktsianErniy kapitAl] *nm* stock; corporate stock; capital stock; equities

аккордная оплата [akOrdnaya aplAta] *nf* single payment; non-recurrent payment; lump-sum payment

амортизационные отчисления [amartizatsiOnnii atchislEniya] *npl* depreciation

амортизация [amartizAtsiya] *nf* depreciation; amortization

аналитический отчет [analitIchiskiy atchOt] *nm* analyst report

андеррайтер [anderAyter] *nm, also* **гарант размещения займа** [garAnt razmishchEniya zAyma] *nm* underwriter

анкета [ankEta] *nf* application form; inquiry form; questionnaire

аннуитет [annuitEt] *nm, also* **страховая рента** [strakhavAya rEnta] *nf* annuity

аннулирование [anulIravaniye] *nn* cancellation

аннулировать [anulIravat] *v* cancel; terminate

арбитраж [arbitrAsh] *nm* arbitrage; arbitration tribunal

арбитражная сделка [arbitrAzhnaya zdElka] *nf* arbitrage

арбитражное разбирательство [arbitrAzhnaye razbirAtilstva] *nn* arbitration

арендная плата [arEndnaya plAta] *nf* lease payment; rent

асессор [asEsar] *nm, also* **налоговый чиновник** [nalOgaviy chinOvnik] *nm* assessor

аудит [audIt] *nm* audit

аудиторская проверка [audItarskaya pravErka] *nf* audit

аудиторское мнение с оговорками [audItarskaye mnEniye s agavOrkami] *nn* qualified audit opinion (*the opposite of which is* unqualified audit opinion, clean audit opinion)

аудиторский отчёт [audItarskiy atchOt] *nf* audit opinion

аукцион [auktsiOn] *nm* auction; sale

афера [afOra] *nf* fraud; scam (*jarg.*)

баланс [balAns] *nm* balance; balance sheet; cash flow; financial statement; asset-and-liability statement; returns (*to bank*)

баланс [balAns] *nm* account

баланс прибылей и убытков [balAns prIbiley I ubItkaf] *nm* profit-and-loss account

балансовая стоимость [balAnsavaya stOimast] *nf* book value; net assets value; reported value

балансовый отчёт [balAnsaviy atchOt] *nm* balance sheet

банк [bAnk] *nm* bank

банкнота [banknOta] *nf* bank note; bill

банковские операции [bAnkafskii apirAtsii] *npl* banking

банковский день [bAnkafskiy dEn] *nm* business day

банковский счет [bAnkafskiy schOt] *nm* bank account

банковский чек [bAnkafskiy chEk] *nm* cashier's check; teller's check; bank check

банковый билет [bAnkaviy bilEt] *nm* bank note; bill

банкомат [bankamAt] *nm* automated teller machine (ATM); cash machine

банкротство [bankrOtstva] *nn* bankruptcy; business failure; collapse

бона фиде (*лат.***)** [bOna fIde] *adv* bona fide (*Lat.*)

Коммерческое право

бенефициар [binifitsiAr] *nm* beneficiary

безнадёжный долг [biznadOzhniy dOlk] *nm* bad debt

безналичный расчет [biznalIchhniy raschOt] *nm* non-cash transaction

безотзывный аккредитив [bizatzIvniy akriditIf] *nm* irrevocable letter of credit

бизнес [bIznis] *nm* business; entrepreneurship; enterprise

бизнесмен [biznismEn] *nm* businessman/woman; entrepreneur; manufacturer

биржа [bIrzha] *nf* exchange; market

биржа ценных бумаг [bIrzha tsEnnikh bumAk] *nf* stock exchange

биржевая цена [birzhivAya tsinA] *nf* stock exchange price

биржевой [birzhivOy] *adj* stock; exchange-traded

биржевой курс [birzhivOy kUrs] *nm* market rate; market price; stock price; bond price; stock exchange quotation

биржевой брокер [birzhivOy brOker] *nm* exchange broker; stockbroker; trader

биржевой маклер [birzhivOy mAklir] *nm* stockbroker; trader; floor trader

бланк [blAnk] *nm* blank; form; slip; letterhead

бона [bOna] *nf* bond

брать в аренду. *See* взять в аренду

брать взаймы. *See* взять взаймы

брать на баланс [brAt na balAns] *v* take over; enter into the books

брокер [brOker] *nm* broker; dealer

брошюра с предложением подписки [brashUra s pridlazhEniyem patpIski] *nn* offering circular; prospectus

брутто [brUta] *nm* gross

брутто баланс [brUta balAns] *nm* rough balance

брутто дивиденд [brUta dividEnd] *nm* gross dividends

бухгалтер [bugAlter] *nm* accountant; bookkeeper

бухгалтер-счетчик [bugAlter-schOtchik] *nm* cost accountant

бухгалтерская отчётность [bugAlterskaya atchOtnast] *nf* accounts; accounting reporting; financial statements

бюджет [budzhEt] *nm* budget

в натуральном выражении [v naturAlnam virazhEnii] *adv* in kind; in physical terms

в неденежной форме [v nidEnizhnay fOrme] *adv* in kind

в реальном масштабе времени [v riAlnom mashtAbe vrEmeni] *adv* real time

валовая прибыль [vAlovaya prIbil] *nf* gross profit; gross margin; gross return

валовый оборот [vAloviy abarOt] *nm* gross sales

валовый [vAloviy] *adj* gross

валовый доход *nm* [vAloviy dakhOt] *nm* gross income; total income

валюта [valUta] *nf* currency

валютный курс [valUtniy kUrs] *nm* currency rate; exchange rate; currency exchange rate

валютный рынок [valUtniy rInak] *nm* currency market; money market

ведение бизнеса на дому [vedEniye bIznesa na damU] *nn* home-based business

ведомость [vEdamast] *nf* bill; journal; list; register

  платежная ведомость [platOzhnaya vEdamast] *nf* payroll

  грузовая ведомость [gruzavAya vEdamast] *nf* cargo sheet; waybill

вексель [vEksil] *nm* bill; note; bill of exchange; promissory note; draft

векселедатель [vEkseledAtil] *nm* drawer

вес нетто [vEs nEto] *nm* net weight

взаимозачет [vzaimazachOt] *nm* offset

взимать [vzimAt] *v* cash; collect; charge; impose

взнос [vznOs] *nm* installment; in-payment; deposit; contribution

взыскание [vziskAniye] *nn* collection; penalty

взыскание в судебном порядке [vziskAniye f sudEbnam parAtke] *nn* recovery; vindication; revindication

взысканный [vzIskaniy] *adj* collect

взыск-ать/-ивать [vziskAt/vzIskivat] *v* vindicate; levy

взятка [vzAtka] *nf* bribe

взяточничество [vzAtachnichistva] *nn* bribery; venality

взять/брать в аренду [vzAt/brAt v arEndu] *v* rent

взять/брать взаймы [vzAt/brat vzaymI] *v* borrow

виндикация [vindikAtsiya] *nf, also* **взыскание в судебном порядке** [vziskAniye f sudEbnam parAtke] *nf* recovery; vindication; revindication

вклад [fklAt] *nm* deposit; bank deposit; contribution; investment

вкладчик [fklAtchik] *nm* depositor; investor

вкладывать денежные средства [fklAdivat dEnizhniye srEtstva] *v* invest

владелец [vladElits] *nm* holder; owner; proprietor

владелец документа [vladElits dakumEnta] *nm* bearer

владелец закладной [vladElits zakladnOy] *nm* lienholder

владелец ценных бумаг [vladElits tsEnnikh bumAk] *nm* investor

вложение [vlazhEniye] *nn* investment

внешнеторговый [vnEshnetargOviy] *adj* foreign trade

внешнеэкономический [vnEshneikanamIcheskiy] *adj* foreign economic

Внешэкономбанк [vnEshikanOmbAnk] *nm* Foreign Trade Bank of the Russian Federation

возбуждать иск [vazbuzhdAt yIsk] *v* file a claim; enter an action; institute a suit

возврат [vazvrAt] *nm* redemption; refund; return

возврат переплаченных налогов [vazvrAt piriplAchinikh nalOgaf] *nm* tax refund; tax rebate

возвра-тить/-щать долг [vazvratIt/vazvrashchAt dOlk] *v* repay; compensate; reimburse

возме-стить/-щать ущерб [vazmistIt/vazmishchAt ushchErp] *v* indemnify; cover the loss

возмещение [vazmishchEniye] *nn* compensation; consideration; amendment; indemnification; restitution

    денежное возмещение [dEnizhnaye vazmishchEniye] *nn* money damages

возмещение расходов [vazmishchEniye raskhOdaf] *nn* refund; repayment; reimbursement

вознаграждение [vaznagrazhdEniye] *nn* bonus; commission; consideration; honorarium; repayment; gratification; compensation

    денежное вознаграждение [dEnizhnaye vaznagrazhdEniye] *nn* pecuniary reward

войти/входить в силу [vaytI/fkhadIt f sIlu] *v* to come into effect

вопрос [vaprOs] *nm* item; matter; question

восполн-ить/-ять [vaspOlnit/vaspalnAt] *v* implement; supply; turn over

восстан-овить/-авливать [vastanavIt/-Avlivat] *v* rebuild; reconstruct; renovate

восстан-овить/-авливать в правах собственности [vastanavIt/vastanAvlivat f pravakh sOpstvinasti] *v* repossess

встреча для достижения согласия [fstrEcha dla dastizhEniya saglAsiya] *nf* meeting of the minds

встречное предложение [fstrEchnaye predlazhEniye] *nn* counteroffer

встречное требование [fstrEchnaye trEbavaniye] *nn* counter-demand; counterclaim; offset

встречное удовлетворение [fstrEchnaye udavlitvarEniye] *nn* consideration

встречный [fstrEchniy] *adj* counter

встречный иск [fstrEchniy yIsk] *nm* counterclaim

вступительный взнос [fstupItelniy vznOs] *nm* affiliation fee

вторичные ценные бумаги [ftarIchniye tsEnniye bumAgi] *npl* derivatives

входящий [fkhadAshchiy] *adj* incoming (*of documents, mail, etc.*)

выверка счета [vIverka schOta] *nf* account verification

выгода [vIgada] *nf* profit; advantage; avail; benefit

    упущенная выгода [Upshchenaya vIgada] *nf* lost opportunity

выгодный [vIgadniy] *adj* advantageous; beneficial; profitable

    экономически выгодный [ekanamIcheski vIgadniy] *adj* economically sound

выгодоприобретатель [vIgadapriabritAtil] *nm* beneficiary; beneficiary owner

выдача [vIdacha] *nf* delivery; grant; issuance

выдача наличных денег по банковской карточке [vIdacha nalIchnikh dEnik pa bAnkafskay kArtachke] *nf* cash advance

выкуп [vIkup] *nm* redemption; retirement

выпис-ать/-ывать счёт [vIpisat/vipIsivat schOt] *v* invoice

выписка [vIpiska] *nf* abstract; excerpt

выписка из банковского счёта [vIpiska is bAnkafskava schOta] *nf* bank statement

выплата [vIplata] *nf* disbursement; payment

выпла-тить/-чивать [vIplatit/viplAchivat] *v* repay; pay out

выполнение [vipalnEniye] *nn* fulfillment; compliance; exercise

выполнение обязательств [vipalnEniye abizAtilstf] *nn* discharge

выполнение обязательств по договору [vipalnEniye abizAtilstf pa dagavOru] *nn* discharge of contract

выпуск продукции [vIpusk pradUktsii] *nm* output; turnout; offtake

выручка [vIruchka] *nf* proceeds; receipts; gain; revenue; sales; yield

    валовая выручка [vAlovaya vIruchka] *nf* gross sales

    чистая выручка [chIstaya vIruchka] *nf* net sales

выстав-ить/-лять счет [vIistav-it/-vlAt schOt] *v* make out an invoice; bill

выставление счетов [vistavlEniye schitOf] *nn* billing

выставление завышенных счетов [vistavlEniye zavIshinikh schitOf] *nn* overbilling

вычесть/-итать [vIchist/vichitAt] *v* deduct; recoup

вычет [vIchit] *nm* deduction; exemption; check-off; withholding

вычет благотворительных взносов [vIchit blagatvarItilnikh vznOsaf] *nm* charitable contribution; deduction

вычитаемый из суммы налогооблагаемого дохода [vichitAyemiy iz sUmmi nalOgaablagAyemikh dakhOdaf] *adj* tax-deductible

гарант [garAnt] *nm* guarantor; sponsor; surety

гарант размещения займа [garAnt razmishchEniya zAyma] *nm* underwriter

гарантор [garAntar] *nm* guarantor; sponsor; surety

гарант заемщика [garAnt zayOmshchika] *nm* co-signer

гарант размещения займа [garAnt razmishchEniya zAyma] *nm* underwriter

гарантийный [garantIyniy] *adj* guaranteed; warranty

гарантия [garAntiya] *nf* guarantee; warranty; security; indemnity; collateral

глава семьи [glavA simyI] *nm* head of household

главная книга [glAvnaya knIga] *nf* account book; ledger; general ledger

главная бухгалтерская книга [glAvnaya bugAlterskaya knIga] *nf* account book; ledger; general ledger

главная контора фирмы [glAvnaya kantOra fIrmi] *nf* home office; head office; central administration office

гласность [glAsnast] *nf* publicity; transparency

годовая пошлина [gadavAya pOshlina] *nf* annual fee; annual tax

годовая процентная ставка [gadavAya pratsEntnaya stAfka] *nf* annual percentage rate (APR)

годовой [gadavOy] *adj* annual

годовой доход в процентах [gadavOy dakhOt v pratsEntakh] *nm* annual percentage yield (APY)

годовой доход с земли [gadavOy dakhOd z zimlI] *nm* purchase; annual purchase

головная компания [galavnAya kampAniya] *nf* parent company

голосовая почта [galasavAya pOchta] *nf* voice-mail

гонорар [ganarAr] *nm* honorarium; fee; charge fees; royalty

государственные ценные бумаги [gasudArstvnniye tsEnniye bumAgi] *npl* government stocks; consolidated stock; government bonds; government securities; funds; public funds; rent

гражданский судебный спор [grazhdAnskiy sudEbniy spOr] *nm* litigation

гражданский судебный процесс [grazhdAnskiy sudEbniy pratsEs] *nm* litigation proceedings

график [grAfik] *nm* schedule

гроссбух [grosbUkh] *nm* account book; ledger; general ledger

груз [grUs] *nn* freight; cargo consignment

грузоотправитель [grUzaatpravItil] *nm* consignor

грузополучатель [grUzapaluchAtil] *nm* consignee

дата вступления в силу [dAta fstuplEniya v sIlu] *nf* effective date

да-ть/-вать взаймы [dAt/davAt vzaimI] *v* lend; lend out; loan

давить/надавить [davIt/nadavIt] *v* put the squeeze on someone (*slang*) (*make somebody do something as a result of a threat*)

двойная бухгалтерия [dvaynAya bugaltEriya] *nf* double billing

двойная оплата [dvaynAya aplAta] *nf* double dipping

двойной куш (*colloq.*) [dvaynOy kUsh] *nm* double dipping

двойной счёт [dvaynOy schOt] *nm* double counting

дебет [dEbit] *nm* debit; debit side; liability; (in the) red

дебетовать [dibitavAt] *v* charge; debit

дебетовая сторона счёта [dibitOvaya staranA schOta] *nf* debit; debit of an account

дебетовая карточка [dibitOvaya kArtachka] *nf* debit card

дебитор [dibitOr] *nm* debtor; obligor

дебиторская задолженность [dibitOrskaya zadOlzhinast] *nf* receivable

дезориентирующий [dIzarientIruyushchiy] *adj* deceptive

делимость соглашения [dilImast saglashEniya] *nf* severability

деловой контракт [dilavOy kantrAkt] *nm* business contract

декларировать [diklarIravat] *v* declare

денежная компенсация [dEnizhnaya kampinsAtsiya] *nf* monetary compensation

денежное поступление [dEnizhnaye pastuplEniye] *nn* receipt

денежный [dEnizhniy] *adj* money; monetary

денежный аванс [dEnizhniy avAns] *nm* cash advance

денежный перевод [dEnizhniy pirivOt] *nm* money transfer

денежные обязательства [dEnizhniye abizAtilstva] *npl* arrears; accounts payable; debts; liabilities; pecuniary obligations

деньги [dEngi] *npl* money; currency; cash; funds

депозит [dipazIt] *nm* deposit

депозитная расписка [dipazItnaya raspIska] *nf* depositary receipt

депозитный сертификат [dipazItniy sirtifikAt] *nm* certificate of deposit (CD)

депозитный счёт денежного рынка [dipazItniy schOt dEnizhnava rInka] *nm* money market account

депонент [dipanEnt] *nm* depositor

депонирование [dipanIravaniye] *nn* deposit; consignment; depositing

держатель [dirzhAtil] *nm* holder

дериваты [dirivAti] *npl, also* **вторичные ценные бумаги** [ftarIchniye tsEnniye bumAgi] *npl* derivatives

диверсифицировать [divirsifitsIravat] *v* diversify

диверсификация [divirsifkAtsiya] *nf* diversification

дивиденд [dividEnt] *nm* dividend; cash dividend; distributed profit

дилер [dIlir] *nm* dealer

дирекция [dirEktsiya] *nf* management; front office; directory

дисконт [diskOnt] *nm, also* **скидка** [skItka] *nf* discount

дисконтированный [diskantIravaniy] *adj* discounted

дистанционное ведение банковских операций [distantsiOnnaye vedEniye bankafskikh apirAtsiy] *nn* online banking

дистрибьютор [distribyUtar] *nm, also* **агент по продаже** [agEnt pa pradAzhe] *nm* distributor; retailer

дневной баланс [dnivnOy balAns] *nm* daily balance

добросовестность [dabrasOvisnast] *nf* good faith

доверенное лицо [davErinaye litsO] *nm* fiduciary; agent

доверенность [davErinast] *nf* power of attorney; proxy; warrant

доверитель [davirItil] *nm* principal; grantor

доверительная собственность [davirItilnaya sOpstvinast] *nf* trust; trust fund

доверительный фонд [davirItilniy fOnt] *nm* trust fund

договор [dagavOr] *nm* act; agreement; contract; convention; covenant; settlement; treaty

договор гарантии [dagavOr garAntiyi] *nm* contract of indemnity

договор купли-продажи [dagavOr kUpli-pradAzhi] *nm* agreement for sale and purchase; buy-sell agreement

договор лизинга [dagavOr lIzinga] *nm* lease agreement; leasing agreement

договор мены [dagavOr mEni] *nm* barter

договор найма [dagavOr nAyma] *nm* lease; hiring contract; service contract

договор поручительства [dagavOr paruchItilstva] *nm* contract of guarantee

договор продажи [dagavOr pradAzhi] *nm* contract of sale

договор франшизы [dagavOr franshIzi] *nm* franchise; franchise agreement

простой договор [prastOy dagavOr] *nf* verbal contract; simple contract; parole contract

договорное право [dagavarnOye prAva] *nn* contract law; contractual law

долг [dOlk] *nm, also* **заем** [zayOm] *nm* debt; credit; arrears; encumbrance

долговые обязательства [dalgavIye abizAtilstva] *npl* debenture bond; bond of obligation; liability

долговая расписка [dalgavAya raspIska] *nf* bond of obligation; debenture; debenture bond; promissory note; debt warrant; loan certificate; certificate of indebtedness; obligation

долевое участие [dalivOye uchAstiye] *nn* partnership; share participation

должник [dalzhnIk] *nm* debtor; debitor; obligator

домовладелец [damavladElits] *nm* homeowner

доплата [daplAta] *nf* surcharge; additional payment

дополнительная льгота [dapalnItilnaya lgOta] *nf* fringe benefit

дополнительное удержание [dapalnItilnaye udirzhAniye] *nn* backup withholding

дополнительные выплаты [dapalnItilniye vIplati] *npl* nonwage payments; nonwage benefits

дополнительный налог [dapalnItilniy nalOk] *nm* surcharge

дорожный чек [darOzhniy chEk] *nm* traveler's check

досрочное снятие вклада [dasrOchnaye snAtiye fklAda] *nn* premature withdrawal

досрочный [dasrOchniy] *adj* early; pre-schedule; anticipatory

доход [dakhOt] *nm* income; revenues; proceeds; yield; return; earnings; receipts; emolument; profit; financial returns

доход от процентов [dakhOt at pratsEntaf] *nm* interest income

доход, полученный за границей [dakhOt palUchiniy zagranItsey] *nm* foreign earned income

доход после вычета налогов [dakhOt pOsli vIchita nalOgaf] *nm* after-tax return

доход с недвижимости [dakhOt s nidvIzhimasti] *nm* rent; rental revenue

доходность [dakhOdnast] *nf* productivity; economic viability; profitability

дочерняя компания [dachErnyaya kampAniya] *nf* affiliated company; branch; subsidiary

дочерняя фирма [dachaernyaya fIrma] *nf* affiliated company; branch; subsidiary

дочернее предприятие [dachErneye pritpriyAtiye] *nn* affiliated company; branch; subsidiary

дружественное урегулирование спора [drUzhistvenaye urigilIravaniye spOra] *nn* good faith

единая ставка [yedInaya stAfka] *nf* flat rate; single rate; uniform rate; blanket rate

единовременный платёж [idInavrEminniy platOsh] *nm* single payment; non-recurrent payment; lump-sum payment

жалоба [zhAlaba] *nf* application; appeal; complaint; grievance; petition

жилая площадь [zhilAya plOshchat] *nf* dwelling place; living space

жульничество [zhUlnichistva] *nn* fraud; fraudulent practices; false pretenses; swindle

зависимый [zavIsimiy] *adj* dependent

завышенная цена [zavIshinaya tsinA] *nf* overcharge; surcharge; overprice; excessive price

задаток [zadAtak] *nm* advance money; binder; caution money; deposit; advance deposit; down payment (*in real estate operations*); good faith

задержка платежа [zadErzhka platizhA] *nf* arrears of payments; delay in payments; delinquency

задолженность [zadOlzhenast] *nf* delinquency; accrued expenses; arrears; accrued expenditure; debts; liabilities

задолженность по кредитной линии под обеспечение недвижимостью [zadOlzhinast pa kredItnay lInii pad abispichEniye nidvIzhimastyu] *nf* home equity loan

задолженность по налоговым платежам [zadOlzhinast pa nalOgavim platizhAm] *nf* tax liabilities; tax arrears

задолженность по потребительскому кредиту [zadOlzhinast pa patribItilskamu kridItu] *nf* consumer debts

заем [zayOm] *nm* accommodation; advance; bond issue; borrowing; loan; bank loan; lending; credit; advance; debt

   промежуточный заём [pramizhUtachniy zayOm] *nm* bridge loan

заёмщик [zayOmshchik] *nm* borrower; loan debtor; credited party; fund receiver; loan subscriber

заёмщик по ипотечному кредиту [zayOmshchik pa ipatEchnamu kridItu] *nm* mortgagor

заимодавец [zaimadAvets] *nm* lender; creditor; loan holder; money lender

заимодатель [zaimadAtil] *nm* lender; creditor; loan holder; money lender

заклад [zaklAt] *nm* bet; wager; pawning; pledge

заклад недвижимого имущества [zaklAd nidvIzhimava imUshchistva] *nm* mortgage

залог [zalOk] *nm* caution; collateral; security deposit

закладная [zakladnAya] *nf* mortgage; mortgage deed; bill of sale; encumbrance; deed of pledge; mortgage bond

закладная с обратным аннуитетом [zakladnAya s abrAtnim anuitEtam] *nf* reverse annuity mortgage

закупочная цена [zakUpachnaya tsinA] *nf* purchase price

законы о защите прав потребителя [zakOn a zashchIte prAf patribItila] *nm* consumer protection laws

   антимономольный закон [antimanapOlniy zakOn] *nm* antitrust statute

   арбитражный закон [arbitrAzhniy zakOn] *nm* arbitration statute

залог [zalOk] *nm* collateral; caution money; lien; deposit; pawn; charge; encumbrance; security; security interest

Коммерческое право

залоговое право [zalOgavoye prAva] *nn* security interest; charge; charging lien; lien; legal lien

залогодатель [zalOgadAtil] *nm* mortgagor; pledger

залогодержатель [zalOgadirzhAtil] *nm* mortgagee

замор-озить/-аживать [zamarOzit/zamarAzhivat] *v* freeze (*assets, deposits, etc.*); restrain

занижение сведений о доходе [zanizhEniye svEdeniy a dakhOde] *nn* underreporting income

зани-зить/-жать сведения [zanIzit/zanizhAt svEdeniya] *v* underreport

запрос [zaprOs] *nm* inquiry request; requirements

запрос на проверку фактурирования [zaprOs na pravErku fakturIravaniya] *nm* billing inquiry

запрос налогоплательщика [zaprOs nalOgaplatElshchika] *nm* letter ruling; private letter ruling

заработная плата [zArabotnaya plAta] *nf* salary; earnings; compensation; earned income; paycheck; wages

заработок [zArabatak] *nm* fee(s); earnings; compensation; remuneration; earned income

заранее подготовленный [zarAneye padgatOvliniy] *adj* prepackaged

зарегистрированная на бирже компания [zarigistrIravanaya na bIrzhe kampAniya] *nf* listed company

зарплата [zArplAta] *nf* salary; earnings; compensation; earned income; paycheck; wages

застрахованный [zastrakhOvaniy] *adj* insured

затраты на выплату процентов [zatrAti na vIplatu pratsEntaf] *npl* interest expenses

зачет [zachOt] *nm* deduction; setoff

зачёт требований [zachOt trEbavaniy] *nm* setoff

заявка на подряд [zayAfka na padrAt] *nf* tender; invitation to tender

заявка на торгах [zayAfka na targAkh] *nf* offer; bid; proposal

извещение [izvishchEniye] *nn* notice; notification; summon; service of summons

извещение об остатке на счёте [izvishchEnie ab astAtke na schOte] *nn* release note

   письменное извещение [pIsminaye izvishchEniye] *nn* notice in writing; written notice; notification in writing

изготовитель (товара) [izgatavItil (tavAra)] *nm* manufacturer

изделие [izdEliye] *nn* article; good; item; manufacture; product

издержки [izdErzhki] *npl* disbursements; expenditures

издержки сверх сметы [izdErzhki svErkh smEti] surcharge

износ [iznOs] *nm* deterioration; wear and tear; depreciation

изъятие [izyAtiye] *nn* confiscation; seizure; withdrawal

изъятие вклада [izyAtiye fklAda] *nn* withdrawal of a deposit; withdrawal of funds

изъятое имущество [izyAtaye imUshchistva] *nn* exempt assets

иждивенец [izhdivEnits] *nm* dependent

иметь задолженность [imEt zadOlzhinast] *v* owe

имущественный налог [imUshchistnniy nalOk] *nm* property tax

имущество [imUshchistva] *nn* asset; property

имущество, изнашиваемое в процессе эксплуатации
[imUshchistva, iznAshivaimaye v pratsEsi ikspluatAtsii] *nn*
depreciable property

имущество, не подлежащее налогообложению
[imUshchistva, ni padlizhAshcheye nalOgaablazhEniyu] *nn*
exempt assets

инвентаризация [invintarizAtsiya] *nf, also* **переучёт** [piriuchOt]
nm inventory; inventory accounting; stock-taking

инвестировать [investIravat] *v* invest

инвестиции [investItsii] *npl* investment(s); capital expenditures

инвестиционная компания [invistitsiOnnaya kampAniya] *nf*
investment company

инвестиционная политика [invistitsiOnnaya palItika] *nf*
investment strategy

инвестиционная сделка [invistitsiOnnaya zdElka] *nf* investment
transaction; financial transaction

инвестор [invEstar] *nm* investor

индивидуальный пенсионный счёт [individuAlniy pinsiOnniy
schOt] *nm* individual retirement account (IRA); Roth IRA

индоссамент [indasAment] *nm* endorsement

индоссировать [indasIravat] *v* endorse

инкассирование [inkasIravaniye] *nn* recovery

инкассированный [inkasIravaniy] *adj* collect; collected; cashed

инкассировать [inkasIravat] *v* cash; call in; charge; collect;
recover

инсайдерские сделки [insAydirskiye zdElki] *npl* insider trading

интернет-компания [internEt-kampAniya] *nf* dot-com company

ипотека [ipatEka] *nf, also* **ипотечный кредит** [ipatEchniy
kridIt] *nm* mortgage; pledge

ипотечный иск [ipatEchniy yIsk] *nm* foreclosure upon a mortgage

иск [yIsk] *nm* bill; suit; claim; complaint; lawsuit

иск о взыскании денежного долга [yIsk a vziskAnii **d**Enizhnava
dOlga] *nm* debt; action of debt

исковое заявление [iskavOye zaivlEniye] *nn* notice of claim;
notification of claim; letter of complaint

казначейский вексель [kaznachEyskiy vEksil] *nm* treasury bill
(T-bill)

календарный год [kalindArniy gOt] *nm* calendar year

календарный квартал [kalindArniy kvartAl] *nm* calendar quarter

капитал [capitAl] *nm* capital; funds; principal; stock; assets;
capital assets; equity

капитализированный процент [kapitalizIravaniy pratsEnt] *nm*
capitalized interest

капитализировать [kapitalizIravat] *v* capitalize

капиталовложение [kapitAlavlazhEniye] *nn* investment; capital investment; capital expenditure

каталог [katalOk] *nm* catalog; file; list; inventory; register; registry; record

карго [kArgo] *nn* cargo

касса [kAsa] *nf* cashier's desk; cash register

кассация [kasAtsiya] *nf* rescission; cassation; annulment

кассир [kasIr] *nm* cashier; teller; paymaster; treasurer

кассировать [kasIravat] *v* annul; rescind; reverse

кассирский чек [kasIrskiy chEk] *nm* cashier's check

кассовый [kAsaviy] *adj* cash; cashier

квартальный [kvartAlniy] *adj* quarterly

квартальный дивиденд [kvartAlniy dividEnt] *nm* quarterly dividend

квота [kvOta] *nf* dividend; quota; share

клиент [kliyEnt] *nm* client; customer; patron; user

комиссионная продажа [kamisiOnnaya pradAzha] *nf* commission

комиссионные [kamisiOnniye] *npl* fee; charge; commission fee

комиссионный сбор [kamisiOnniy zbOr] *nm* commission; fee; commission fee

комиссионный сбор за предоставление средств [kamisiOnniy zbOr za pridasavlEniye srEtstf] *nf* finance charge

комиссия [kamIsiya] *nf* charge; commission fee; brokerage; takeoff

комитет по инвестициям [kamitEt pa invistItsiyam] *nm* investment committee

комитент [kamitEnt] *nm* client; consigner; customer; principal

коммерсант [kamirsAnt] *nm* businessperson; trader

коммерция [kamErtsiya] *nf* business; trade and commerce; commerce

коммерческая деятельность [kamErchiskaya dEyatilnast] *nf* commerce; business; trade and commerce; trading; traffic

коммерческая активность [kamErchiskaya aktIvnast] *nf* commercial activity; market

коммерческая тайна [kamErchiskaya tAyna] *nf* business secret; trade secret

коммерческая тяжба [kamErchiskaya tAzhba] *nf* commercial litigation

коммерчески выгодный [kamErchiski vIgadniy] *adj* merchantable

коммерческий [kamErchiskiy] *adj* commercial

коммерческий банк [kamErchiskiy bAnk] *nm* merchant bank; commercial bank

коммерческий вексель [kamErchiskiy vEksil] *nm* bill of exchange

коммерческое право [kamErchiskaye prAva] *nn* commercial law

коммерческое предложение [kamErchiskaye pridlazhEniye] *nn* tender; offer; buy-back option

компания [kompAniya] *nf* company; business; firm; enterprise; partnership; party; society

компаньон [kampanyOn] *nm* partner

Commercial Law

компенсация [kampinsAtsiya] *nf* compensation; amends; contribution; refund; reimbursement; pay-off; indemnification; rebate; restitution; reimbursement; offset

компенсирование [kampinsIravaniye] *nn* compensation; amends; contribution; refund; reimbursement; pay-off; indemnification; rebate; restitution; reimbursement; offset

компенсировать [kampinsIravat] *v* compensate; make compensation; indemnify; refund; reimburse; replenish; make amends

компенсировать ущерб [kampinsIravat ushchErp] *v* indemnify

конвертируемый [kanvirtIruyimiy] *adj* convertible

конкурент [kankurEnt] *nm* competitor

конкурентный [kankurEntniy] *adj* competitive

конкуренция [kankurEntsiya] *nf* competition

конкурировать [kankurIravat] *v* compete

конкурирующий [kankurIruyushchiy] *adj* competing

коносамент [kanasAment] *nm* bill of lading

компания-учредитель [kampAniya uchridItil] *nf* parent company; holding company

консигнант [kansignAnt] *nm* consignor

консигнатор [kansignAtar] *nm* consignee

консигнация [kansignAtsiya] *nf* consignment; consignation

консигнационный [kansignatsiOnniy] *adj* consignment

консолидация долгов [kansalidAtsiya dalgOf] *nf* loan consolidation; debt funding

консультант [kansultAnt] *nm* consultant; advisor; counselor

консультант по вопросам кредитования [kansultAnt pa vaprOsam kriditavAniya] *nm* credit counselor

консультант по инвестициям [kansultAnt pa invistItsiyam] *nm* investment counselor

консультант по налогам [kansultAnt pa nalOgam] *nm* taxpayer advocate (*USA*)

консультант по финансовым вопросам [kansultAnt pa finAnsavim vaprOsam] *nm* financial advisor

контрагент [kOntragEnt] *nm* counterparty; counterpart; cosignatory

контракт [kantrAkt] *nm* contract; covenant; indenture; contractual agreement

контракт на продажу [kantrAkt na pradAzhu] *nm* sale contract; selling order

контрактное право [kantrAktnaye prAva] *nn* contract law

контроферта [kOntrafErta] *nf, also* **встречное предложение** [fstrEchnaye pridlazhEniye] *nn* counteroffer

концессионный договор [kantsissiOnniy dagavOr] *nm* concession

концессия [kantsEsiya] *nf* concession

«короткая продажа» [karOtkaya pradAzha] *nf* short selling, shorting

корпорация [karparAtsiya] *nf* corporation; corporate enterprise; incorporation; cooperative association

котировка [katirOfka] *nf* quotation

кредит [kridIt] *nm* credit; credit aid

кредит без обеспечения [kridIt bez abispichEniya] *nm* signature loan; simple-contract credit; straight loan; fiduciary loan; unsecured loan; good-faith loan; character loan

кредитная история [kridItnaya istOriya] *nf* credit history

кредитная карта [kridItnaya kArta] *nf* credit card

кредитная карточка [kridItnaya kArtachka] *nf* credit card

кредитная линия [kridItnaya lIniya] *nf* credit line

кредитно-финансовый инструмент [kridItna-finAnsaviy instrumEnt] *nm* instrument

кредитное страхование [kridItnaye strakhavAniye] *nn* credit insurance

кредитный договор [kridItniy dagavOr] *nm* credit card agreement

кредитный лимит [kridItniy limIt] *nm* credit limit

кредитный кооператив [kridItniy kaapiratIf] *nm* credit union

кредитный рынок [kridItniy rInak] *nm* credit market; money market

кредитный союз [kridItniy sayUs] *nm* credit union

кредитование [kriditavAniye] *nn* extending of credit; financing; moneylending

кредитование на сумму налога [kriditavAniye na sUmmu nalOga] *nn* tax relief

кредитовая сторона счета [kriditOvaya staranA schOta] *nf* credit

кредитор [kriditOr] *nm* creditor; moneylender

кредитор по ипотечному залогу [kriditOr pa ipatEchnamu zalOgu] *nm* mortgagee

кредиторская задолженность [kriditOrskaya zadolzhinast] *nf* account payable

кредитоспособный [kridItaspasObniy] *adj, also* **платёжеспособный** [platOzhespasObniy] *adj* solvent; creditworthy; payable

кризис [krIzis] *nm* crisis; depression

круглосуточное депозитное обслуживание [kruglasUtochnaye dipazItnaye apslUzhivaniye] *nn* night deposit

кумулятивный [kumuilatIvniy] *adj* cumulative

кумулятивный метод [kumuilatIvniy mEtat] *nm* accrual basis

купля [kUpla] *nf* purchase

курс [kUrs] *nm* course; rate

курс ценных бумаг [kUrs tsEnnikh bumAk] *nm* security price; equity price; rate of securities; stock-market rate; average

курьер [kuryEr] *nm* courier; express messenger

Либор [libOr] *nm, also* **ставка Лондонского рынка межбанковских кредитов** [stAfka Londanskava rInka mezhbAnkafskikh kridItaf] *nf* LIBOR (London Interbank Offered Rate)

ликвидация [likvidAtsiya] *nf* liquidation; dissolution

ликвидация долгов [likvidAtsiya dalgOf] *nf* settlement of debts

ликвидация сделки [likvidAtsiya zdElki] *nf* settlement

ликвидация компании [likvidAtsiya kampAnii] *nf* winding-up

ликвидировать [likvidIravat] *v* liquidate; write off; dissolve
ликвидность [likvIdnast] *nf* liquidity
ликвидные активы [likvIdnii aktIvi] *npl* liquid assets
ликвидные средства [likvIdnii srEtstva] *npl* current assets;
    liquid assets; liquid resources
ликвидный [likvIdniy] *adj* liquid
ликвиды [likvIdi] *npl* liquid assets
лимит [limIt] *adj* limit; line
    валютный лимит [valUtniy limIt] *nm* foreign exchange quota
    кредитный лимит [kridItniy limIt] *nm* line of credit
лицензионный [litsinziOnniy] *adj*; licensed
лицензионные поступления [litsinziOnnii pastuplEniya] *npl*
    royalty income
лицензия [litsEnziya] *nf* license
лицензия на ведение коммерческой деятельности [litsEnziya
    na vidEniye kamErchiskay dEyatilnasti] *nf* business license
лицо [litsO] *nn* party; person
лицо, которому дано поручительство [litsO, katOramy danO
    paruchItilstva] *nn* secured party
лицо, не состоящее в браке [litsO, ni sastayAshcheye v brAki]
    adj single (*filing status*)
лицо, передающее право на имущество [litsO, piridayUShcheye
    prAva na imUshchistva] *nn* grantor
лицо, переуступающее право [litsO, piriustupAyushcheye prAva]
    nn assignor
лицо, получающее платеж [litsO, paluchAyushcheye platOsh]
    nn payee
лицо, состоящее в браке [litsO, sastayAshcheye v brAki] *adj*
    married (*filing status*)
личный идентификационный номер [lIchniy idintifikatsiOn-
    niy nOmir] *nm* personal identification number (PIN)
личный номер в системе социального страхования [lIchniy
    nOmir f sistEme satsiAlnava strakhavAniya] *nm* Social
    Security Number (SSN)
лотерея [latirEya] *nf* draw; lottery
льгота [lgOta] *nf* privilege; advantage; benefit; bonus; credit;
    exemption; immunity
льготный [lgOtniy] *adj* favorable; preferential
льготный тариф [lgOtniy tarIf] *nm* discount rate; reduced tariff;
    preferential rate; reduced charge
маклер [mAkler] *nm* broker
малое предприятие [mAloye pritpriyAtiye] *nn* small business
маркетинг [markEting] *nm* marketing
материнская компания [matirInskaya kampAniya] *nf* parent
    company; holding company; proprietary company; securities
    company; controlling company
менеджер [mEnidzhir] *nm* manager
менеджмент [mEnidzhment] *nn* management

метод нарастающим итогом [**m**Etad narastAyushchim itOgam] *nm* accrual basis

механизм инвестирования [mikhanIzm invistIravaniya] *nm* investment vehicle

минимальный платеж [minimAlniy platOsh] *nm* minimum payment

модернизировать [madernizIravat] *v* modernize; streamline

монополизировать [manapalizIravat] *v* monopolize

монополизировать рынок [manapalizIravat rInak] *v* corner the market

мошенничать [mashEnnichat] *v* defraud

мошенничество [mashEnnichistva] *nn* fraud; fraudulent practices; false pretenses; swindle

муниципальная облигация [munitsipAlnaya abligAtsiya] *nf* municipal bond

муниципальный бонд [munitsipAlniy bOnt] *nm* municipal bond

«на мели» (*слэнг*) [na miII] *adv* broke (*slang*)

набегающий процент [nabigAyushchiy pratsEnt] *nm* accrued interest

наградные [nagradnIye] *npl* gratuity; golden handshake

надувательство в ценах [naduvAtilstva f tsEnakh] *nn* price gouging

накладная [nakladnAya] *nf* invoice; consignment; bill of lading; way bill

накладные расходы [nakladnIye raskhOdi] *npl* overhead; overhead expenses

накопления [nakaplEniya] *npl* accrual; stockpile

накопить/накапливать [nakapIt/nakAplivat] *v* accumulate; accrue; stockpile

накопиться/накапливаться [nakapItsa/nakAplivatsa] *v* accrue

наличность [naIIchnast] *nf* cash holdings; ready money; liquidity

наличные [naIIchniye] *npl* cash; ready money

наличные деньги [naIIchniye **d**Engi] *npl* cash holdings; ready money; liquidity

наличный расчет [naIIchniy raschOt] *nm* cash payment

налог [nalOk] *nm* tax; duty; levy; assessment; cessment; tax penalty

налог в фонд социального обеспечения [nalOk f fOnt satsiAlnava abispichEniya] *nm* Social Security tax

налог на добавленную стоимость (НДС) [nalOk na dabAvlinuyu stOimast (EnDeEs)] *nm* value added tax (VAT)

налог на дарение [nalOk na darEniye] *nm* gift tax

налог на заработную плату [nalOk na zArabOtnuyu plAtu] *nm* employment tax; payroll tax

налог на индивидуальную предпринимательскую деятельность [nalOk na individuAlnuyu pritprinimAtilskuyu **d**Eyatilnast] *nm* self-employment tax

налог на наследство [nalOk na naslEtstva] *nm* death tax; legacy tax; estate tax

налог на наследуемую недвижимость [nalOk na naslEduimuyu nidvIzhimast] *nm* succession tax

налог на недвижимость [nalOk na nidvIzhimast] *nm* estate tax; real estate duty; property tax

налог на пользование [nalOk na pOlzavaniye] *nm* use tax

налог на прирост капитала [nalOk na prirOst kapitAla] *nm* capital gains tax

налог на финансирование школ [nalOk na finansIravaniye shkOl] *nm* school tax

налог с дохода акционерной компании [nalOk z dakhOda aktsianErnay kampAnii] *nm* corporate income tax

налог с оборота [nalOk s abarOta] *nm* turnover tax

налог с продаж [nalOk s pradAsh] *nm* purchase tax; sales tax

    единый налог [yedIniy nalOk] *nm* single tax

    местный налог [mEstniy nalOk] *nm* local tax

    подоходный налог [padakhOdniy nalOk] *nm* income tax

    прогрессивный налог [pragrisIvniy nalOk] *nm* graduated tax; progressive tax

    единый социальный налог [edIniy satsiAlniy nalOk] *nm* contributions to medical and social insurance; consolidated social tax (*Russian counterpart to American medicare tax*)

    фиксированный налог [fiksIravaniy nalOk] *nm* flat tax

    облагаемый налогом [ablagAimiy nalOgam] *adj* taxable

налоговая декларация [nalOgavaya diklarAtsiya] *nf* return; tax return

налоговая льгота [nalOgavaya lgOta] *nf* tax credit; tax deduction; tax exemption; tax privilege; tax relief; tax benefit; tax break; tax allowance

налоговая скидка [nalOgavaya skItka] *nf* tax credit; tax deduction; tax exemption; tax privilege; tax relief; tax benefit; tax break; tax allowance

налоговое законодательство [nalOgavoye zakonadAtilstva] *nn* tax law

налоговое право [nalOgavoye prAvo] *nn* tax law

налоговое прикрытие [nalOgavoye prikrItiye] *nn* tax shelter; legal tax relief

«налоговое убежище» [nalOgavoye ubEzhishche] *nn* tax shelter; legal tax relief

налоговое списание [nalOgavoye spisAniye] *nn* tax deduction

налоговые обязательства [nalOgaviye abizAtilstva] *npl* tax liability

налоговые отчисления в фонд медицинского и социального страхования [nalOgaviye atchislEniya f fOnt miditsInskava I satsiAlnava strakhavAniya] *npl* contributions to medical and social insurance consolidated social tax (*Russian counterpart to American medicare tax*)

налоговый зачёт [nalOgaviy zachOt] *nm* tax credit

налоговый кредит [nalOgaviy kridIt] *nm* tax credit

налоговый кодекс [nalOgaviy kOdiks] *nm* tax code

налоговый оазис [nalOgaviy aAzis] *nm* tax shelter; legal tax relief

налоговый статус [nalOgaviy stAtus] *nm* filing status

налоговый статус вдовы/вдовца [nalOgaviy status vdavI/vdaftsA] *nm* qualifying widow(er)

налогообложение [nalOgaablazhEniye] *nn* tax liability; assessed taxation; tax burden; tax assessment; taxation; assessment liabilities

налогоплательщик [nalOgaplatElshchik] *nm* taxpayer

налогоплательщик с двойным статусом [nalOgaplatElshchik s dvaynIm stAtusam] *nm* dual-status taxpayer

нарушение [narushEniye] *nn* breach; infringement; violation

нарушение договора [narushEniye dagavOra] *nn* breach of contract

нарушение гарантийных обязательств [narushEniye garantIynikh abizAtilstf] *nn* breach of warranty

настоящее соглашение [nastayAshcheye saglashEniye] *nn* this agreement

наступление срока платежа [nastuplEniye srOka platizhA] *nm* maturity

наценка [natsEnka] *nf* margin; markup

недобросовестная конкуренция [nidabrasOvisnaya kankurEntsiya] *nf* unfair competition

не имеющий юридической силы [ne imEyushchiy yuridIchiskay sIli] *adj* void

не облагаемый налогом [ni ablagAyimiy nalOgam] *adj* non-taxable; tax-exempt

недоимка [nidayImka] *nf* arrears

недоплата [nidaplAta] *nf* underpayment

независимый подрядчик [nizavIsimiy padrAtchik] *nm* independent contractor

незаконное изъятие [nizakOnnaye izyAtiye] *nm* unauthorized withdrawal

незаконное уклонение от уплаты налога [nizakOnnaye uklanEniye at uplAti nalOga] *nn* tax evasion; fiscal evasion

незаконные доходы [nizakOnniy dakhOdi] *npl* unlawful gains

неисполнение договора [niispalnEniye dagavOra] *nn* non-observance of a treaty

некоммерческий [nikamErchiskiy] *adj* nonprofit

необлагаемый минимум дохода [niablagAimiy mInimum dakhOda] *nm* personal exemption

неоплата [niaplAta] *nf* failure to pay; default on payment; non-payment

неоплаченный [niaplAchiniy] *adj* unpaid

непогашенный остаток [nipagAshiniy astAtak] *nm* outstanding balance

неплатёж [niplatOsh] *nm* default; default on payment

неплатёжеспособность [niplatOzhispasObnast] *nf* insolvency; pay inability; bankruptcy

неплатёжеспособный [niplatOzhispasObniy] *adj* insolvent; bankrupt

неразглашение [nirazglashEniye] *nn* non-disclosure; suppression

нереализованная прибыль [nirializOvanaya prIbil] *nf* unrealized profit; paper profit

нереализованный убыток [nirializOvaniy ubItak] *nm* unrealized loss; paper loss

несоблюдение [nisabludEniye] *nn* non-compliance; violation

нести ответственность [nistI atvEtastvinnast] *v* incur; bear responsibility; account; be liable

нетто [nEtta] *nm* net

нетто-активы [nEtta-aktIvi] *npl* book value; net assets

неуплата [niuplAta] *nn* default; delinquency; nonpayment; failure to pay

неуплаченный [niuplAchiniy] *adj* delinquent; outstanding; undischarged; unpaid

неустойка [niustOyka] *nf* late-charge forfeit; penalty; penalty cost; late charge

номинал [naminAl] *nm* par value; face value; nominal value; principal

номинальный держатель акций [naminAlniy dirzhAtil Aktsiy] *nm* nominee shareholder; shareholder of record

норма прибыли [nOrma prIbili] *nf* profit margin; rate of return; income yield

норма рентабельности [nOrma rintAbilnasti] *nf* planned profit; profitability index; rate of return

нормативные вычеты [narmatIvniye vIchiti] *npl* standard deductions

ночной депозитный сейф [nachnOy dipazItniy sEif] *nm* night deposit box

обеспечение [abispichEniye] *nn* collateral; guarantee; provision

обеспечение кредита [abispichEniye kridIta] *nn* collateral; security

обеспечи-ть/-вать финансовую поддержку [abispEchit/abis-pEchivat finAnsavuyu paddErzhku] *v* render financial support

обесцени-ть/-вать [abistsEnit/abistsEnivat] *v* depreciate; devalue

облагаемый налогом [ablagAimiy nalOgam] *adj* taxable

облигация [abligAtsiya] *nf* bond; bond certificate; debenture; debenture bond

обналичи-ть/-вать [abnalIchit/abnalIchivat] *v* cash

оборот [abarOt] *nm* turn-round; turnover; volume; sales; circulation

оборотные фонды [abarOtnii fOndi] *npl* inventory

обратная ипотека [abrAtnaya ipatEka] *nf* reverse mortgage

обременение [abriminEniye] *nn* charge; encumbrance; burden

общество [Opshchistva] *nn* company; society; association; community; corporation

обычные акции [abIchnii Aktsii] *npl* common stock; common capital stock; ordinary stock; ordinary equity; common shares; ordinary shares

обычные дивиденды [abIchnii dividEndi] *npl* ordinary dividends

обязательство [abizAtilstva] *nn* commitment; engagement; liability; bond; obligation

обязательство государственого займа [abizAtilstva gasudArstvinava zAyma] *nn* bond

объём биржевых сделок [abyOm birzhivIkh zdElak] *nm* trade volume

овердрафт [overdrAft] *nm* overdraft

оговорка [agavOrka] *nf* clause; proviso; reservation; stipulation

оговорка об отмене (аннулировании) [agavOrka ab atmEni (anulIravanii)] *nf* cancellation clause

оговорка об отсутствии конкуренции [agavOrka ab atsUtstvii kankurEntsii] *nf* no-competition clause

оговорки [agavOrki] *npl* qualifications

ограничение [agranichEniye] *nn* limitation; restriction

ограничение кредита [agranichEniye kridIta] *nn* cash crunch

ограничения [agranichEniya] *npl* qualifications

ограниченная ответственность [agranIchenaya atvEtstvinast] *nf* limited liability

одолжить/одалживать [adalzhIt/adAlzhivat] *v* lend; borrow

оздоровление экономики [azdaravlEniye ikanOmiki] *nn* recovery; economic recovery

окупаемость [akupAimast] *nf* return on investment; rate of return

операции слияния и поглощения компаний [apirAtsii sliyAniya I paglashchEniya kampAniy] *npl* mergers and acquisitions

операции с ценными бумагами [apirAtsii s tsEnnimi bumAgami] *npl* securities trading; risk trading; investment business

операционный день [apiratsiOnniy dEn] *nm* business day; banking day

операционный сбор [apiratsiOnniy zbOr] *nm* transaction fee; transaction charge

опись имущества [Opis imUshchestva] *nf* inventory of property

откат (*слэнг*) [atkAt] *nm* kickback (*slang*)

оплата [aplAta] *nf* premium; liquidation; protection; settlement; renumeration

оплата дивиденда [aplAta dividEnda] *nf* dividend; dividend payment

определение налогооблагаемой базы [apridilEniye nalO-gaablagAimay bAzi] *nn* tax assessment

определ-ить/-ять сумму налога, штрафа [apridilIt/apridilAt sUmu nalOga, shtrAfa] *v* assess

оптовая продажа [aptOvaya pradAzha] *nf* distributorship; gross sale; wholesale sale

оптовая фирма [aptOvaya fIrma] *nf* distributor; wholesale distributor

оптовый [aptOviy] *adj* wholesale; gross

оптовый торговец [aptOviy targOvits] *nm* trader; wholesale dealer; wholesale distributor; warehouseman

оптовый покупатель [aptOviy pakupAtil] *nm* bulk buyer; wholesale buyer; dealer

опцион [aptsiOn] *nm* option (*financial instrument that conveys the right, but not the obligation, to engage in a future transaction on some underlying security*)

опцион кол [aptsiOn kOl] *nm, also* **опцион на покупку** [aptsiOn na pakUpku] *nm* call option (*option enabling holder to buy a security at a fixed price by a set date in the future*)

опцион на продажу [aptsiOn na pradAzhu] *nm* put option (*a financial contract between two parties, the buyer and the seller of the option. It allows the buyer the right but not the obligation to sell a commodity or financial instrument to the writer (seller) of the option at a certain time for a certain price*)

освобо-дить/-ждать от материальной ответственности [asvabadIt/asvabazhdAt at matiriAlnay atvEtstvinasti] *v* indemnify

освобождение от долговых обязательств при банкротстве [asvabazhdEniye at dalgavIkh abizAtilstf pri bankrOtstvi] *nn* discharge in bankruptcy

освобождение от уплаты налога [asvabazhdEniye at uplAti nalOga] *nn* tax exemption; tax privilege; tax benefit; tax rebate; tax refund

освобождение от ответственности [asvabazhdEniye at atvEtstvinasti] *nn* indemnification

основной капитал [asnavnOy capitAl] *nm* capital stock; fixed assets; capital assets; principal

основные акции [asnavnIyi Aktsii] *npl* common stock

основные фонды [asnavnIyi fOndi] *npl* assets; capital assets

остаток на счёте в начале расчётного периода [astAtak na schOti v nachAli raschOtnava pirIada] *nm* previous balance

остаточная стоимость [astAtachnaya stOimast] *nf* depreciable value; residual value; recoverable cost; recovery

ответственность производителя [atvEtstvinast praizvadItila] *nf* product liability; producer's liability

отдел обслуживания клиентов [addEl apslUzhivaniya kliyEntaf] *nm* customer service

открытое акционерное общество (ОАО) [atkrItaye aktsianErnaye Opshchistva (oAo)] *nn* publicly traded company; open joint stock corporation

отложение дела слушанием [atlazhEniye dEla slUshaniyem] *nn* continuance of a case

отложенный [atlOzhiniy] *adj* deferred; postponed

отложить/откладывать [atlazhIt/atklAdivat] *v* postpone; suspend

отмена [atmEna] *nf* abrogation; cancellation; revocation

«отмывание» денежных средств [atmivAniye dEnizhnikh srEtstf] *nn* money laundering

отправитель [atpravItil] *nm* sender; consignor; remittor; freighter

отправитель платежа [atpravItil platizhA] *nm* remittor

отправ-ить/-лять [atprAvit/atpravlAt] *v* ship; dispatch

отправка грузов [atprAfka grUzaf] *nf* shipment; consignment
отрасль [Otrasl] *nf* branch; field; department; enterprise
отрасль экономики [Otrasl ikanOmiki] *nf* trade; industry; industry sector; branch of economy
отсроченное налогообложение [atsrOcinaye nalOgaablazhEniye] *nn* deferred tax
отсроченный [atsrOchiniy] *adj* deferred; postponed
отсрочи-ть/-вать [atsrOchit/atsrOchivat] *v* defer; postpone
отсрочка уплаты налога [atsrOchka uplAti nalOga] *nf* tax deferment
отсутствие экономической (финансовой) активности [atsUtstviye ikanamIchiskay (finAnsavOy) aktIvnasti] *nn* passive activity
отчет за полугодие [atchOt za palugOdiye] *nm* half-year report
отчётность [atchOtnast] *nf* disclosure; financial reporting; reporting procedure
отчисления [atchislEniya] *npl* deductible(s); allowances; withholdings; contribution
оферта [afErta] *nf* tender; offer; buy-back option
оферент [afirEnt] *nm* offeror; offerer
офис на дому [Ofis na damU] *nm* home office
оформ-ить/-лять счет [afOrmit/afarmlAt schOt] *v* bill; draw up an invoice
оформ-ить/-лять в качестве юридического лица [afOrmit/afarmlAt v kAchistve yuridIchiskava litsA] *v* incorporate
оффшорный [afshOrniy] *adj* offshore
оценка [atsEnka] *nf* assessment; appraisal; estimate; evaluation
оценочная стоимость [atsEnachnaya stOimast] *nf* value
ошибка при фактурировании [ashIpka pri fakturIravanii] *nf* billing error
паблисити [pablIsity] *nf* publicity
паевой инвестиционный фонд (ПИФ) [paivOy invstitsiOnniy fOnt (pIf)] *nm* mutual fund
пай [pAy] *nm* shares; stock
пайщик [pAyshchik] *nm* shareholder; stockholder
паритет [paritEt] *nm* par; par of exchange; parity
пароль [parOl] *nm* password
партнёр [partnOr] *nm* partner; sponsor; associate
партнёрство [partnOrstva] *nn* partnership; tie-up
партия товара [pArtiya tavAra] *nf* installment; freight; shipment; batch; consignment of goods
пассив [passIf] *nm* liability; red (*in the red*)
паушальный платёж [paushAlniy platOsh] *nm* lump-sum payment; flat payment; accord payment
пенсия [pEnsiya] *nf* pension; retirement benefit
пенсионный фонд [pinsiOnniy fOnt] *nm* pension fund
пенсия по инвалидности [pEnsiya pa invalIdnasti] *nf* disability benefit; disability pension; Social Security disability benefit

пеня [**pE**ni] *nf* fine; surcharge; penalty; penalty interest; charge; late-payment charge

первая ипотека [**pE**rvaya ipat**E**ka] *nf* first mortgage

первая эмиссия [**pE**rvaya im**I**ssiya] *nf* initial public offering (IPO)

первый взнос [**pE**rviy vzn**O**s] *nm* down payment; first installment; front money

переводной вексель [pirivadn**O**y v**E**ksil] *nm* bill of exchange; trade bill; transfer note

перев-езти/-озить [pirivist**I**/pirivaz**I**t] *v* haul; transport; ship

перевозка [piriv**O**ska] *nf* freight hauling; freightage; shipment; transport; transit (*of goods*)

переговоры [pirigav**O**ri] *npl* negotiations; talks

перезалог [pirizal**O**k] *nf* surcharge

переплата [piripl**A**ta] *nf* overpayment

перепла-тить/-чивать [piriplat**I**t/piripl**A**chivat] *v* overpay

перерасход [piriraskh**O**t] *nm* cost overrun

перерасход кредита в банке [piriraskh**O**t krid**I**ta v b**A**nke] *nm* overdraft

переучет [piriuch**O**t] *nm* inventory

переучет векселя [piriuch**O**t v**E**ksila] *nm* rediscount of a bill of exchange

перечень [**pE**richin] *nm* inventory; enumeration; docket; list; listing; catalog

персональный вычет [pirsan**A**lniy v**I**chit] *nm* personal exemption

персональный код пользователя [pirsan**A**lniy k**O**t p**O**lzavatila] *nm* personal identification number (PIN)

персональный чек [pirsan**A**lniy ch**E**k] *nm* personal check

пиратские копии [pir**A**tskii k**O**pii] *npl* pirated copyright goods

письменное уведомление [**pI**sminaye uvidaml**E**niye] *nn* notice in writing; written notice; notification in writing

письменное извещение [**pI**sminoye izvishch**E**niye] *nn* written notice

письменный договор [**pI**sminiy dagav**O**r] *nm* written contract

плавающий курс [pl**A**vayushchiy k**U**rs] *nm* float; floating rate

план пенсионного обеспечения [pl**A**n pinsi**O**nnava abispich-**E**niya] *nm* retirement plan

план реорганизации компании перед объявлением банкротства [plan riarganiz**A**tsii kamp**A**nii pirit abyavl**E**niyem bankr**O**tstva] *nm* Prepackaged Bankruptcy

план сбережений на случай непредвиденных расходов [plan zbirizhEn**i**y na sl**U**chay nipridv**I**dinikh raskh**O**daf] *nm* flexible spending account (FSA)

плата [pl**A**ta] *nf* honorary; retribution; pay; charge; compensation; fee

платёж [plat**O**sh] *nm* pay; payment; payment transaction

платеж «воздушный шар» [plat**O**zh vazd**U**shniy sh**A**r] *nm* baloon payment

платёжеспособный [plat**O**zhespas**O**bniy] *adj* solvent; trustworthy; creditworthy

платёжная карточка [platOzhnaya kArtachka] *nf* debit card

платёжная квитанция [platOzhnaya kvitAntsiya] *nf* payment receipt; sales slip; sales voucher

платёжное поручение [platOzhnoye paruchEniye] *nn* draft; money order; remittance order; transfer order

платёжное средство [platOzhnoye srEtstva] *nn* legal tender

платёжный лимит [platOzhniy limIt] *nm* credit limit

плательщик [platElshchik] *nm* payer; payor; drawee

повышение [pavishEniye] *nn* boost; improvement; increase; mark-up; raise

повышение стоимости [pavishEniye stOimasti] *nn* appreciation in value (*of assets and investments*)

пога-сить/-шать [pagasIt/pagashAt] *v* amortize, acquit, extinguish; liquidate; pay down; satisfy

пога-сить/-шать ссуду [pagasIt/pagashAt ssUdu] *v* retire a debt; redeem a debt

погашение [pagashEniye] *nn* amortisation; depreciation; recovery; discharge; extinguishment; repayment; redemption; settling

погашение долга/задолженности [pagashEniye dOlga/zadOlzhinasti] *nn* cancellation of debt; debt redemption; debt repayment; debt retirement; extinguishment of debt; satisfaction of debt; settlement of debt; liquidation

погашение полной суммы долга [pagashEniye pOlnoy sUmmi dOlga] *nn* payoff; total repayment; liquidation of debt

погашенный чек [pagAsheniy chEk] *nm* cancelled check

погло-тить/-щать [paglatIt/paglashchAt] *v* take over; merge

пода-ть/-вать в суд [padAt/padavAt f sUt] *v* file

пода-ть/-вать жалобу [padAt/padavAt zhAlabu] *v* appeal; complain; file an appeal; file a complaint

пода-ть/-вать налоговую декларацию [padAt/padavAt nalOgavuyu diklarAtsiyu] *v* file income tax return

подача налоговой декларации электронным способом [padAcha nalOgavay diklarAtsii eliktrOnnim spOsabam] *nf* e-filing of income tax return

подверг-нуться/-аться [padvErgnutsa/padvirgAtsa] *v* incur; be exposed; be subject

подделка [paddElka] *nf* counterfeit; forgery

подделка налоговой декларации [paddElka nalOgavay diklarAtsii] *nf* return preparer fraud

подкуп-ить/-ать [patkyupIt/patkupAt] *v* bribe

подлежащий оплате [padlizhAshchiy aplAti] *adj* payable; chargeable; outstanding

подоходный налог [padakhOdniy nalOk] *nm* income tax; payroll tax

подрядчик [padrAtchik] *nm* contractor; contracting party partner; counteragent

подставное лицо [patstavnOye litsO] *nn* counterfeiter

покупатель [pakupAtil] *nm* buyer; purchaser

покупать в кредит [pakupAt f kridIt] *v* charge; buy on credit

покупка [pakUpka] *nf* purchase

покупка в кредит [pakUpka *nf* kridIt] *nf* finance; credit purchase; purchase on credit; advance buying; installment buying

политика защиты конфиденциальности частной информации [palItika zashchIti kanfiditsiAlnasti chAstnoy infarmAtsii] *nf* privacy policy

получатель [paluchAtil] *nm* remittee; payee; recipient

получатель платежа [paluchAtil platizhA] *nm* consignee; recipient; payee; remittee

получатель по доверенности [paluchAtil pa davErinasti] *nm* nominee

получатель франшизы [paluchAtil frahshIzi] *nm* franchisee

получ-ить/-ать помощь, пользу, выгоду [paluchIt/paluchAt pOmash, pOlzu, vIgadu] *v* benefit

получ-ить/-ать деньги по чеку/векселю [paluchIt/paluchAt dEngi pa chEku/vEksilu] *v* cash

получение денег по чеку [paluchEniye dEnik pa chEku] *nn* draft; collection of a check

получение списанного долга [paluchEniye spIsanava dOlga] *nn* recovery

пополн-ить-ять [papOlnit/papalnAt] *v* renew; replenish; refill

попытка уклонения от уплаты налога [papItka uklanEniya at uplAti nalOga] *nf* attempt to evade tax

портфель ценных бумаг [partfEl tsEnnikh bumAk] *nm* inventory; portfolio of securities; investment portfolio

поручитель [paruchItil] *nm* underwriter; bond; pledgor; sponsor; surety; guarantor; warrantor

последующее условие [paslEduyushcheye uslOviye] *nn* condition subsequent

пособие [pasObiye] *nn* benefit; assistance; welfare; financial allowance

пособие по безработице [pasObiye pa bizrabOtitse] *nn* unemployment benefits

пособие по социальному обеспечению [pasObiye pa satsiAlnamu abispichEniyu] *nn* Social Security benefits

посредник [pasrEdnik] *nm* intermediary; middleman; mediator; agent; dealer; broker; distributor

поставка [pastAfka] *nf* delivery; shipment; provision; supply

постав-ить/-лять [pastAvit/pastavlAt] *v* deliver; furnish; supply

поставщик [pastafshchIk] *nm* distributor; supplier; vendor; deliverer; provider; contractor

постатейные вычеты [pastatEynii vIchiti] *npl* itemized deductions

постатейные удержания [pastatEynii udirzhAniya] *npl* itemized deductions

потери [patEri] *npl* negative profit

потерпевший [patirpEfshiy] *nn* aggrieved party; complainant; wronged person

потребитель [patribItil] *nm* consumer; buyer; user; end-user; recipient

потребительский кредит [patribItilskiy kridIt] *nm* consumer credit

потребительский спрос [patribItilskiy sprOs] *nm* consumer demand

потребление [patriblEniye] *nn* consumption

почта [pOchta] *nf* mail

почтальон [pachtalyOn] *nm* mailman; mail carrier

почтамт [pachtAmt] *nm* post office

почтовый ящик [pachtOviy yAshchik] *nm* mailbox

пошлина [pOshlina] *nf* custom; duty; toll; fee; due; tariff; tax; royalty

права потребителя [pravA patribItila] *npl* consumer rights

право потребителя на проверку правильности фактурирования [prAva patribItila na pravErku prAvilnasti fakturIravaniya] *nn* billing rights

право удержания имущества до уплаты долга [prAva udirzhAniya imUshchistva da uplAti dOlga] *nn* lien

правовая норма [pravavAya nOrma] *nf* rule of law; canon of law; legal provision; legal rule; principle of law

превышение банковского кредита [privishEniye bAnkafskava kridIta] *nn* overdraft of bank credit

превышение кредитного лимита по текущему счёту [privishEniye kridItnava limIta pa tikUshchimu schOtu] *nn* overdraft checking

превысить кредит [privIsit kridIt] *v* overdraw

предваряющее условие [pridvarAyushcheye uslOviye] *nn* condition precedent

предмет [pridmEt] *nm* article; commodity; item; subject matter

предметы роскоши [pridmEti rOskashi] *npl* luxury goods

предприниматель [pritprinimAtil] *nm* businessman/woman; entrepreneur; manufacturer

предпринимательская деятельность [pritpinimAtilskaya dEyatilnast] *nf* entrepreneurial business; entrepreneurship; business enterprise

предпринимательство [pritprinimAtilstva] *nn* business; entrepreneurship; enterprise

прекра-тить/-щать платежи [prikratIt/prikrashchAt platizhI] *v* stop payment

прекращение [prikrashchEniye] *nn* discontinuance; dismissal; termination

прекращение действия контракта [prikrashchEniye dEystviya kantrAkta] *nn* termination of contract

претензия [pritEnziya] *nf* claim; complaint

  встречная претензия [fstrEchnaya pritEnziya] *nf* counter claim

  мелкая претензия [mElkaya pritEnziya] *nf* small claim

преувеличи-ть/-вать [priuvilIchit/priuvilIchivat] *v* overstate; overvalue; exaggerate

прибыль [prIbil] *nf* returns; profits; dividends; gains

  валовая прибыль [vAlovaya prIbil] *nf* gross income

Commercial Law

реализованная прибыль [rializOvanaya prIbil] *nf* realized gain

чистая прибыль [chIstaya prIbil] *nf, also* **прибыль нетто**
[prIbil nEtta] *nf* net profit

привилегия [privilEgiya] *nf* benefit; privilege; priority; preferential benefit; preference; franchise

привилегированный [priviligirOvaniy] *adj* preferred

привилегия на продажу товаров со скидкой [privilEgiya na pradAzhu tavAraf sa skItkay] *nf* franchise

прин-ести/-осить [prinistI/prinasIt] *v* produce; bear; bring; yield

принцип индивидуального подхода к клиентам [prIntsip individuAlnava padhOda k kliyEntam] *nm* know your client (KYC)

приобретатель проблемных долговых обязательств
[priabritAtil prablEmnikh dalgavIkh abizAtilstf] *nm* distressed debt purchaser

приобретение [priabritEniye] *nn* purchase; acquisition; procurement

приостановка/прекращение производства [priastanOfka/prikrashchEniye praizvOtstva] *nf/nn* layoff

прирост капитала [prirOst kapitAla] *nm* capital gain

причитающийся остаток [prichitAyushchiysa astAtak] *nm* outstanding balance

приход [prikhOt] *nm* profit

программа продажи акций служащим компании [pragrAma pradAzhi Aktsiy slUzhashchim kampAnii] *nf* employee stock plan

продавец [pradavEts] *nm* merchant; salesman; vendor

«продавец не несет ответственности за качество купленного товара» [pradavEts ne nisOt atvEtstvinasti za kAchistva kUplenava tavAra]; *also* "Caveat emptor" (*Lat.*) "Let the buyer beware"

продажа [pradAzha] *nf* distribution; marketing; sale(s); selling

продажа без покрытия [pradAzha biz pakrItiya] *nf* short sale; uncovered sale

продажа с торгов [pradAzha s targOf] *nf* bid; sale; auction sale

прода-ть/-вать [pradAt/pradavAt] *v* sell; market; vend; retail

прода-ть/-вать в кредит [pradAt/pradavAt f kridIt] *v* finance; sell on account

продовольственная биржа [pradavOlstvinaya bIrzha] *nf* commodity exchange

продукт [pradUkt] *nm* commodity; product

продуктивность [praduktIvnast] *nf* productivity; efficiency

продукция [pradUktsiya] *nf* output; production

проживание [prazhivAniye] *nn* dwelling; residency

проживать [prazhivAt] *v* live; reside

прозрачность [prazrAchnast] *nf* transparency

производитель [praizvadItil] *nm* manufacturer

производительность [praizvadItilnast] *nf* productivity; efficiency

производство [praizvOtstva] *nn* proceedings; manufacturing; production

производящая отрасль [praizvadAshchaya Otrasl] *nf* seller

прокат [prakAt] *nm* hiring; renting

пролонгация [pralangAtsiya] *nf* renewal of contract; extension of contract

пролонгировать [pralangIravat] *v* carry over

промежуточный заём [pramizhUtachniy zayOm] *nm* bridge loan

пропорционально [prapartsianAlna] *adv* pro rata (*Lat.*)

пропорционально распределять [prapartsianAlna raspridilAt] *v* prorate

проспект [praspEkt] *nm* prospectus

просрочка [prasrOchka] *nf* expiration; overdue; delinquency; arrears

просрочка платежа [prasrOchka platizhA] *nf, also* **недоимка** [nidayImka] *nf* arrears; late payment

просрочка подачи декларации [prasrOchka padAchi diklarAtsii] *nf* late filing

> **штраф за просрочку подачи** декларации [shtrAf za prasrOchku padAchi diklarAtsii] *nm* late-filing penalty

просроченный [prasrOchiniy] *adj* overdue; past due; outstanding; delinquent

простой договор. *See* **договор**

простые акции [prastIye Aktsii] *npl* common stock; common capital stock; ordinary stock; ordinary equity; common shares; ordinary shares

процент [pratsEnt] *nm* interest; rate; ratio; percent; percentage

процентная ставка [pratsEntnaya stAfka] *nf* interest rate; percentage; lending interest rate

публичность [publIchnast] *nf* publicity; transparency

пут-опцион [pUt aptsiOn] *nm* put option

работающий в режиме онлайн [rabOtayushchiy v rizhImi onlAin] *adj* online

работник банка, оформляющий ссуды [rabOtnik bAnka, afarmlAyushchiy ssUdi] *nm* loan officer

рабочее время [rabOcheye vrEmya] *nn* business hours

«ради формы» [rAdi fOrmi] *adj, also* **условные данные в балансе** [uslOvniye dAnniyi v balAnce] pro forma (*Lat.*)

разглашение информации [razglashEniye infarmAtsiyi] *nn* disclosure; unauthorized disclosure

раздел прибыли [razdEl prIbili] *nm* interest; profit sharing; gain sharing

раздельная подача супругами налоговой декларации [razdElnaya padAcha suprUgami nalOgavay diklarAtsii] *adj* married filing separately

разряд налогообложения [razrAd nalOgaablazhEniya] *nm* tax bracket

распродажа [raspradAzha] *nf* sale

расторг-нуть/-ать [rastOrgnut/rastargAt] *v* abrogate; annul; rescind

расторжение [rastarzhEniye] *nn* abrogation; annulment; dissolution; rescission

расторжение контракта [rastarzhEniye kantrAkta] *nn* rescission of contract; cancellation of contract; termination of contract

растрата [rastrAta] *nf* embezzlement

расхищение [raskhishchEniye] *nn* plundering

расход [raskhOt] *nm* debit; expense; expenditure; consumption; charge

расходная часть бюджета [raskhOdnaya chAst budzhEta] *nf* supply; expenditure budget; cost-based budgets

расходный лимит [raskhOdniy limIt] *nm* amount available; spending limit; credit limit

расходный счёт [raskhOdniy schOt] *nm* expense account

расходы, связанные с переездом [raskhOdi svAzaniye s piriyEzdam] *npl* moving expenses

расчётный налог [raschOtniy nalOk] *nm* estimated tax

расчётный период [raschOtniy pirIat] *nm* billing cycle

расчётный счёт [raschOtniy schOt] *nn* current account; operating account; transaction account; settlement account

реализация [rializAtsiya] *nf* commerce; marketing; trade

реализованный [rializOvaniy] *adj* implemented; sold; off-loaded; realized

реализов-ать/-ывать [rializavAt/rializOvivat] *v* cash; off-load

реальная рыночная стоимость [riAlnaya rInachnaya stOimast] *nf* fair market value (FMV)

ревизия [rivIziya] *nf* inspection; auditing

регистрационная запись [rigistrAtsiOnnaya zApis] *nf* registry; registration

регистрационное свидетельство [rigistrAtsiOnnoye svidEtilatva] *nn* certificate of incorporation

регистрация [rigistrAtsiya] *nf* registration; registry; filings; record keeping

регистрация предприятия [rigistrAtsiya pritpriyAtiya] *nf* business registration

регистрация ценных бумаг [rigistrAtsiya tsEnnikh bumAk] *nf* registration of securities

регистрация ценных бумаг на имя брокера [rigistrAtsiya tsEnnikh bumAk na yIma brOkira] *nf* street name security

регистрировать корпорацию [rigistrIravat karparAtsiyu] *v* incorporate

реестр [riyEstr] *nm, also* **регистр** [rigIstr] *nm* account book; schedule; register; registry; register book

рейтинг кредитоспособности [rEyting kridItaspasObnasti] *nm* credit score; credit rating

ремитент [rimitEnt] *nm, also* **получатель платежа** [paluchAtil platizhA] *nm* consignee; holder; recipient; payee; remittee

рента [rEnta] *nf* rent; revenue; annuity

рентабельность [rintAbilnast] *nf* cost efficiency; profitability; return on investment; rate of return

рентабельный [rintAbilniy] *adj* cost-effective; profitable

рефинансирование [rifinansIravaniye] *nn* refinancing; funding

рискованные вложения в ценные бумаги [rskOvaniye vlazhEniya f tsEnniye bumAgi] *npl* high risk investment

розничная торговля [rOznichnaya targOvla] *nf* retail; retail trade; retail merchandizing; retail sale

роспуск компании [rOspusk kampAnii] *nm* liquidation; dismissal

ростовщик [rastafshchIk] *nm* moneylender; usurer

руководство [rukavOtstva] *nn* administration; management

рынок [rInak] *nm* market

рынок краткосрочных кредитов [rInak kratkasrOchnikh kridItaf] *nm* hot money; money market

рыночная конъюнктура [rInachnaya kanyunktUra] *nf* market performance; market trends; business trends

рыночная ставка [rInachnaya stAfka] *nf* market rate

рыночный курс [rInachniy kUrs] *nm* market rate

рыночная стоимость [rInachnaya stOimast] *nf* market value

с объявленной цены [s abyAvlinay tsinI] *adv* ad valorem (*Lat.*)

с оплатой по предъявлении [s aplAtoy pa pridyavlEnii] *adv* payable at sight

сальдо [sAldo] *nn* balance; daily balance; balance in hand; net; remainder; net data; cash flow

сальдирование [saldIravaniye] *nn* winding-up; balancing of accounts

санкция [sAnktsiya] *nf* penalty; warranty; sanction

санкционировать [sanktsianIravat] *v* sanction

сбалансированный бюджет [zbalansIravanniy budzhEt] *nm* balanced budget

сберегательная касса [sbirigAtilnaya kAsa] *nf* savings bank; thrift institution

сберегательная облигация [sbirigAtilnaya abligAtsiya] *nf* savings bond

сберегательный [sbirigAtilniy] *adj* savings

сберегательный счёт [sbirigAtilniy schOt] *nm* savings account; transfer account

сбере-чь/-гать [sbirEch/sbirigAt] *v* save

сбережения [zbirizhEniya] *npl* savings

сбыт [zbIt] *nm* commerce; marketing; trade; traffic

сведения о кредитоспособности [svEdeniya a kridItaspasOb-nasti] *npl* credit report

свидетельство о регистрации юридического лица [svidEtilstva a rigistrAtsii yuridIchiskava litsA] *nn* certificate of incorporation

свободный от налога [svabOdniy at nalOga] *adj* tax-free; tax-exempt

сводный баланс [svOdniy balAns] *nm* consolidated financial statement

сводный финансовый отчёт [svOdniy finAnsaviy atchOt] *nm* consolidated financial statement

сдать/сдавать в аренду [zdAt/zdavAt v arEndu] *v* rent; lease

сдача в аренду [zdAcha v arEndu] *nf* lease; leasing; renting

сделка [zdElka] *nf* business; bargain; deal; transaction; contract

сделка во вред кредиторам [zdElka va vrEt kriditOram] *nf* fraudulent conveyance

себестоимость [sibistOimast] *nf* base cost; prime cost

секрет фирмы [sikrEt fIrmi] *nm* business secret; trade secret

секьюритизация [sikyuritizAtsiya] *nf* securitization

сертификат [sirtifikAt] *nm* certificate

силовое поглощение [silavOye paglashchEniye] *nn* hostile takeover

скидка [skItka] *nf* discount; rebate; allowance; abatement; deduction; credit; remission; relief

скидка с налога [skItka s nalOga] *nf* tax relief; tax refund; tax rebate

скорректированная норма прибыли [skariktIravanaya nOrma prIbili] *nf* amended return

скорректированный валовой доход [skariktIravaniy vAloviy dakhOt] *nm* adjusted gross income

слияние компаний [sliyAniye kampAniy] *nn* merger; takeover

сложный процент [slOzhniy pratsEnt] *nm* compound interest

служебные расходы [sluzhEbniye raskhOdi] *npl* expense account; business expenses

снабжение [snabzhEniye] *nn* supply; supplies; delivery

снаб-дить/-жать [snabdIt/snabzhAt] *v* supply; furnish; provide; procure

снабженец [snabzhEnits] *nm* supply agent; purchasing officer

снять/снимать (деньги) со счета [snAt/snimAt (dEngi) sa schOta] *v* withdraw; draw (*funds*)

снятие (денег) со счета [snAtiye (dEnik) sa schOta] *nn* withdrawal; cash withdrawal

соблюдение (правовых норм/ требований) [sabludEniye (pravavIkh nOrm/ trEbavaniy)] *nn* compliance (*with rules of law; with requirements*)

соверш-ить/-ать [savirshIt/savirshAt] *v* accomplish; carry out; commit; perpetrate

соверш-ить/-ать денежные операции наличными [savirshIt/ savirshAt dEnizhniye apirAtsii nalIchnimi] *v* cash

совместная подача супругами налоговой декларации [savmEstnaya padAcha suprUgami nalOgavay diklarAtsii] *adj* married filing jointly

совместный счёт [savmEstniy schOt] *nm* joint account

соглашение [saglashEniye] *nn* agreement; convention; arrangement; contract

соглашение об избежании двойного налогообложения [saglashEniye ab izbizhAnii dvaynOva nalOgaablazhEniya] *nn* tax treaty

содержание кредитной истории [sadirzhAniye kridItnay istOriyi] *nn* credit profile

составитель налоговой декларации [sastavItil nalOgavay diklarAtsiyi] *nm* tax preparer

списание [spisAniye] *nn* charge; depreciation; deduction; write-off; writing off (*of a debt, liabilities*)

списанные суммы [splsanii sUmi] *npl* write-off

списанные фонды [splsannii fOndi] *npl* write-off

списать в убыток [spisAt v ubItak] *v* write off

среднесуточный остаток на депозитном счёте [srEdnesU-tachniy astAtak na dipazItnam schOti] *nm* average daily balance

среднесуточный процент [srEdnesUtachniy pratsEnt] *nm* daily periodic rate

срок [srOk] *nm* date; duration; maturity; term

срок платежа [srOk platizhA] *nm* due date

срок погашения [srOk pagashEniya] *nm* repayment period

срочный вклад [srOchniy fklAt] *nm* time deposit

ссуда [ssUda] *nf* loan

ставка Лондонского рынка межбанковских кредитов (Либор) [stAfka Londanskava rInka mezhbAnkafskikh kridItaf (libOr)] *nf* London Interbank Offered Rate (LIBOR)

ставка налогообложения [stAfka nalogaablazhEniya] *nf* tax rate

ставка таможенной пошлины [stAfka tamOzhinay pOshlini] *nf* rate; rate of duty; duty rate

стипендия [stipEndiya] *nf* scholarship; grant

стоимость [stOimast] *nf* cost; value; worth; price; purchase

сторона договора [staranA dagavOra] *nf* party; contracting party; partner

страхование [strakhavAniye] *nn* insurance

страхование жизни [strakhavAniye zhIzni] *nn* life insurance

страхование жизни на определённый срок [strakhavAniye zhIzni na apridilOnniy srOk] *nn* term life insurance

страхование от потерь [strakhavAniye at patEr] *nn* hedge

страхование от риска [strakhavAniye at rIska] *nn* security

страхование финансовой ответственности [strakhavAniye finAnsavoy atvEtstvinasti] *nn* liability insurance

страховая премия [strakhavAya prEmiya] *nf* insurance; insurance bonus; insurance premium

страховая рента [strakhavAya rEnta] *nf* annuity

страховка [strakhOfka] *nf* insurance; coverage

страховой взнос [strakhavOy vznOs] *nm* insurance contribution

страховщик [strakhafshchIk] *nm* underwriter

страхуемый [strakhUyimiy] *adj* insurable

строгая ответственность поставщика [strOgaya atvEtstvinast pastafshchikA] *nf* strict products liability

строгая ответственность производителя [strOgaya atvEtstvinast praizvadItila] *nf* strict products liability

суд по делам о банкротстве [sUt pa dilAm a bankrOtstvi] *nm* bankruptcy court

счёт [schOt] *nm* account; cash account; charge account; bill; statement; invoice

счёт для инвестиционных операций [schOt dla invistitsiOnnikh apirAtsiy] *nm* investment accounts

счёт капиталовложений [schOt kapitAlavlazhEniy] *nm* investment accounts

счёт списания [schOt spisAniya] *nm* write-off account

счёт-фактура [schOt faktUra] *nf* bill; invoice-proforma; tax invoice

сырьё [siryO] *nn* raw material

сырьевой материал [siryivOy materiAl] *nm* raw material

таксатор [taksAtar] *nm* appraiser

таксировка [taksirOfka] *nf* assess; rating; assessment of statutory prices; assize

таможенные пошлины [namOzhinii pOshlini] *npl* customs

тариф [tarIf] *nm* tariff; tariff rate

тарификация [tarifikAtsiya] *nf* tariff rating

тарифная ставка [tarIfnaya stAfka] *nf* base pay; base rate; basic rate; prime rate

твёрдый тариф [tvOrdiy tarIf] *nm* fixed charge; flat rate

текущие расходы [tikUshchiye raskhOdi] *npl* revenue expenditure

текущий [tikUshchiy] *adj* continuing; ongoing; floating (*about a debt*)

текущий счёт [tikUshchiy schOt] *nm* checking account; current account

текущий счет по предоставленному кредиту [tikUshchiy schOt pa pridastAvlinamu kridItu] *nm* revolving account

телеграфный денежный перевод [tiligrAfniy **d**Enizhniy pirivOt] *nm* wire transfer

тендер [tEnder] *nm* bid; auction; proposal; tender; contract by tender

товар [tavAr] *nm* product; commodity; merchandise; merchandise stock; goods

товарная биржа [tavArnaya b**I**rzha] *nf* commodity exchange

товарный чек [tavArniy chEk] *nm* payment receipt; sales slip; sales voucher

товарищество [tavArishchistva] *nn* partnership; association; company

товарищество с ограниченной ответственностью [tavArishchistva s agran**I**chinay atvEtstvinastyu] *nn* limited liability company (LLC); limited liability partnership (LLP)

товарный чек [tavArniy chEk] *nm* payment receipt; sales check; sales slip; sales receipt

товары широкого потребления [tavAri shirOkava patrib**l**Eniya] *npl* consumer goods

торги [targ**I**] *npl* auction; bid; tender

торговец [targOvits] *nm* merchant; vendor; seller

торговать [targavAt] *v* trade; deal; merchandise

торговая сделка [targOvaya zdElka] *nf* trade transaction; trade deal; business deal; bargain; merchandise transaction; sale; commercial transaction

торговое предприятие [targOvaye pritpriyAtiye] *nn* merchant

торговля [targOvla] *nf* trade; commerce; business; market; merchandising; trade industry

торговое право [targOvaye prAva] *nn* commercial law

торговый [targOviy] *adj* commercial; mercantile; trade

торговый автомат [targOviy aftamAt] *nm* vending machine

торговый оборот [targOviy abarOt] *nm* trading volume; trade turnover

торговый сбор [targOviy zbOr] *nm* purchase tax; sales tax

торговый спор [targOviy spOr] *nm* commercial dispute

транспортные расходы [trAnspartniye raskhOdi] *npl* commuting expense; transportation/travel expense

трансферт [trasfErt] *nm* deed of transfer; transfer

трансфертный [trasfErtniy] *adj* transfer

трансфертный агент [trasfErtniy agEnt] *nm* transfer agent (*agent responsible for the registration and/or retention of securities records*)

трассат [trassAt] *nm* drawee; drawee of a bill of exchange

тратта [trAtta] *nf, also* **переводной вексель** [pirivadnOy vEksil] *nm* bill of exchange; trade bill; transfer note

трейдер [trEyder] *nm* trader

трудовой договор [trudavOy dagavOr] *nm* employment agreement; service contract; labor contract

трудовой доход [trudavOy dakhOt] *nm* earned income

убыль капитала [Ubil kapitAla] *nm* capital loss

убыток [ubItak] *nm* damages; loss; waste
   реализованный убыток [rializOvaniy ubItak] *nm* realized loss

убыточные цены [ubItachniye tsEni] *npl* distressed prices

уведомление [uvidamlEniye] *nn* advice note; Letter of Advice; notice in writing; report

увольнение с большой компенсацией [uvalnEniye s balshOy kampinsAtsiyey] *nn* golden parachute

удержание [udirzhAniye] *nn* deduction; withholding

удерживать [udErzhivat] *v* deduct; retain; withhold

удовлетоверение [udavlitvarEniye] *nn* consideration; satisfaction

удостоверение о передаче доверенности [udastavirEniye a piridAche davErinasti] *nn* proxy statement

указ [ukAs] *nm* decree

уклонение от уплаты налога [uklanEniye at uplAti nalOga] *nn* tax avoidance

уплата [uplAta] *nf* payment; acquittance; discharge; settlement; refund; liquidation

управление [upravlEniye] *nn* management

управляющий [upravlAyushchiy] *nm* manager; managing director

ускоренная амортизация [uskOrinaya amartizAtsiya] *nf* accelerated depreciation

ускор-ить/-ять (процесс) [uskOrit/uskarAt (pratsEs)] *v* streamline

условие [uslOviye] *nn* term; provision; warranty; qualification

условные данные в балансе [uslOvniye dAnniye v balAnsi] *npl* pro forma (*Lat.*)

услуги для потребителей [uslUgi dla patribItiley] *npl* customer service

устав [ustAf] *nm* articles; by-laws; charter

устав юридического лица [ustAf yuridIchiskava litsA] *nm* Articles of Incorporation; Articles of Association; Certificate of Incorporation

устная сделка [Usnaya zdEka] *nf* oral contract

устное соглашение [Usnaye saglashEniye] *nn* oral contract

устный договор [Ustniy dagavOr] *nm* verbal contract; simple contract; parole contract; oral contract

участие (в инвестициях, кредитовании) [uchAstiye (v invistItsiyakh, kriditavAnii)] *nn* contribution towards; participation in

участие в прибылях [uchAstiye v prIbilakh] *nn* interest; profit sharing; gain sharing

участник договора [uchAstnik dagavOra] *nm* party; contracting party; partner

учёт [uchOt] *nm* record keeping; accounts; accounting; discounting; record maintenance

учётная ставка [uchOtnaya stAfka] *nf* discount; rate; discount rate; interest rate; bank rate

учётный банковский процент [uchOtniy bAnkafskiy pratsEnt] *nm* bank rate

ущерб [ushchErp] *nm* damage; loss

факс [fAks] *nm* fax; facsimile

фактический собственник [faktIchiskiy sOpstvinik] *nm* beneficial owner

факторные операции [fAktorniye apirAtsii] *npl* factoring

фактура [faktUra] *nf* bill; invoice; pro-forma invoice

фактурирование [fakturIravaniye] *nn* billing; invoicing

фальшивая реклама [falshIvaya riklAma] *nf* false advertising

фальшивомонетчик [falshIvamanEtchik] *nm* counterfeiter

фидуциарий [fidutsiAriy] *nm, also* **доверенное лицо** [davErinaye litsO] *nn* fiduciary

филиал [filiAl] *nm* affiliate; branch

финансирование [finansIravaniye] *nn* funding; financial backing; financing; investment; subsidization

финансировать [finansIravat] *v* finance; subsidize; sponsor; fund

финансовая благонадёжность [finAnsavaya blaganadOzhnast] *nf* due diligence

финансовая ведомость [finAnsavaya vEdamast] *nf* financial statement

финансовая операция [finAnsavaya apirAtsiya] *nf* financial transaction

финансовая отчетность предприятия [finAnsavaya atchOtnast pritpriyAtiya] *nf* historic financial statements

финансовая реструктуризация [finAnsavaya ristrukturizAtsiya] *nf* restructuring

финансовая сделка [finAnsavaya zdElka] *nf* business deal; financial transaction

финансовый [finAnsaviy] *adj* financial; fiscal; pecuniary

финансовый год [finAnsaviy gOt] *nm* fiscal year

финансовый отчёт компании [finAnsaviy atchOt kampAnii] *nm* company report

финансовый поток [finAnsaviy patOk] *nm* cash flow

фискальные обязательства [fiskAlniye abizAtilstva] *npl* tax liability

фискальный год [fiskAlniy gOt] *nm* fiscal year

фонд [fOnt] *nm* fund; foundation; asset; stocks

фонд хеджирования [fOnt hidzhIravaniya] *nm* hedge fund

фондирование [fandIravaniye] *nn, also* **секьюритизация** [sikyuritizAtsiya] *nf* funding; securitization

фондирование долга [fandIravaniye dOlga] *nn* securitization of debt

фондовая биржа [fOndavaya bIrzha] *nf* stock exchange

фонды [fOndi] *npl* capital; assets; security funds; stocks

форс мажор [fOrs mazhOr] *nm* force majeure

франшиза [franshIza] *nf, also* **привилегия на продажу ее товаров со скидкой** [privilEgiya na pradAzhu tavAraf sa skItkay] *nf* franchise

договор франшизы [dagavOr franshIzi] *nn* franchise

фрахт [frAkht] *nm* freight; traffic

фьючерсный рынок [fyUchirsniy rInak] *nm* futures market; contract market

фэкторинг [fEktoring] *nm, also* **факторные операции** [fAktorniye apirAtsii] *npl* factoring

ходовой товар [khadavOy tavAr] *nm* power item; top mover; go-go stock; seller; hot stock

хозяйствование [khazAistvavaniye] *nn* management

целевой фонд [tsilivOy fOnt] *nm* trust fund

цена [tsinA] *nf* charge; price; cost price; value; worth

цена со скидкой [tsinA sa skItkay] *nf* discount price; sale price

цена фактической продажи [tsinA faktIchiskay pradAzhi] *nf* purchase price

продажная цена [pradAzhnaya tsinA] *nf* selling value; selling price; commercial value

ценность [tsEnast] *nf* valuables; assessed value; real value

ценные бумаги (акции, облигации) [tsEnii bumAgi (Aktsii, abligAtsii)] *npl* securities (*stocks, bonds, security papers*)

центральный банк [tsintrAlniy bAnk] *nm* central bank

цессия [tsEsiya] *nf* assignment; cession; transfer

чаевые [chaivIye] *npl* tip; gratuity

частная компания [chAstnaya kampAniya] *nf* private company

чек [chEk] *nm* check; receipt

чековый счёт [chEkaviy schOt] *nm* checking account

Commercial Law

чек на предъявителя [chEk na pridyavItila] *nm* bearer check

чек без покрытия [chEk biz pakrItiya] *nm* bounced check (*slang*)

чёрный рынок [chOrniy rInak] *nm* black market

чистая выручка [chIstaya vIruchka] *nf* net sales

чистая стоимость компании [chIstaya stOimast kampAnii] *nf* net worth

чистая цена реализации [chIstaya tsinA rializAtsii] *nf* net realizable value

чистый доход [chIstiy dakhOt] *nm* net earnings

членский взнос [chlEnskiy vznOs] *nm* fee; subscription; member's contribution

шапка [shApka] *nf* heading; letterhead

шапка на фирменном бланке [shApka na fIrminam blAnki] *nf* letterhead

штраф [shtrAf] *nm* penalty charge; forfeiture; fine

штраф за досрочное снятие средств со счёта [shtrAf za dasrOchnaye snAtiye srEtstf sa schOta] *nm* early withdrawal penalty

штраф за недоплату [shtrAf za nidaplAtu] *nm* underpayment penalty

штраф за превышение кредитного лимита [strAf za privishEniye kridItnava limIta] *nm* overlimit charge

штрафная санкция [shtrafnAya sAnktsiya] *nf* pecuniary sanctions; penalty

экономический подъём [ikanamIchiskiy padyOm] *nm* recovery; economic recovery; economic upswing; economic upturn

экспедитор [ikspidItar] *nm* freight-forwarder

эксплуатационный налог [ikspluatatsiOnniy nalOk] *nm* use tax

налог на пользование [nalOk na pOlzavaniye] *nm* use tax

электронная почта [iliktrOnnaya pOchta] *nf* e-mail

электронные банковские услуги [iliktrOnniy bankafskiye uslUgi] *npl* e-banking

электронные платежи [iliktrOnniy platizhI] *npl* electronic funds transfer (EFT); wire transfer

электронный бизнес [eilektrOnniy bIznes] *nm* e-commerce

электронный денежный перевод [iliktrOnniy dEnizhniy pirivOt] *nm* wire transfer

юридическое лицо [yuridIchiskaye litsO] *nn* legal body; legal entity; corporation

«ядовитая пилюля» [yadavItaya pilUla] *nf* poison pill (*reorganization of a company to avoid its hostile takeover*)

Уголовное право
Criminal Law

Уголовное право, или пенитенциарное право, имеет дело с действиями, которые рассматриваются обществом как наказуемые деяния. В соответствии с общепринятым принципом *nulla poena sine lege* («нет наказания без устанавливающего его закона»), ни одно деяние не является наказуемым до тех пор, пока не принят закон, считающий его таковым. Согласно запрету на двукратное привлечение к юридической ответственности за одно и то же преступление, личность, признанную невиновной в предъявленном преступлении (оправданную по суду), невозможно вторично привлечь к суду за то же самое преступление. В соответствии с Уголовным кодексом, лицу, которому предъявлено обвинение, предоставляются определенные возможности для защиты, и если оно получит обвинительный приговор (будет признано виновным), его наказание будет сооветствовать тяжести совершенного преступления, начиная от штрафа за мелкое уголовное преступление (мисдиминор) до тюремного заключения на различные сроки или даже смертной казни за особо тяжкое преступление. В России наказания за уголовные преступления регулируются государственными законами.

абсолютная ответственность [apsalUtnaya atvEtstvinast] *nf* absolute liability; strict liability
азартная игра [azArtnaya igrA] *nf* gambling
алиби [Alibi] *nn* alibi
алкоголизм [alkagalIzm] *nm* drunkenness; habitual drunkenness
альтернативное наказание [altirnatIvnaye nakazAniye] *nm* non-jail sentence; alternative sentence
альтернативный приговор [altirnatIvniy prigavOr] *nm* non-jail sentence; alternative sentence
амнистия [amnIstiya] *nf* amnesty; grace; legislative pardon; oblivion
аморальность [amarAlnast] *nf* moral terpitude
аннулирование [anulIravaniya] *nn* reversal; vacation
аргумент [argumEnt] *nm* plea
арест [arEst] *nm* arrest; commitment; committal
арестовать [aristavAt] *v* arrest; place/put under arrest; apprehend; lock-up; take; bring up; bring into custody; take up
арестованный [aristOvaniy] *nm* detainee; suspect
афера [afOra] *nf* fraud
аффидавит [afidavIt] *nm, also* **письменное показание под присягой** [pIsmennoye pakazAniye pad prisAgoy] *nn* affidavit

банда [bAnda] *nf* gang
бандит [bandIt] *nm* gunman; gangster
бандитизм [banditIzm] *nm* banditry; brigandism
беглец [biglEts] *nm* runaway; fugitive; escapee; outlaw
без права пересмотра дела [bis prAva pirismOtra **dE**la] *adv* with prejudice
без приказа суда [bes prikAza sudA] *adj* warrantless
безнаказанный [biznakAzaniy] *adj* unpunished; with impunity
без опровержений [biz apravirzhEniy] *adv* no contest
безусловная ответственность [bizuslOvnaya atvEtvinast] *nf* strict liability; absolute liability
бежать из-под стражи [bizhAt iz pat strAzhi] *v* escape; break out of prison
бигамия [bigamIya] *nf, also* **двоебрачие** [dvaibrAchiye] *nn* bigamy
бизнес на проституции [**bI**znes na prastitUtsii] *nm* operation of a business of prostitution
ближайшая причина [blizhAyshaya prichIna] *nf* proximate cause
большое жюри [balshOye zhurI] *nn* grand jury
брать взятку [brAt vzAtku] *v* take a bribe; accept a bribe
брать на поруки [brAt na parUki] *v* bail out
бремя доказывания [brEma dakAzivaniya] *nn* onus probandi (*Lat.*); burden of proof
вандализм [vandalIsm] *nm* vandalism
введение в заблуждение [vvidEniye v zabluzhdEniye] *nn* false suggestion; deception
вердикт [virdIkt] *nm* verdict
вердикт о виновности [virdIkt a vinOvnasti] *nm* guilty; guilty verdict; verdict of guilty
вещественное доказательство [vishchEstvinnoye dakazAtilstva] *nn* physical evidence
взлом/угон чужого автомобиля [vzlOm/ugOn chuzhOva aftamabIla] *nm* auto tampering
взыскание [vziskAniye] *nn* civil collections; penalty
взятие заложника [vzAtiye zalOzhnika] *nn* hostage taking
взятка [vzAtka] *nf* bribe
взяточничество [vzAtachnichestva] *nn* bribery
вина [vinA] *nf* guilt; guilty mind; mens rea (*Lat.*)
виновен [vinOvin] *adj* guilty
виновный [vinOvniy] *nm* guilty party; perpetrator
владелец документа [vladElits dakumEnta] *nm* bearer
владение [vladEniye] *nn* possession
внести/вносить залог [vnistI/vnasIt zalOk] *v* post bail
возбу-дить/-ждать дело [vazbudIt/vazbuzhdAt **dE**la] *v* bring an action; bring a suit; commence a suit; initiate a case; initiate proceedings; sue
возмещение [vazmishchEniye] *nn* indemnification; indemnity; recuperation; repayment; compensation for harm; redress of wrong; satisfaction for injury

возможная причина [vazmOzhnaya prichIna] *nf* probable cause
войти/входить в сговор о совершении преступления [vaytI/
 fkhadIt v zgOvar a savirshEniya pristuplEniya] *v* conspire
вооружённый преступник [vaaruzhOnniy pristUpnik] *nm*
 gunman; gangster
вор [vOr] *nm* thief
вор-взломщик [vOr-vzlOmshik] *nm* burglar
воровство [varafstvO] *nn* theft; thievery; pilfering
временное освобождение под залог [vrEminaye asvabazhdEniye
 pad zalOk] *nn* temporary release on bail
входить в сговор. *See* **войти в сговор**
выдача преступника [vIdacha pristUpnika] *nf* surrender
выемка [vIyimka] *nf* seizure; confiscation; withdrawal
выкуп [vIkup] *nm* ransom; buy-off
выз-вать/-ывать в суд [vIzvat/vizivAt f sUt] *v* subpoena; summon
вымани-ть/-вать [vImanit/vimAnimat] *v* defraud; swindle; beat;
 cheat; fake
вымогательство [vimagAtilstva] *nn* blackmail; blackmailing
 offenses; extortion; racketeering
выписка из судебного решения [vIpiska is sudEbnava rishEniya]
 nf abstract of judgment
высшая мера наказания [vIshshaya **mE**ra nakazAniya] *nf*
 capital punishment
выс-лать/-ылать (из страны) [vIslat/visilAt (is stranI)] *v*
 remove (*from the country*); deport; expel; extradite
гангстерское ростовщичество [gAnstirskaye rastafshchIchistva]
 nn loan sharking; usury
государственный защитник [gasudArstvinniy zashchItnik] *nm*
 public defender
грабеж [grabOzh] *nm* despoilment; despoliation; plunder
грабеж с насилием [grabOsh s nasIliyem] *nm* robbery; assault
 with intent to rob; banditry
  вооруженный грабеж [vaaruzhOnniy grabOzh] *nm*
   aggravated robbery
грабить (на улице) [grAbit (na Ulitse)] *v* mug; rob
грабитель [grabItil] *nm* brigand; loot; ransacker
  вооруженный грабитель [vaaruzhOnniy grabItil] *nm* armed
   robber
  вооруженный грабитель автомашин [vaaruzhOnniy
   grabItil aftamashIn] *nm* hijacker
  магазинный грабитель [magazInniy grabItil] *nm* shopbreaker
  уличный грабитель [Ulichniy grabItil] *nm* mugger
гражданское состояние [grazhdAnskaye sastayAniye] *nn* status
гражданский судебный процесс [grazhdAnskiy sudEbniy pratsEs]
 nm litigation
гриф секретности [grIf sikrEtnasti] *nm* security classification
грубая неосторожность [grUbaya niastarOzhnast] *nf* recklessness; gross carelessness; gross negligence

Criminal Law

да-ть/-вать отвод [dAt/davat atvOt] *v* challenge

да-ть/-вать свидетельские показания [dAt/davat svid**E**tilskiye pakazAniya] *v* testify

да-ть/-вать взятку [dAt/davat vzAtku] *v* buy over; corrupt; pay off

дача показаний [dAcha pakazAniy] *nf* evidence; statement; testimony

двоебрачие [dvaibrAchiye] *nn* bigamy; bigamous marriage

двоежёнец [dvaizhOnits] *nm* bigamist

двукратное привлечение к ответственности [dvukrAtnaye privlichEniye k atvEtstvinnasti] *nn* double jeopardy

дееспособность [d**E**ispasObnast] *nf* legal capacity

дееспособный [d**E**ispasObniy] *adj* competent

действия, предпринимаемые для ограничения использования улик [d**E**ystviya, pritprinimAimii dla agranichEniya ispOlzavaniya ul**I**k] *npl* motion to limit the use of evidence

действия, предпринимаемые для сокрытия доказательств [d**E**ystviya, pritprinimAimii dla sakrItiya dakazAtilstf] *npl* motion to suppress evidence

делинквент [dil**I**nkvint] *nm, also* **субъект преступления** [subyEkt pristupl**E**niya] *nm* perpetrator

делинквентность [dilinkv**E**ntbast] *nf, also* **правонарушение** [prAvanarushEniye] *nn* delinquency; delict; civil injury; contravention of law; misdemeanor; offense; infraction; infringement; violation of law; wrong-doing

дело [d**E**la] *nn* case

гражданское дело [grazhdAnskaye d**E**la] *nn* civil case

уголовное дело [ugalOvnaye d**E**la] *nn* criminal case

судебное дело [sud**E**bnaye d**E**la] *nn* case

денежный штраф [d**E**nizhniy shtrAf] *nm* fine

депортация [dipartAtsiya] *nf* deportation

депортировать [dipart**I**ravat] *v* deport

детектив [ditikt**I**f] *nm* detective

детская преступность [d**E**tskaya pristUpnast] *nf* juvenile delinquency

действия обвиняемого, имеющие отошение к его преступлению [d**E**istviya abvinAimava, imEyushchii atnashEniye k ivO pristupl**E**niyu] *npl* relevant conduct

дисквалификация [diskvalifikAtsiya] *nf* disqualification; recusal

дисциплинарное производство [distsiplinArnaye praizvOtstva] *nn* disciplinary proceedings

дозволенный законом [dazvOliniy zakOnam] *adj* lawful

доклад по делу перед вынесением приговора [daklAt pa d**E**lu pirit vinisEniyem prigavOra] *nm* pre-sentence investigation report

должностное лицо, надзирающее за условно-досрочно освобождёнными [dalzhnastnOye litsO, nadzirAyushcheye za uslOvna-dasrOchno asvabazhdOnnimi] *nn* parole officer

должностное лицо, производящее арест [dalzhnastnOye litsO, praizvadAshcheye arEst] *nn* arresting officer

должностное преступление [dalzhnastnOye pristuplEniye] *nn* official crime; malfeasance; malfeasance in office; misconduct

должностной проступок [dalzhnastnOy prastUpak] *nm* misconduct; official misconduct

домашний арест [damAshniy arEst] *nm* house arrest; home detention

домогательство [damagAtilstva] *nn* harassment; pursuit; solicitation

допрос [daprOs] *nm* interrogation

досмотр [dasmOtr] *nm* inspection; search; survey

досрочное освобождение [dasrOchnaye asvabazhdEniye] *nn* early parole

достаточное основание [dastAtachnoye asnavAniye] *nn* probable cause

досье [dasyE] *nn* brief; docket; record; criminal record; case file

досье преступника [dasyE pristUpnika] *nn* criminal record; criminal history

досье приводов [dasyE privOdaf] *nn* arrest history

дурное обращение [durnOye abrashchEniye] *nn* ill-treatment

жалоба [zhAlaba] *nf* appeal; complaint

жаловаться [zhAlavatsa] *v* appeal; make an appeal; make/file/lodge a complaint; file/lodge/pursue a grievance

жертва [zhErtva] *nf* victim

жестокость [zhistOkast] *nf* cruelty

жулик [zhUlik] *nm* cheat; swindler

жульничать [zhUlnichat] *v* cheat; swindle

жульничество [zhUlnichistva] *nn* scam; swindle

жучок [zhuchOk] (*colloq.*) *nm* bug (*colloq.*); wiretapping; bugging; electronic surveillance

задержание [zadirzhAniye] *nn* detention; arrest; detainment; custody; caption

задержание подозреваемого [zadirzhAniye padazrivAimava] *nn* detention of suspect

задерж-ать/-ивать [zadirzhAt/zadErzhivat] *v* detain; attach; seize; take

заключение в тюрьму [zakluchEniye f turmU] *nn* confinement; hold; institutional confinement; jail placement; jailing; prison placement; commitment to prison

заключ-ить/-ать в тюрьму [zakluchIt/zakluchAt f turmU] *v* commit to a prison; restrain

заключенный [zakluchOnniy] *nm* prisoner; inmate

заключенный, совершивший побег [zakluchOnniy, savirshIfshiy pabEk] *nm* escapee

заключительное обращение судьи к присяжным [zakluchItilnaye abrashchEniye sudyI k prisAzhnim] *nn* general charge

закон [zakOn] *nm* law; rule; act; act of legislation; statute

законный [zakOnniy] *adj* legal; lawful; legitimate

закоренелый преступник [zakarinEliy pristUpnik] *nm* habitual offender

залог [zalOk] *nm* bail

залог для передачи на поруки [zalOg dla piridAchi na parUki] *nm* collateral for bail

заложни-к/-ца [zalOzhni-k/-tsa] *nm/f* hostage

заместитель шерифа [zamistItil shirIfa] *nm* deputy sheriff; sheriff's yeoman

заниматься контрабандой [zanimAtsa kantrabAnday] *v* smuggle

заочно [zaOchna] *adv* in absentia (*Lat.*)

записка по делу, представляемая адвокатом в апелляционный суд [zapIska pa dElu, pridstavlAyimaya advakAtam v apilatsiOniy sUt] *nf* brief; brief on appeal

запись перехвата телефонных разговоров [zApis pirikhvAta tilifOnnikh razgavOraf] *nf* wiretap recording

запре-тить/-щать [zapritIt/zaprishchAt] *v* prohibit

запрещение повторного преследования по одному делу [zaprishchEniye paftOrnava prislEdavaniya pa adnamU dElu] *nn* double jeopardy

запрещённый [zaprishchOniy] *adj* prohibited; contraband; banned; outlawed

запугивание [zapUgivaniye] *nn* intimidation

    тайное запугивание [tAynaye zapUgivaniye] *nn* clandestine/covert intimidation

    открытое запугивание [atkrItaye zapUgivaniye] *nn* overt intimidation

заседание суда для рассмотрения вопроса об условном освобождении [zasidAniye sudA dla rassmatrEniya vaprOsa ab uslOvnam asvabazhdEnii] *nn* probation hearing

заседание суда для решения вопроса об освобождении арестованного под залог [zasidAniye sudA dla rishEniya vaprOsa ab asvabazhdEnii aristOvannova pad zalOk] *nn* bail hearing

захват [zakhvAt] *nm* despoliation; despoilment; seizure

захват-ить/-ывать [zakhvatIt/zakhvAtivat] *v* take; seize; capture; usurp; despoil

защита в суде [zashchIta f sudE] *nf* defense

защита ссылкой на крайнюю необходимость [zashchIta ssIlkay na krAynuyu niabkhadImast] *nf* necessity defense

защи-тить/-щать [zashchitIt/zashchishchAt] *v* defend; mount a defense

защитник [zashchItnik] *nm* defense attorney

защитник по назначению суда [zashchItnik pa naznachEniyu sudA] *nm* public defender

заявление [zaivlEniye] *nn* statement; claim

заявление в защиту [zaivlEniye v zashchItu] *nn* affirmative defense

заявление о фактах, опровергающих иск [zaivlEniye a fAktakh,

Уголовное право

apravirgAyushchikh yIsk] *nn* affirmative defense; affirmative plea

заявление защиты против иска [zaivlEniye zashchIti prOtiv yIska] *nn* plea; pleading

заявление оснований иска [zaivlEniye asnavAniy yIska] *nn* plea; pleading

    встречное исковое заявление [fstrEchnaye iskavOye zaivlEniye] *nn* countersuit

    исковое заявление [iskavOye zaivlEniye] *nn* suit

заявление оснований иска [zaivlEniye asnavAniy yIska] *nn* plea; pleading

злой умысел [zlOy Umisil] *nm* malicious intent; precedent malice; premeditated malice; evil design; evil intent

злонамеренный [zlonamEriniy] *adj* malicious

злоумышленно [zloumIshlina] *adv* maliciously

злоумышленно причинённый вред [zloumIshlina prichinOniy vrEt] *nm* malicious mischief

злоупотребление [zloupatriblEniye] *nn* abuse

избе-жать/-гать ответственности [izbizhAt/izbigAt atvEtstvinasti] *v* escape; escape responsibility

избиение [izbiyEniye] *nn* assault and battery

извращенец [izvrashchEnits] *nm* sexual deviant

извращение [izvrashchEniye] *nn* perversion

изнасилование [iznasIlavaniye] *nn* rape

изнасилование на свидании [iznasIlavaniye na svidAniyi] *nn* date rape

изувечение [izuvEcheniye] *nn* mayhem

изъятие [izyAtiye] *nn* seizure; confiscation; withdrawal

изъять/изымать [izyAt/izimAt] *v* take away; withdraw; dispose of

имущество [imUshchistva] *nn* possession

инструменты взломщика-грабителя [instrumEnti vzlOmshchika-grabItila] *npl* burglar's tools

интоксикация [intaksikAtsiya] *nf* intoxication

информатор [infarmAtar] *nm* informant

иск [yIsk] *nm* action; claim; suit

иск по суду [yIsk pa sudU] *nm* plea

искалечение [iskalEchivsniye] *nn* mayhem

искупление [iskuplEniye] *nn* atonement

исправительное заведение [ispravItilnaye zavidEniye] *nn* correctional center

истец [istEts] *nm* claimant; complainant; plaintiff

истязание [istizAniye] *nn* torture

итоговая квалификация степени тяжести претупления [itOgavaya kvalifikAtsiya stEpini tAzhisti pristuplEniya] *nf* adjusted offense level

камера для задержанных [kAmira dla zadErzhanikh] *nf* holding cell

карательная мера [karAtilnaya mEra] *nf* penalty; punitive action

Criminal Law

карательный [karAtilniy] *adj* punitive; penal; retaliatory

карманник (*слэнг*) [karmAnnik] *nm* pickpocket; jostler (*slang*)

карманный вор [karmAnniy vOr] *nm* pickpocket

кассация [kassAtsiya] *nf* reversal; cassation

каторжник [kAtarzhnik] *nm* convict

квалификация преступления [kvalifikAtsiya pristuplEniya] offense level

квалифиция убийства в процессе совершения фелонии как тяжкого убийства [kvalifikAtsiya ublystva f pratsEsi savirshEniya filanlyi kak tAzhkava ublystva] *nf* felony murder rule

клевета [klivitA] *nf* slander

кодекс [kOdiks] *nm* code

кодекс судопроизводства по уголовным делам [kOdiks sUdapraizvOtstva pa ugalOvnim dilAm] *nm* Code of Criminal Procedure

компенсация [kampinsAtsiya] *nf* contribution; refund; pay-off; reimbursement; recompense

контрабанда [kantrabAnda] *nf* smuggling

контрабандист [kantrabandIst] *nm* smuggler

контрабандные товары [kantrabAndniye tavAri] *npl* contraband

контрабандный [kantrabAndniy] *adj* contraband

конфискация [kanfiskAtsiya] *nf* confiscation; forfeiture; appropriation; sequester

конфисков-ать/-ывать [kanfiskavAt/kanfiskOvivat] *v* seize; confiscate; sequester

конфискованный [kanfiskOvaniy] *adj* forfeited; seized

коррумпированный [karumpIravaniy] *adj* corrupt

коррупция [karUptsiya] *nf* corruption; venality

косвенный умысел [kOsviniy Umisil] *nm* implied malice; general intent

косвенные улики [kOsvinii ulIki] *npl* circumstantial evidence

кража [krAzha] *nf* theft; larceny; theft offense

криминально-правовой [kriminAlna-pravavOy] *adj* criminal

криминальный аборт [kriminAlniy abOrt] *nm* criminal abortion

криминальный учёт [kriminAlniy uchOt] *nm* criminal record

кровосмесительство [krOvasmisItilstva] *nn* incest

лжесвидетельствование [lzhEsvidEtilstovaniye] *nn* false testimony

лица, вступившие в сговор [lItsa fstuplfshiye v sgOvar] *npl* conspirators

лицо без документов [litsO biz dakumEntaf] *nn* undocumented

лицо, впервые совершившее преступление [litsO fpirvIye savirshIfsheye pristuplEniye] *nn* first-offender

лицо, не имеющее права въезда (в чужую страну) [litsO ne imEyushcheye prAva vyEzda (f chuzhUyu stranU)] *nn* inadmissible (*to a foreign country*)

лицо, подлежащее депортации [litsO padlizhAshcheye dipartAtsii] *nn* deportable person

лицо, скрывающееся от правосудия [litsO skrivAyushcheyesa at pravasUdiya] *nn* fugitive; fugitive from justice

лицо, содержащееся под стражей [litsO, sadirzhAshcheyesa pat strAzhey] *nn* inmate

личный досмотр [lIchniy dasmOtr] *nm* personal search; body search; frisk (*jarg.*)

> **произвести/производить личный досмотр** [praizvistI/ praizvadIt lIchniy dasmOtr] *v* frisk

лишение гражданских прав [lishEniye grazhdAnskikh prAf] *nn* forfeit of civil rights

лишение жизни [lishEniye zhIzni] *nn* homicide

> **правомерное лишение жизни** [pravamErnaye lishEniye zhIzni] *nn* lawful homicide

> **противоправное лишение жизни** [protivaprAvnaye lishEniye zhIzni] *nn* unlawful homicide

лишение свободы [lishEniye svabOdi] *nn* duress; confinement; custodial coercion; custodial restraint; custody; imprisonment

лиш-ить/-ать гражданских прав [lishIt/lishAt grazhdAnskikh prAf] *v* corrupt; deprive of civil rights

лиш-ить/-ать свободы [lishIt/lishAt svabOdi] *v* confine; imprison

магазинный вор [magazInniy vOr] *nm* shoplifter

магнитная запись службы наблюдения [magnItnaya zApis slUzhbi nabludEniya] *nf* surveillance tape

малолетний [malalEtniy] *adj* minor; underage; infant; child

малолетство [malalEtstva] *nn* infancy

мародёрство [maradOrstva] *nn* looting

мелкое воровство в магазинах [mElkoye varafstvO v magazInakh] *nn* shoplifting

мелкое преступление [mElkoye pristuplEniye] *nn* misdemeanor

мелкое хулиганство [mElkoye khuligAnstva] *nn* disorderly conduct

мисдиминор [mizdiminOr] *nm, also* **мелкое преступление** [mElkoye pristuplEniye] *nn* misdemeanor

морг [mOrk] *nm* morgue

мошенничать [mashEnnichat] *v* defraud

мошенничество [mashEnnichistva] *nn* fraud; fraudulent practices; false pretenses

подделка [paddElka] *nf* counterfeiting; forgery

мошенник [mashEnik] *nm* fraudster; trickster

мошеннический [mashEnnichiskiy] *adj* fraudulent

мягкий [mAkhkiy] *adj* lenient (*about punishment*)

мягкий приговор [mAkhkiy prigavOr] *nm* light sentence; lenient sentence

наблюдение [nabludEniye] *nn* inspection; surveillance; supervision; tracking

наблюдение с использованием электронных средств [nabludEniye s ispOlzavaniyem iliktrOnnikh srEtstf] *nn* electronic surveillance

наводка (*жарг.*) [navOtka] *nf* tip-off (*jarg.*)

Criminal Law

надзор [nadzOr] *nm* custody; oversight; inspection; supervision; surveillance

надзор после освобождения из заключения [nadZor pOsli asvabazhdEniya iz zakluchEniya] *nm* post-release

наказание [nakazAniye] *nn* penalty; punitive action

нал-ожить/-агать арест [nalazhIt/nalagAt arEst] *v* arrest; seize

наложение ареста [nalazhEniye arEsta] *nn* imposition; seizure

наличие более веских доказательств [nalIchiye bOleye vEskikh dakazAtilstf] *nn* preponderance of the evidence

наличие достаточного основания [nalIchiye dastAtachnava asnavAniya] *nn* probable cause

наложение ареста [nalazhEniye arEsta] *nn* arrest; imposition; seizure; sequester

намерения [namEreniya] *npl* state of mind

наказ-ать/-ывать [nakazAt/nakAzivat] *v* punish

наказание [nakazAniye] *nn* punishment

наказания, отбываемые последовательно [nakazAniya atbivAimiyi paslEdavatilna] *npl* consecutive sentences

нанесение увечья [nanisEniye uvEchya] *nn* maiming; mutilation; mayhem

нан-ести/-осить удар колющим оружием [nanistI/nanasIt udAr kOlushchim arUzhiyem] *v* stab

нападение [napadEniye] *nn* assault; assailing; onslaught; attack

наркоделец [narkadilEts] *nn* drug dealer

наркотик [narkOtik] *nm* drug

наркотрафик [narkatrAfik] *nm, also* **незаконный оборот наркотиков** [nizakOnniy abarOt narkOtikaf] *nm* trafficking; drug trafficking

наручники [narUchniki] *npl* handcuffs

нарушение [narushEeniye] *nn* breach; contravention; failure to comply; fault; impairment; infraction; violation; transgression

нарушение общественного порядка [narushEniye apshchEstvinava parAtka] *nn* disorder; disturbance; public disturbance

нарушение правил дорожного движения [narushEniye prAvil darOzhnava dviZheniya] *nn* traffic infraction

наруш-ить/-ать [narUshit/narushAt] *v* breach; break; contravene; infringe; impair; violate

нарушитель [narushItil] *nm* perpetrator; infractor

насилие [nasIliye] *nn* act of force; violence; force; rape; coercion; duress

насильственное вторжение с целью грабежа [nasIlstvinnaye ftarzhEniye s tsElyu grabizhA] *nn* breaking and entering

невиновность [nivinOvnast] *nf* innocence; faultlessness; nonculpability

невиновный [nivinOvniy] *adj* innocent; not guilty

невменяемый [nivminAimiy] *adj* legally irresponsible

недееспособность [nidEispasObnast] *nf* incompetence;

incompetency; disability; disqualification; incapacity; lack of legal capacity

недоноситель[nidanasItil] *nm* accessory after the fact

недоносительство [nidanasItilstva] *nn* failure to report a crime; non-information; concealment of crime; cover-up

недостаточное доказательство [nidastAtachnaye dakazAtilstva] *nn* insufficient evidence

незаконное лишение свободы [nizakOnnaye lishEniye svabOdi] *nn* false imprisonment

незаконные половые сношения с несовершеннолетними [nizakOnniye palavIye snashEniya s nisavirshinalEtnimi] *npl* sexual abuse

незаконный [nizakOnniy] *adj* malfeasant; contrary to law; extralegal; illegal; unlawful; illegitimate

незаконный оборот наркотиков [nizakOnniy abarOt narkOtikaf] *nm* trafficking; drug trafficking

нелегальная иммиграция [niligAlnaya immigrAtsiya] *nf* undocumented immigration

нелегальный [niligAlniy] *adj* illegal; illigitimate; prohibited; clandestine; underground

немотивированный отвод (присяжного) [nimativIravaniy atvOt (prisAzhnava)] *nm* peremptory challenge (*of juror*)

неопровержимая презумпция [niapravirzhImaya prizUmptsiya] *nf* irrebuttable presumption

неосторожное подвержение опасности [niastarOzhnaye padvirzhdEniye apAsnasti] *nn* reckless endangerment

неподтверждённый [nipatvirzhdOniy] *adj* uncorroborated

неправомерное поведение [nipravamErnaye pavidEniye] *nn* misconduct

непредумышленное убийство. *See* **убийство**

непреодолимый импульс [nipriadalImiy yImpuls] *nm* irresistible impulse

непристойное обнажение [nipristOynaye abnazhEniye] *nn* indecent exposure

несовершеннолетие [nisavirshEnalEtiye] *nn* infancy; minor status

несовершеннолетний [nisavirshEnalEtniy] *nn* juvenile; non-adult; youth; minor

несовершеннолетний [nisavirshEnalEtniy] *adj* juvenile

несовершеннолетний правонарушитель [nisavirshEnalEtniy prAvanarushItil] *nm* juvenile offender; delinquent offender

неуважение к суду [niuvazhEniye k sudU] *nn* contempt of court; misconduct before the court

ночная кража со взломом [nachnAya krAzha sa vzlOmam] *nf* burglary

ношение оружия [nashEniye arUzhiya] *nn* carrying a firearm

обвинение [abvinEniye] *nn* arraignment; case; charge

обвинение [abvinEniye] *nn* prosecution; government; people (*as one of the parties in criminal proceedings*)

Criminal Law

обвинение в совершении преступления [abvinEniye f savir-shEnii pristuplEniya] *nn* criminal complaint; criminal charge

обвиненный [abvinOnniy] *adj* charged

обвинитель [abvinItil] *nm* prosecution; prosecutor; prosecuting officer

обвинительное заключение [abvinItilnaye zaklluchEniye] *nn* bill of indictment; indictment

обвинительный акт [abvinItilniy Akt] *nm* bill of indictment; indictment

обвинительный акт за печатью [abvinItilniy Akt za pichAtyu] *nm* sealed indictment

обвинительный приговор [abvinItilniy prigavOr] *nm* judgment; judgment of guilt

обвиняемый [abvinAimiy] *nm* accused; accused party; charged; alleged offender; criminal defendant

обвин-ить/-ять [abvinIt/abvinAt] *v* prosecute; incriminate; charge; bring up; indict

обещать под присягой [abishchAt pat prisAgay] *v* swear

обжалование [abzhAlavaniye] *nn* appeal

обжаловать [abzhAlavat] *v* appeal; lodge a complaint

обман [abmAn] *nm* fraud

обманный [abmAnniy] *adj* fraudulent

обманные действия [abmAnniy dEystviya] *npl* breach of trust

обман-уть/-ывать [abmanUt/abmAnivat] *v* cheat; defraud; deceive; swindle

общественный обвинитель [apshchEstviniy abvinItil] *nm* prosecutor; counsel for the prosecution

объединение уголовных дел в одно производство [abyidinEniye ugalOvnikh dEl v adnO praizvOtstva] *nn* joinder of offenses

объект владения [abyEkt vladEniya] *nm* possession

объективная ответственность [abyiktIvnaya atvEtstvinast] *nf* strict liability

объяв-ить/-лять виновным [abyivIt/abyiveAt vinOvnim] *v* convict

обыск [Obisk] *nm* search; bodily search; frisk (*jarg.*)
   право на обыск [prAva na Obisk] *nn* search warrant
   произвести/ производить обыск [praizvistI/praizvadIt Obisk] *v* search

обыскивать [abIskivat] *v* search

обязательная минимальная мера наказания [abizAtilnaya minimAlnaya mEra nakazAniya] *nm* mandatory minimum sentence

огнестрельное оружие [agnistrElnaye arUzhiye] *nn* firearm; gun

оговор [agavOr] *nm* slander

ограбление [agrablEniye] *nn* plunder; plundering; holdup; hijacking; looting

ограничение свободы [agranichEniye svabOdi] *nn* custodial restraint; personal restraint; restraint

оказание юридической помощи [akazAniye yuridIchiskay pOmashchi] *nn* judicial assistance; mutual judicial assistance; legal co-operation

окончательный приговор [akanchAtilniy prigavOr] *nm* final sentence

опасение [apasEniye] *nn* apprehension, fear
   обоснованное опасение [abasnOvanaye apasEniye] *nn* reasonable apprehension/fear

опасный уголовный преступник [apAsniy ugalOvniy pristUpnik] *nm* felon

опознание преступника из группы лиц [apaznAniye pristUpnika iz grUpi lIts] *nm* lineup

оправданный [aprAvdaniy] *adj* acquitted (*person*); legally warranted; warranted

оправдательное доказательство [apravdAtilnaye dakazAtilstva] *nn* exculpatory evidence

оправдательный приговор [apravdAtilniy prigavOr] *nm* acquittal

оправдать [apravdAt] *v* acquit; exculpate; declare not guilty

опровержение [apravirzhEniye] *nn* rebuttal; refutation

опровержимая презумпция [apravirzhImaya prizUmptsiya] *nf* rebuttable presumption

опровержимый [apravirzhImiy] *adj* refuted; rebuttable

организованная преступность [arganizOvanaya pristUpnast] *nf* organized crime

ордер [Ordir] *nm* authorization; order; warrant; writ

ордер на арест [Ordir na arEst] *nm* arrest warrant

ордер на обыск [Ordir na Obisk] *nm* search warrant

оружие [arUzhiye] *nn* weapon

осведомитель [asvidamItil] *nm* informant

освобо-дить/-ждать от ответственности [asvabadIt/asvabazhdAt at atvEtstvinasti] *v* discharge; acquit; exonerate; release from responsibility; relieve

освобо-дить/-ждать на поруки [asvabadIt/asvabazhdAt na parUki] *v* release on bail

освобо-дить/-ждать под залог [asvabadIt/asvabazhdAt pad zalOk] *v* release on bail

освобождение на поруки/под залог [asvabazhdEniye na parUki/pad zalOk] *nn* release on bail; bailment; bail

освобождённый [asvabazhdOnniy] *adj* released

оскорбление [askarblEniye] *nn* assault; insult; offense

оскорбление действием [askarblEniye dEystviyem] *nn* assault and battery; battery

оскорб-ить/-лять [askarblIt/askarblAt] *v* insult; offend

особо тяжкое преступление [asOba tAzhkaye pristuplEniye] *nn* aggravated felony

осп-орить/-аривать решение [aspOrit/aspArivat rishEniye] *v* challenge a decision

осу-дить/-ждать [asudIt/asuzhdAt] *v* convict; sentence

осужденный [asUzhdiniy] *adj* convicted

осуждение [asuzhdEniye] *nn* conviction

отбы-ть/-вать наказание [atbIt/atbivAt nakazAniye] *v* serve (*a sentence*)

ответственность без вины [atvEtstvinast biz vinI] *nf* absolute liability; strict liability

ответчик по апелляции [atvEtchik pa apilAtsiyi] *nm* respondent on appeal

отвод [atvOt] *nm* recusation (*of judge and jurors*); challenge; removal; resignation; disqualification; removal; plea of abatement (*law of procedure*)

отказ [atkAs] *nm* renunciation; denial; release

отказ от преступного сговора [atkAz at pristUpnava zgOvara] *nm* abandonment; withdrawal (*from a conspiracy*)

отложить/откладывать [atlazhIt/atklAdivat] *v* remit; adjourn

отклонение иска [atklanEniye yIska] *nn* dismissal of charges

отмена [atmEna] *nf* reversal (*of a judgment*)

«отмывание» денег ["atmivAniye" dEnik] *nn* money laundering

отпечатки пальцев [atpichAtki pAltsif] *npl* fingerprints

отправная точка при определении степени тяжести преступления [atpravnAya tOchka pri apridilEnii stEpini tAzhisti pristuplEniya] *nf* base offense level

отпус-тить/-кать на поруки [atpustIt/atpuskAt na parUki] *v* parole; release on surety; grant bail

отстоять/отстаивать дело в суде [atstayAt/atstAivat dEla f sudE] *v* fight (*a case*)

отягчающие обстоятельства [atikchAyushchiye apstayAtilstva] *npl* aggravating circumstances

отягчённый [atikchOniy] *adj* aggravated

официальное предъявление обвинения в суде [afitsiAlnaye pridyavlEniye abvinEniya f sudE] *nn* arraignment

очевидец [achivIdits] *nm* eyewitness

охрана [akhrAna] *nf* custody; custodial guard; security services; guard

пенитенциарий [pinitentsiAriy] *nm* penitentiary

пенитенциарный [pinitentsiArniy] *adj* penal

первое правонарушение [pErvaye prAvanarushEniye] *nn* first offense

первоначальный допрос свидетеля выставившей стороной [pirvanachAlniy daprOs svidEtila vIstavifshey stAranoy] *nm* direct examination

переговоры между обвинением и защитой о заключении сделки о признании вины [pirigavOri mEzhdu abvinEniyem I zashchItay a zakluchEnii zdElki a priznAnii vinI] *npl* plea bargaining

переда-ть/-вать дело в суд [piridAt/piridavAt dEla f sUt] *v* submit to court

переда-ть/-вать на поруки [piridAt/piridavAt na parUki] *v* admit to bail; grant bail

Уголовное право

передача материалов уголовного разбирательства
[piridAcha matiriAlaf ugalOvnana razbirAtilstva] *nf* transfer
of proceedings

передача на поруки [piridAcha na parUki] *nf* bail; admitting to
bail; release on bail; granting of bail

пересмотр дела [pirismOtr dEla] *nm* retrial

период приготовления к защите [pirIat prigatavlEniya k
zashchIte] *nm* defense preparation period

перекрестный допрос [pirikrOsniy daprOs] *nm* counter-
interrogation; cross-examination (*while questioning adverse
witnesses*); cross-questioning; testimony in cross (*by several
investigators*)

перен-ести/-осить сроки [pirinistI/pirinasIt srOki] *v* postpone;
defer

пересмотр приговора [pirismOtr prigavOra] *nn* re-sentencing

перехват [pirikhvAt] *nm* intercept; interception

перехват-ить/-ывать [pirikhvatIt/pirikhvAtivat] *v* intercept

письменное показание под присягой [pIsmennoye
pakazAniye pad prisAgoy] *nn* affidavit

план защиты свидетелей [plAn zashchIti svidEtiley] *nm*
witness protection plan

пледирование [plidIravaniye] *nn, also* **заявление оснований
иска** [zaivlEniye asnavAniy yIska] *nn, also* **заявление
защиты против иска** [zaivlEniye zashchIti prOtiv yIska] *nn*
plea; pleading

по грубой неосторожности [pa grUbay niastarOZhnasti] *adv*
recklessly

побудительная причина [pabudItilnaya prichIna] *nf* procuring
cause

полномочие [palnamOchiye] *nn* power of attorney; warrant

побег арестованного [pabEg aristOvannava] *nm* flight

побег из-под стражи [pabEg iz pat strAzhi] *nm* escape

поверенный [pavEriniy] *nm* attorney; lawyer

повестка о явке в суд [pavEstka a yAfke f sUt] *nf* subpoena; writ

повторное преследование за одно и то же преступление
[paftOrnaye prislEdavaniye za adnO i tO zhe pristuplEniye]
nn double jeopardy

пода-ть/-вать в суд [padAt/padavAt f sUt] *v* take legal steps;
bring a case before the court; go to court

пода-ть/-вать заявление [padAt/padavAt zaivlEniye] *v* file an
application; petition; enter a caveat

пода-ть/-вать ходатайство [padAt/padavAt khadAtaystva] *v*
petition

податель [padAtil] *nm* petitioner; bearer

поддел-ать/-ывать [paddElat/paddElivat] *v* feign; falsify (*a
document*); counterfeit (*money, coins, etc.*); commit forgery;
tamper

подделка [paddElka] *nf*; tampering; counterfeiting; forgery

Criminal Law

подделка документа [paddElka dakumEnta] *nf* falsification of documents; document forgery; fraudulent alteration

поддельный [paddElniy] *adj* counterfeit; counterfeited; fabricated; fictitious; forged

подделывание [paddElivaniye] *nn* counterfeiting

подлог [padlOk] *nm* forgery; falsification

подложный [padlOzhniy] *adj* counterfeit; counterfeited; fabricated; fictitious; forged

подкуп присяжных [pOtkup prisAzhnikh] *nm* jury tampering

подкупать [patkupAt] *v* corrupt; bribe; solicit

подозреваемый [padazrivAyimiy] *nm* suspect; alleged criminal; presumptive criminal

подозревать [padazrivAt] *v* suspect

подследственный [patslEtstvinniy] *nm* person on remand; person under investigation

подсудимый [patsudImiy] *nm* defendant; defense

подстрекатель [patstrikAtil] *nm* abettor; instigator

подстрекательство [patstrikAtilstva] *nn* procuring; instigation; incitement

подстрекательство к преступлению [patstrikAtilstva k pristuplEniyu] *nn* aiding and abetting

показание [pakazAniye] *nn* evidence; testimony

покушаться [pakushAtsa] *v* attempt

покушение [pakushEniye] *nn* attempt

покушение на преступление [pakushEniye na pristuplEniye] *nn* attempted crime

покушение на убийство [pakushEniye na ubIystva] *nn* attempted murder

полиция [palItsiya] *nf* police; police force; law enforcement community

полицейский протокол [palitsEyskiy pratakOl] *nm* criminal record

полноправный [palnaprAvniy] *adj* competent

половая связь с несовершеннолетним [palavAya svAs s nIsavirshinalEtnim] *nf* statutory rape

получение взятки [paluchEniye vzAtki] *nn* bribery; bribetaking; corruption

помилование [pamIlavaniye] *nn* clemency; grant of pardon; pardon; remission

понятой [panitOy] *nm* official witness

поражение в правах [parazhEniye f pravAkh] *nn* disqualification

поручитель под залог [paruchItil pad zalOk] *nm* bail bondsman

поручительство [paruchItilstva] *nn* bail; bail-piece; bail bond; bond; caution

порча чужого автомобиля [pOrcha chuzhOva aftamabIla] *nf* auto stripping

послание [paslAniye] *nn* letter

пособник [pasObnik] *nm* abettor; accessory; accomplice

пособник преступления [pasObnik pristuplEniya] *nm* accessory; accomplice

пособничество преступлению [pasObnichestva pristuplEniyu] *nn* aiding and abetting

постановление суда [pastanavlEniye sudA] *nn* decree of court; court order; court ruling; legal resolution; act of the court; injunction; arrest

потерпевшая сторона [patirpEfshaya staranA] *nf* injured party

потерпевший [patirpEfshiy] *nm* complainant; injured person; wronged person

похититель [pakhitItil] *nm* abductor

похи-тить/-щать [pakhItit/pakhishchAt] *v* abduct; hijack; kidnap; steal

похищение [pakhishchEniye] *nn* abduction; hijacking; kidnapping; theft

похищение с целью выкупа [pakhishchEniye s tsElyu vIkupa] *nn* kidnapping

право [prAva] *nn* law; right

право на судебное разбирательство [prAva na sudEbnaye razbirAtilstva] *nn* right to trial

право на судебную защиту [prAva na sudEbnuyu zashchItu] *nn* right to an attorney

право неприкосновенности личности [prAva niprikasnavEnnasti lIchnasti] *nn, also* **приказ хабеас корпус** [prikAs khAbias kOrpus] *nm* habeas corpus

право производить обыски и выемки [prAva praizvadIt Obiski I vIyimki] *nn* search and seizure

правовой [prAvavOy] *adj* lawful; legal

правомочие [prAvamOchiye] *nn* competence

правомочный [pravamOchniy] *adj* competent

правонарушение [prAvanarushEniye] *nn, also* **деликвентность** [dilinkvEntnast] *nf* delinquency; delict; civil injury; contravention of law; misdemeanor; offense; infraction; infringement; violation of law; wrong-doing

правонарушение несовершеннолетнего [prAvanarushEniye nisavirshEnalEtniva] *nn* juvenile offense

правонарушение, связанное с незаконной торговлей наркотиками [prAvanarushEniye svAzanaye s nizakOnnay targOvley narkOtikami] *nn* drug trafficking offense

правонарушитель [prAvanarushItil] *nm* delinquent; offender; trespasser; perpetrator; law-breaker; malfeasant; tortfeasor; wrong-doer

правопорядок [prAvaparAdak] *nm* law and order

правоспособность [prAvaspasObnast] *nf* legal capacity

правосудие [pravasUdiye] *nf* justice

превалирующая причина [privalIruyushchaya prichIna] *nf* supervening cause

предварительное заключение [pridvarItilnaye zakluchEniye]
nn detention; detention awaiting trial; detention on suspicion;
pretrial detention

предварительное следствие [pridvarItilnaye slEtstviye] *nn*
preliminary investigation

предвзятый [pridvzAtiy] *adj* prejudicial; prejudged

предл-ожить/-агать взятку [pridlazhIt/pridlagAt vzAtku] *v*
bribe

преднамеренно [pridnamErina] *adv* willfully

преднамеренное убийство [pridnamErinaye ublystva] *nn*
voluntary manslaughter

преднамеренный [pridnamEriniy] *adj, also* **предумышленный**
[pridumIshliniy] *adj* premeditated

представленное доказательство [pritstAvlinaye dakazAtilstva]
nn proffered evidence

предст-ать/-авать перед судом [pritstAt/pritstavAt pirit sudOm]
v face charges; go to trial

предубеждённый [pridubizhdOnniy] *adj* prejudicial; prejudiced;
biased

предубежденный свидетель [pridubizhdOnniy svidEtil] *nm*
hostile witness

предумышленное убийство [pridumIshlinaye ublystva] *nn*
felonious homicide; premeditated murder; first degree murder

предумышленный [pridumIshliniy] *adj* premeditated; deliberate

предъявитель документа [pridyavItil dakumEnta] *nm* bearer

предъяв-ить/-лять в суд объяснения [pridyavIt/pridyavlAt f
sUd abyasnEniya] *v* enter a plea

предъяв-ить/-лять в суд документы [pridyavIt/pridyavlAt f
sUd dakumEnti] *v* proffer

предъяв-ить/-лять обвинение [pridyavIt/pridyavlAt abvinEniye]
v arraign; accuse; indict; sue

предъявление обвинения [pridyavlEniye abvinEniya] *nn*
arraignment

**предыдущая судимость за правонарушение
несовершеннолетнего** [prididUshchaya sudImast za
prAvanarushEniye nIsavirshEnalEtniva] *nf* prior juvenile
offense

презумпция [prizUmptsiya] *nf* presumption

презумпция невиновности [prizUmptsiya nivinOvnasti] *nf*
presumption of innocence

прекращение дела [prikrashchEniye dEla] *nn* dismissal

прекращение судебного производства [prikrashchEniye
sudEbnava praizvOtstva] *nn* severance of proceedings

препятствование отправлению правосудия [pripAtstvavaniye
atpravlEniyu pravasUdiya] *nn* obstruction of justice

преследовать в судебном порядке [prislEdavat f sudEbnam
parAtke] *v* prosecute; sue; take legal steps; pursue legal action
against

преступление [pristuplEniye] *nn* crime; criminal act; criminal conduct; guilty conduct; offense

преступление, караемое смертной казнью [pristuplEniye, karAyemaye smErtnay kAznyu] *nn* capital offense

преступление, совершаемое малолетним [pristuplEniye, savirshAimaye malalEtnim] *nn* juvenile offense

преступление, совершенное в состоянии аффекта [pristuplEniye savirshOnnaye v sastayAnii afEkta] *nn* crime of passion

преступление, сопровождающееся насилием [pristuplEniye, sapravazhdAyushcheyesa nasIliyem] *nn* crime of violence

преступление на почве нетерпимости [pristuplEniye na pOchve nitirpImasti] *nn* hate crime

преступление против морали [pristuplEniye prOtif marAli] *nn* crime of moral turpitude

преступная халатность [pristUpnaya khalAtnast] *nf* criminal negligence

преступник [pristUpnik] *nm* criminal; delinquent; felon; offender; perpetrator

    профессиональный преступник [prafisianAlniy pristUpnik] *nm* career criminal

    уголовный преступник [ugalOvniy pristUpnik] *nm* felon

преступное намерение [pristUpnaye namEreniye] *nn* malice; malicious intent; criminal intent; criminal design; criminal mind

преступное посягательство [pristUpnaye pasigAtilstva] *nn* criminal trespass; criminal infringement

преступное сообщество [pristUpnaye saOpshchistva] *nn* criminal society

преступность [pristUpnast] *nf* crime; criminality; delinquency; lawlessness

преступность несовершеннолетних [pristUpnast nIsavir-shEnalEtnikh] *nf* juvenile delinquency

преступный [pristUpniy] *adj* criminal; culpable; felonious; delinquent; guilty; wrongful

преступный мир [pristUpniy mIr] *nm* underworld

при отсутствии разумных оснований для сомнения [pri atsUtstviyi razUmnikh asnavAniy dla samnEniya] *adv* beyond a reasonable doubt

привлечение к общественным работам [privlichEniye k apshchEstvinim rabOtam] *nn* community service

привле-чь/-кать к суду / судебной ответственности [privlEch/privlikAt k sudU / sudEbnay atvEtstvinasti] *v* arraign; bring to trial; put on to trial; bring to court; put to trial; bring up for trial; try (*in a court*); cite

привод [privOt] *nm* subpoena; taking into custody

приговор [prigavOr] *nn* decision; acquittal; sentence; judgment of court; verdict

    условный приговор [uslOvniy prigavOr] *nm* suspended sentence

приговор в рамках основополагающих рекомендаций вынесения приговоров [prigavOr v rAmkakh asnOvapalagAyushchikh rikamindAtsiy vinisEniya prigavOraf] *nm* sentence below the guideline range

приговор к заключению на неопределённый срок [prigavOr k zakluchEniyu na niapridilOnniy srOk] *nm* indeterminate sentence

приговор к пожизненному заключению [prigavOr k pazhIzninamu zakluchEniyu] *nm* life sentence

приговор о поглощении более короткого срока заключения более долгим [prigavOr a paglashchEnii bOleye karOtkava srOka bOleye dOlgim] *nn* concurrent sentence

приговор, превышающий рамки основополагающих рекомендаций вынесения приговоров [prigavOr, privishAyushchiy rAmki asnOvapalagAyushchikh rikamindAtsiy vinisEniya prigavOraf] *nm* sentence exceeding the guideline range

приговор с отсрочкой исполнения [prigavOr s atsrOchkay ispalnEniya] *nm* suspended sentence

пригов-орить/-аривать [prigavarIt/prigavArivat] *v* sentence; say; condemn; adjudge

пригов-орить/-аривать к условной мере наказания [prigavarIt/ prigavArivat k uslOvnay **mE**ri nakazAniya] *v* bind over

призна-ть/-вать виновным [priznAt/priznavAt vinOvnim] *v* convict; return verdict of guilty; find guilty

призна-ть/-вать себя виновным [priznAt/priznavAt si**bA** vinOvnim] *v* plead guilty

признание вины [priznAniye vinI] *nn* confession; confession of guilt

приказ [prikAs] *nm* ban; decree; fiat; precept; rule; warrant

приказ о заключении в тюрьму [prikAz a zakluchEnii v turmU] *nm* commitment order

приказ хабеас корпус [prikAs gAbias kOrpus] *nm* habeas corpus

примен-ить/-ять санкции [priminIt/priminAt sAnktsiyi] *v* sanction

прину-дить/-ждать [prinUdit/prinuzhdAt] *v* force; coerce; compel

принудительное обеспечение соблюдения уголовного законодательства [prinudItilnaye abispichEniye sabludEniya ugalOvnava zakOnadAtilstva] *nn* law enforcement methods

принудительный [prinudItilniy] *adj* coercive; compulsory

принуждение [prinuzhdEniye] *nn* duress; coercion; constraint; compulsion; force; pressure; unlawful force

принятие дела к слушанию [prinAtiye **dE**la k slUshaniyu] *nn* arraignment

принятие судом заявления о признании вины [prinAtiye sudOm zaivlEniya a priznAnii vinI] *nn* acceptance of plea

присяжный [prisAzhniy] *nm* juror

присяжный поверенный [prisAzhniy pavEriniy] *nm* lawyer; attorney at law

пробация [prabAtsiya] *nf, also* **условное освобождение с испытательным сроком** [asvabazhdEniye s ispitAtilnim srOkam] *nn* probation

провокация преступления [pravakAtsiya pristuplEniya] *nf* entrapment

прогул [pragUl] *nm* truancy

произв-ести/-одить выемку [praizvistI/praizvadIt vIyimky] *v* seize

произв-ести/-одить обыск [praizvistI/praizvadIt Obisk] *v* search; execute a search; frisk (*jarg.*)

произв-ести/-одить расследование [praizvistI/praizvadIt raslEdavaniye] *v* search; pursue investigation

прокурор [prakurOr] *nm, also* **общественный обвинитель** [apshchEstviniy abvinItil] *nm* prosecutor; counsel for the prosecution

прокуратура [prakuratUra] *nf* office of the prosecutor

прослушка (*jarg.*) [praslUshka] *nf* wiretap; wiretapping; bug; bugging; electronic surveillance

прослушивать телефонные разговоры [praslUshivat tilifOniyi razgavOri] *v* wiretap

проститутка [prastitUtka] *nf* prostitute; hooker (*slang*)

проституция [prastitUtsiya] *nf* prostitution

простое убийство [prastOye ubIystva] *nn* manslaughter; second-degree murder

проступок [prastUpak] *nm* misconduct; trespass; offense; minor offense; misdeed

протоколы дела для его пересмотра в апелляционном порядке [pratakOli dEla dla ivO pirismOtra v apilitsiOnnam parAtke] *nm* record on appeal

протокол допроса [pratakOl daprOsa] *nm* record of questioning

профессиональная квалификация [prafisianAlnaya kvalifikAtsiya] *nf* specialized skill

профессиональный преступник [prafisianAlniy pristUpnik] *nm* career criminal

процедура опознания подозреваемого [pratsidUra apaznAniya padazrivAimava] *nf* line-up

прошение [prashEniye] *nn* plea; pardon; petition; suit

прямой умысел [primOy Umisil] *nm* specific intent

психическое заболевание [psikhIchiskaye zabalivAniye] *nn* mental disorder

пункт искового заявления [pUnkt iskavOva zaivlEniya] *nm* count

пункт обвинительного акта [pUnkt abvinItilnava Akta] *nm* count of indictment

разбой [razbOy] *nm* assault with intent to rob; robbery; armed robbery

разгла-сить/-шать секретную информацию [razglasIt/razglashAt sikrEtnuyu infarmAtsiyu] *v* tip off (*jarg.*)

разглашение информации [razglashEniye infarmAtsii] *nn* unauthorized disclosure

разумное основание [razUmnaye asnavAniye] *nn* reasonable basis

разумное, обоснованное сомнение [razUmnaye, abasnOvan-naye samnEniye] *nn* reasonable doubt

ранний детский возраст [rAnniy dEtskiy vOzrast] *nm* infancy

распоряжение о возвращении под стражу [rasparizhEniye a vazvrashchEnii pat strAzhu] *nn* remanding order

рассмотрение доказательств судом [rassmatrEniye dakazAtilstf sudOm] *nn* evidentiary hearing

расследовать [rasslEdavat] *v* investigate

расследование [rasslEdavaniye] *nn* inquiry; investigation; search

растрата [rastrAta] *nf* embezzlement; misappropriation; squandering

реабилитировать [riabilitIravat] *v* rehabilitate; exonerate; vindicate; discharge; exculpate

реакция потерпевшего [riAktsiya patirpEfshiva] *nf* victim impact

регистрировать [rigistrIravat] *v* book; register

репарация [riparAtsiya] *nf* reparation

реституция [ristitUtsiya] *nf* restitution

реформаторий [rifarmatOriy] *nm* correctional institution; reformatory

рецидивист [ritsidivIst] *nm* recidivist; repeat offender

решение, вынесенное в порядке суммарного судопроизводства [rishEniye, vInisennaye v parAtke sumArnava praizvOtstva] *nn* summary judgment

ростовщичество [rastafshchIchistva] *nn* usury

с правом пересмотра дела [s prAvam pirismOtra dEla] *adv* without prejudice

с преступным намерением [s pristUpnim namEreniyem] *adv* maliciously

с преюдицией [s priyudItsiyey] *adv, also* **без права пересмотра дела** [biz prAva pirismOtra dEla] *adv* with prejudice

самозащита [sAmazashchIta] *nf* self-defense

самооборона [sAmaabarOna] *nf* self-defense

самооговор [sAmaagavOr] *nm* self-incrimination

сбор доказательств [zbOr dakazAtilstf] *nm* collection of evidence

сведение счетов [svedEniye schOtof] *nn* settling of accounts

свидетель [svidEtil] *nm, also* **очевидец** [achivIdits] *nm* eyewitness; witness

свидетель защиты [svidEtil zashchIti] *nm* witness for the defense

свидетель обвинения [svidEtil abvinEniya] *nm* prosecution witness

свидетель противной стороны [svidEtil pratIvnay staranI] *nm* adverse witness

свидетельские показания [svidEtilskiye pakazAniya] *npl* evidence; proof of witness; report of witness; testimonial evidence; testimony; witness statement

свидетельские показания, данные до начала судебного разбирательства [svidEtilskiye pakazAniya, dAnniye da nachAla sudEbnava razbirAtilstva] *npl* pretrial statements; testimony

свидетельствовать [svidEtilstvavat] *v* give evidence; testify

сводничество [svOdnichistva] *nn* pandering; pimping; procuring

сговор [zgOvar] *nm* conspiracy; deal; plot

сделка о признании вины [zdElka a priznAniyi vinI] *nf* plea agreement; plea bargain; plea bargaining

секвестировать [sikvistIravat] *v* sequester

секретный сотрудник [sikOrEtniy satrUdnik] *nm* undercover

секретная операция [sikrEtnaya apirAtsiya] *nf* undercover operation

сексуальный маньяк [siksuAlniy manyAk] *nm* sexual predator

сексуальные домогательства [siksuAlniye damagAtilstva] *npl* sexual harassment

следователь [slEdavatil] *nm* investigator

следствие [slEtstviye] *nn* inquest; investigation; judicial scrutiny

слежка [slEshka] *nf* shadowing; chase; lurking; surveillance

скамья подсудимых [skamyA patsudImikh] *nf* the dock

склонение к получению взятки [sklanEniye k paluchEniyu vzAtki] *nn* corruption

склон-ить/-ять к совершению преступления [sklanIt/sklanAt k savirshEniyu pristuplEniya] *v* corrupt

скреп-ить/-лять подписью [skripIt/skriplAt pOtpisyu] *v* authenticate; countersign

скрепленный присягой [skriplOnniy prisAgay] *adj* sworn

скупка краденого [skUpka krAdinava] *nf* receiving stolen goods

словесное оскорбление [slavEsnaye askarblEniye] *nn* insult; verbal insult; offense

смертная казнь [smErtnaya kAzn] *nf* death penalty

смертоносное насилие [smirtanOsnaye nasIliye] *nn* deadly force

смертоносное оружие [smirtanOsnaye arUzhiye] *nn* deadly weapon

смертный прговор [smErtniy prigavOr] *nm* capital punishment

смягчающие вину обстоятельства [smikchAyushchiye vinU apstayAtilstva] *npl* extenuating circumstances; mitigating circumstances

смягчающий [smikchAyushchiy] *adj* lenient; mitigating

смягчение наказания [smikchEniye nakazAniya] *nn* mitigation of punishment; commutation of sentence; mitigation of sentence; remission of penalty

смягч-ить/-ать вину [smikchIt/smikchAt vinU] *v* extenuate

снисходительный [sniskhadItilniy] *adj* (*of punishment*) lenient

снисхождение к подсудимому [sniskhazhdEniye k patsudImamu] *nn* leniency

совет по условно-досрочному освобождению [savEt pa uslOvna-dasrOchnamu asvabazhdEniyu] *nm* parole board

совершение преступления [savirshEniye pristuplEniya] *nn* commission of a crime

соверш-ить/-ать карманные кражи [savirshIt/savirshAt karmAnniye krAzhi] *v* pick a pocket

соверш-ить/-ать преступление [savirshIt/savirshAt pristuplEniye] *v* commit a crime; perpetrate (*a crime*)

Criminal Law

соверш-ить/-ать уголовное преступление [savirshIt/savirshAt ugalOvnaye pristuplEniye] *v* commit a felony

совещание суда с адвокатами сторон [savishchAniye sudA s advakAtami starOn] *nn* pretrial

согласие отвечать за содеянное [saglAsiye atvichAt za sadEyannaye] *nn* acceptance of responsibility

соглашение о сотрудничестве [saglashEniye a satrUdnichistve] *nn* cooperation agreement

содействие преступлению [sadEystviye pristuplEniyu] *nn* aiding and abetting

сокращение срока заключения за хорошее поведение [sakrashchEniye srOka zakluchEniya za kharOsheye pavidEniye] *nn* time off for good behavior

сокрытие улик [sakrItiye ulIk] *nn* suppression of evidence

сообвиняемый [saabvinAimiy] *nm* co-defendant

состав присяжных, не достигший согласия [sastaf prisAzhnikh, ni dastIkshiy saglAsiya] *nm* hung jury

сотрудник правоохранительных органов [satrUdnik prAvaakhranItilnikh Organaf] *nm* law enforcement official/officer

сотрудник службы пробации [satrUdnik slUzhbi prabAtsiyi] *nm* probation officer

сотрудничество с обвинением [satrUdnichistva s abvinEniyem] *nn* cooperation with the prosecution

соучастие [sauchAstiye] *nn* conspiracy; abetting; complicity; implication

соучастник [sauchAstnik] *nm* accomplice; participant

соучастник преступления [sauchAstnik pristuplEniya] *nm* accessory to a crime; accomplice; abetter; conspirator; co-conspirator; participant

соучастник сговора [sauchAstnik sgOvara] *nm* co-conspirator

спорный [spOrniy] *adj* controversial; disputed

способствование правонарушению несовершеннолетнего [spasOpstvavaniye prAvanarushEniyu nisavirshEnalEtniva] *nn* contributing to the delinquency of a minor

срок [srOk] *nm* time in prison; term; time served

статус [stAtus] *nm, also* **гражданское состояние** [grazhdAn-skaye sastayAniye] *nn* status

статут [statUt] *nm* article; statute; statutory instrument

статья [statyA] *nf* article; clause; item; paragraph

стрелять на поражение [strilAt na parazhEniye] *v* shoot to kill

субъект преступления [subyEkt pristuplEniya] *nm* perpetrator; criminal

суд [sUt] *nm* court; court of law; hearing; trial; tribunal

суд по делам о мисдиминорах [sUt pa dilAm a misdiminOrakh] *nm* misdemeanor court

судебная повестка [sudEbnaya pavEstka] *nf* summons

судебная служба по осуществлению необходимых мер до начала слушания дела [sudEbnaya slUzhba pa asushchistvlEniyu niabkhadImikh mEr da nachAla slUshaniya dEla] *nf* pretrial services department

судебное заседание с вынесением приговора [sudEbnaye zasidAniye s vinisEniyem prigavOra] *nn* sentencing hearing

судебный исполнитель [sudEbniy ispalnItil] *nm* officer of court; bailiff; marshal of the court; law enforcement officer

судебный прецедент [sudEbniy pritsidEnt] *nm* precedent

судебный приказ [sudEbniy prikAs] *nm* writ; order of court; judicial order

судебный приказ хабеас корпус [sudEbniy prikAs gAbias kOrpus] *nm* habeas corpus

судебный пристав [sudEbniy prIstaf] *nm* bailiff; officer of justice; sergeant; constable; court marshal; marshal

судимость [sudImast] *nf* criminal record; record of conviction; conviction; former conviction; prior conviction

судить [sudIt] *v* try; try a case; bring to justice

судья [sudyA] *nf/m* judge; magistrate; justice

сутенер [sutinOr] *nm* pimp; procurer

сутенерство [sutinOrstva] *nn* solicitation; pimping

сфальсифицированный [sfalsifitsIravaniy] *adj* fraudulent; fabricated

сыск [sIsk] *nm* investigation; find

сыщик [sIshchik] *nm* detective

тайный организатор преступления [tAyniy arganizAtar pristUplEniya] *nm* mastermind

тайный полицейский агент [tAyniy palitsEyskiy agEnt] *nm* undercover police officer

телесное повреждение [tilEsnaye pavrizhdEniye] *nn* bodily injury; bodily harm

терроризм [tirarIzm] *nm* terrorism

типовой уголовный кодекс [tipavOy ugalOvniy kOdeks] *nm* Model Penal Code

торговец наркотиками [targOvits narkOtikami] *nm* drug trafficker

торжественное обращение [tarzhEstvinnaye abrashchEniye] *nn* allocution

требование (стороной в суде) ограничения использования улик [trEbavabiye (staranOy f sudE) agranichEniya ispOlzavaniya ulIk] *nn* motion to limit the use of evidence

требование (стороной в суде) сокрытия улик [trEbavaniye (staranOy f sudE) sakrItiya ulIk] *nn* motion to suppress evidence

тюремная камера [turEmnaya kAmira] *nf* cell; prison cell; jail ward; prison ward; penitentiary ward

тюремное заключение [turEmnaye zakluchEniye] *nn* custody; lawful custody; institutional confinement; penal confinement; prison term; punitive confinement; ward; penitentiary imprisonment

тюремный надзиратель [tur**E**mniy nadzir**A**til] *nm* custodial supervisor; jail superintendent; jail keeper; jail warden; prison warden; warden; correctional officer; prison guard

тюрьма [turm**A**] *nf* jail; correctional institution; penitentiary; prison; punitive institution

тяжкое оскорбление [t**A**zhkaye askarbl**E**niye] *nn* serious offense

тяжкое убийство первой степени. *See* **убийство**

тяжкое уголовное преступление [t**A**zhkaye ugal**O**vnaye pristupl**E**niye] *nn* felony; serious crime

убийство [ub**I**ystva] *nn* homicide; killing

    злоумышленное убийство [zloum**I**shlinaye ub**I**ystva] *nn* homicide with malice

    непредумышленное убийство [nipridum**I**shlinnaye ub**I**ystva] *nn* involuntary manslaughter

    преднамеренное/ предумышленное/умышленное убийство [pridnam**E**rinaye/pridum**I**shlinnaye/um**I**shlinaye ub**I**ystva] *nn* intentional homicide; murder; willful murder; intended killing

    тяжкое убийство/убийство первой степени [t**A**shkaye ub**I**ystva/ ub**I**ystva p**E**rvay st**E**pini] *nn* murder; willful murder; first degree murder

убийство в результате наезда [ub**I**ystva v rizult**A**te nay**E**zda] *nn* vehicular manslaughter

убийство, квалифицируемое как фелония [ub**I**ystva, kvalifit- sIruyemaye kak filan**I**ya] *nn* felony homicide; felonious homicide

убийство по неосторожности [ub**I**ystva pa niastar**O**zhnasti] *nn* reckless homicide

убийство при смягчающих обстоятельствах [ub**I**ystva pri smikch**A**yushchih apstay**A**tilstvakh] *nn* justifiable homicide

убийство в результате превышения пределов самообороны [ub**I**ystva v rizult**A**ti privish**E**niya prid**E**laf samaabar**O**ni] *nn* killing in excess of self-defense

убийство, совершенное в процессе фелонии [ub**I**ystva, savirsh**O**nnaye f prats**E**si filan**I**yi] *nn* felony murder

убийца [ub**I**ytsa] *nm* homicide offender

    наемный убийца [nay**O**mniy ub**I**ytsa] *nm* assassin

уведомление [uvidaml**E**niye] *nn* notification; notice; notice in writing

уголовная ответственность [ugal**O**vnaya atv**E**tstvinast] *nf* criminal responsibility

уголовное дело [ugal**O**vnaye **d**E**la] *nn* criminal case

уголовно наказуемый [ugal**O**vna nakaz**U**imiy] *adj* penal; criminally liable

уголовное право [ugal**O**vnaye pr**A**va] *nn* criminal law

уголовное преследование [ugal**O**vnaye prisl**E**davaniye] *nn* criminal prosecution; criminal action; criminal process; penal action; prosecution; prosecution of crime; criminal proceeding

уголовное преступление [ugal**O**vnaye pristupl**E**niye] *nn* criminal offense; penal offense; felony; felony crime

уголовный [ugalOvniy] *adj* criminal; capital; penal

уголовный кодекс [ugalOvniy kOdiks] *nm* penal code; criminal code; code of criminal procedure

угроза [ugrOza] *nf* endangerment; menace; threat; intimidation

угроза действием [ugrOza dEystviyem] *nf* assault; action constituting threat or use of force

угроза нанесением удара смертоносным оружием [ugrOza nanisEniyem udAra smirtanOsnim arUzhiyem] *nf* assault with a deadly weapon

угроза физическим насилием [ugrOza fizIchiskim nasIliyem] *nf* assault; action constituting threat or use of force

уйти/уходить невредимым [uytI/ukhadIt nivridImim] *v* escape

уклонение от уплаты налогов [uklanEniye at uplAti nalOgaf] *nn* tax evasion

улика [ulIka] *nf* evidence

уличное ограбление [Ulichnaye agrablEniye] *nn* mugging

уличный грабитель [Ulichniy grabItil] *nn* mugger

укрыватель [ukrivAtil] *nm* accessory after the fact

укрывательство [ukrivAtilstva] *nn* failure to report a crime; non-information; concealment of a crime; cover-up

умысел [Umisil] *nn* intent; criminal design; criminal intent; guilty state of mind; guilty intent

умышленно [umIshlena] *adv* intentionally; knowingly; premeditatedly; willfully

умышленное/предумышленное убийство [umIshlinaye/pridumIshlinaye ubIystva] *nn* felonious homicide; premeditated murder; first degree murder

умышленное/предумышленное убийство при отягощающих обстоятельствах [umIshlinaye/pridumIshlinaye ubIystva pri atikchAyushchikh apstayAtilstvakh] *nn* aggravated killing

умышленный [umIshleniy] *adj* malicious; intentional; willful

умышленный поджог [umIshleniy padzhOk] *nm* arson

уничтож-ить/-ать информацию [unichtOzhit/unichtazhAt infarmAtsiyu] *v* expunge

управление автомобилем в состоянии опьянения [upravlEniye aftamabIlem v sastayAnii apyanEniya] *nn* driving while intoxicated (DWI)

упрощенное судопроизводство [uprashchOnaye sUdapraizvOtstva] *nn* summary judgment

уровень алкоголя в крови [Uravin alkagOla v kravI] *nm* Blood Alcohol Level (BAC)

условия освобождения из-под стражи [uslOviya asvabazhdEniya iz pat strAzhi] *npl* conditions of release

условия выпуска арестованного под залог [uslOviya vIpuska aristOvannava pad zalOk] *npl* bail package

условное освобождение [uslOvnaye asvabazhdEniye] *nn* parole; conditional release

условное освобождение с испытательным сроком [uslOvnaye asvabazhdEniye s ispitAtilnim srOkam] *nn* probation

Criminal Law

условное осуждение [uslOvnaye asuzhdEniye] *nn* probation; suspended sentence; conditional sentence

условный иммунитет [uslOvniy imunitEt] *nm* qualified immunity

условный приговор [uslOvniy prigavOr] *nm* conditional sentence

усугуб-ить/-лять [usugublt/usugublAt] *v* aggravate

утверждение решения судом высшей инстанции [utvirzhdEniye rishEniya sudOm vIsshey instAntsii] *nn* affirmance of a decision

ущерб [ushchErp] *nm* damage; loss; prejudice
  без ущерба [biz ushchErba] *adv* without prejudice

уязвимый потерпевший (потерпевший с умственным или физическим недостатком) [uizvImiy patirpEfshiy (patirpEfshiy s Umstvinim ili fizIchiskim nidastAtkam)] *nm* vulnerable victim

фальсифицировать [falsifitsIravat] *v* falsify; adulterate; simulate; tamper

фальшивка [falshIfka] *nf* forgery

фальшивомонетчик [falshIvamanEtchik] *nm* counterfeiter; forger

фальшивый [falshIviy] *adj* forged; counterfeited

фелон [filOn] *nm, also* **опасный уголовный преступник** [apAsniy ugalOvniy prostUpnik] *nm* felon

фелония [filanIya] *nf, also* **тяжкое уголовное преступление** [tAzhkaye ugalOvnaye pristUplEniye] *nn* felony

фелония, караемая смертной казнью [filanIya karaimaya smErtnay kAznyu] *nf* capital felony

физический недостаток [fizIchiskiy nidastAtak] *nm* physical disorder

физический ущерб [fizIchiskiy ushchErp] *nm* physical harm; physical impairment

физическое насилие [fizIchiskoye nasIliye] *nn* battery

физическое ограничение [fizIchiskoye agranichEniye] *nn* physical restraint

фиктивный [fiktIvniy] *adj* false; fake; sham (*e.g.* sham marriage)

хищение [khishchEniye] *nn* embezzlement; stealing; misappropriation; theft; pilferage

хищение имущества в особо крупных размерах [khishchEniye imUshchestva v asOba krUpnikh razmErakh] *nn* grand larceny

хищение персональных данных [khishchEniye persanAlnikh dAnnikh] *nn* identity theft

ходатайство [khadAtaystva] *nn* motion

ходатайство, заявленное после рассмотрения дела в суде [khadAtaystva, zayAvlinaye pOsle rassmatrEniya dEla f sudE] *nn* motion after trial

хулиганство [khuligAnstva] *nn* hooliganism; vandalism
  мелкое хулиганство [mElkaue khuligAnstva] *nn* disorderly conduct

подростковое хулиганство [padrastkOvaye khuligAnstva] *nn* juvenile delinquency

хулиганство при отягчающих обстоятельствах [khuligAnstva pri atikchAyushchikh apstayAtilstvakh] *nn* hooliganism under aggravating circumstances

часть срока заключения, отменяемая за примерное поведение [chAst srOKa zakluchEniya, atminAimaya za primErnoye pavidEniye] *nn* good behavior time

чрезмерная сумма залога [chrizsmErnaya sUmma zalOga] *nf* excessive bail

шантаж [shantAsh] *nm* blackmailing offenses

шайка [shAyka] *nf* gang

шериф [sherIf] *nm* sheriff

штраф [shtrAf] *nm* fine; pecuniary penalty; financial penalty; forfeiture

штраф за нарушение правил дорожного движения [shtrAf za narushEniye prAvil darOzhnava dvizhEniya] *nm* traffic ticket

штрафной [shtrafnOy] *adj* punitive; penal; retaliatory

штрафной талон [shtrafnOy talOn] *nm* parking ticket

экстерриториальная юрисдикция [eksteritariAlnaya yurisdIktsiya] *nf* long arm jurisdiction

электронный мониторинг [eliktrOnniy manitOring] *nm* electronic monitoring

юридическая невозможность исполнения [yuridIchiskaya nivazmOzhnast ispalnEniya] *nf* impossibility

юридический [yuridIchiskiy] *adj* juridical; legal

юрисдикция [yurisdIktsiya] *nf* juridiction

юрист [yurIst] *nm* attorney; lawyer; counsel; legal counsel

явка с повинной [yAfka s pavInnay] *nf* self-surrender; surrender; voluntary surrender

яв-иться/-ляться с повинной [yavItsa/yavlAtsa s pavInnay] *v* surrender

Семейное право
Family Law

Семейное право регулирует проблемы семьи, брака и внутрисемейных отношений, такие как рождение детей, заключение и расторжение брака (развод или раздельное проживание супругов). К семейному праву относятся законы, стоящие на страже интересов детей и иждивенцев. Судебное решение в случае развода может включать пункты, связанные с опекой детей и правом на их посещение, регулировать обязанности и права разведенных супругов по отношению к малолетним детям. В некоторых странах семейное право включает также законы, регулирующие условия заключения брака, например, определяющие возраст, начиная с которого разрешается вступление в брак, или устанавливающие условия, при которых брак можно расторгнуть, либо условия заключения добрачного договора между супругами.

аборт [abOrt] *nm* abortion
акушерка [akushErka] *nf* midwife
алименты на ребёнка [alimEnti na ribOnka] *npl* child support
алименты супруге (*f*) /супругу (*m*) [alimEnti suprUgi/suprUgu]
    npl alimony; spousal support; maintenance
аннулирование брака [anulIravanie brAka] *nn* annulment (*of marriage*)
бабка (*colloq.*) [bApka] *nf* grandmother; granny
бабушка [bAbushka] *nf* grandmother
бабушка и дедушка [bAbushka i dEdushka] *npl* grandparents
беременная [birEminaya] *adj* pregnant
беременная [birEminaya] *nf* a pregnant woman
беременность [birEminast] *nf* pregnancy
бесплодие [bisplOdie] *nn* infertility; sterility
бесплодный [bisplOdniy] *adj* infertile
бигамия [bigamIya] *nf, also* **двоебрачие** [dvaibrAchiye] *nn* bigamy
биологический родитель [bialagIchiskiy radItel] *nm* biological parent
благополучие [blagapalUchiye] *nn* well-being
близнецы [bliznitsI] *npl* twins
брак [brAk] *nm* marriage
бракоразводный суд [brAkarazvOdniy sUt] *nm* family court
брат [brAt] *nm* brother
брачный возраст [brAchni vOzrast] *nm* marriageable age
бывшая супруга [bIfshaya suprUga] *nf* ex-wife
бывший супруг [bIfshiy suprUk] *nm* ex-husband

бытовое насилие [bitavOye nasIliye] *nn* domestic violence; spousal abuse; assault

«в интересах ребёнка» [v intirEsakh ribOnka] *adv* best interests of the child

вдова [vdavA] *nf* widow

вдовец [vdavEts] *nm* widower

верный [vErniy] *adj* faithful (*of a spouse*)

верность [vErnast] *nf* fidelity; loyalty; faithfulness

внебрачный [vnibrAchniy] *adj* illegitimate

внук [vnUk] *nm* grandson; grandchild

внучка [vnUchka] *nf* granddaughter; grandchild

возбуждение дела [vazbuzhdEnie dEla] *nn* service (*of process*) (*to the defendant or to the plaintiff*)

воспитание в приемной семье [vaspitAniye f priyOmnai simyE] *nn* foster care

воспитатель [vaspitAtil] *nm* caregiver

воссоединение семьи [vassaidinEnie simyI] *nn* family reunification

врачебное свидетельство [vrachEbnoye svidEtelstva] *nn* medical certificate

временное решение суда [vrEmennoye rishEniye sudA] *nn* temporary order

вручение судебного документа [vruchEnie sudEbnava dakumEnta] *nn* service (*of process*) (*to the defendant or to the plaintiff*)

вступ-ить/-ать в брак вторично [fstupIt/fstupAt v brAk ftarIchna] *v* re-marry

выйти/выходить замуж [vIyti/vikhadIt zAmush] *v* get married; marry

выкидыш [vIkidish] *nm* miscarriage

выход на пенсию [vIkhad na pEnsiyu] *nm* retirement

генетическое родство [ginitIcheskaye ratstvO] *nn* consanguinity

глава семьи [glavA simyI] *nm/nf* head of household

гомосексуалист [gOmasiksualIst] *nm* homosexual

гомосексуальный [gOmasiksuAlniy] *adj* homosexual

гражданская жена [grazhdAnskaya zhinA] *nf* common-law wife

гражданский брак [grazhdAnskiy brAk] *nm* common-law marriage

гражданский муж [grazhdAnskiy mUsh] *nm* common-law husband

двоебрачие [dvoibrAchiye] *nn, also* **двоеженство** [dvaizhOnstva] *nn* bigamy

двоеженец [dvaizhOnits] *nm* bigamist

двоеженство [dvaizhOnstva] *nn* bigamy

двоюродный брат [dvayUradniy brAt] *nm* cousin

двоюродная сестра [dvayUradnaya sistrA] *nf* cousin

деверь [dEvir] *nm* brother-in-law (*brother of husband*)

девушка [dEvushka] *nf* girl; maiden

дед [dEd] *nm* grandfather

дедушка [dEdushka] *nm* grandfather

дееспособность [dEispasObnast] *nf* competency

декретный отпуск [dikrEtniy Otpusk] *nm* maternity leave

детская [dEtskaya] *nf* nursery

детский сад [dEtski sAt] *nm* child care center; preschool center

ДНК [dEinkA] *nf* DNA

добрачный договор [dabrAchniy dagavOr] *nm* pre-nuptial agreement

добросовестно заключенный незаконный брак [dabrasOvisna zakluchOnniy nizakOnniy brAk] *nm* putative marriage

договор [dagavOr] *nm* settlement agreement (*for settling a conflict such as a divorce*)

договор об условиях развода [dagavOr ab uslOviyakh razvOda] *nm* marital settlement agreement

дом [dOm] *nm* home

дом престарелых [dOm pristarElikh] *nm* nursing home

доход [dakhOt] *nm* income

дочь [dOch] *nf* daughter

душеприказчик [dUshiprikAshchik] *nm* executor; administrator (*of estate*)

дядя [dAda] *nm* uncle

жена [zhinA] *nf* wife

женатый [zhinAtiy] *adj* married (*about a male*)

жених [zhinIkh] *nm* fiancé

жениться на [zhinItsa na] *v* marry (*about a male*)

жестокое обращение [zhistOkaye abrashchEniye] *nn* abuse; cruelty

завещание [zavishchAniye] *nn* will

Закон об охране семьи и ребёнка [zakOn ab akhrAni simyI iribOnka] *nn* Safe Child and Families Act

законорожденный [zakonorOzhdiniy] *adj* legitimate

замужем [zAmuzhem] *adj* married (*about a female*)

замужняя [zamUzhnaya] *adj* married (*about a female*)

заработок [zArabatak] *nm* income

зять [zAt] *nn* brother-in-law (*sister's husband*)

зять [zAt] *nn* son-in-law (*daughter's husband*)

золовка [zalOfka] *nf* sister-in-law (*husband's sister, brother's wife*)

иждивенец [izhdivEnits] *nm* dependent

изнасилование [iznasIlavaniye] *nn* abuse; rape

импотент [impatEnt] *nm* an impotent person

импотенция [impatEntsiya] *nf* impotence

имущество, нажитое в браке [imUshchistva, nAazhitoye v brAki] *nn* marital assets; marital property; matrimonial property

имущество, оставленное в наследство [imUshchistva, astAvlinaya v naslEtstva] *nn* estate

иск об установлении отцовства [Isk ab ustanavlEnii atsOfstva] *nm* paternity suit

искусственное оплодотворение [iskUstvinaye apladatvarEniye] *nn* artificial insemination

использование владения [ispOlzavaniye vladEniya] *nn* use and possession of marital residence

консультант по брачно-семейным отношениям [kansultAnt pa brAchno-simEynim atnashEniyam] *nm* marriage counselor

контрацепция [kantratsEptsiya] *nf* contraception

противозачаточные средства [prOtivazachAtachniye srEdstva] *npl* contraception; contraceptive

кормилица [karmIlitsa] *nf* wet nurse

кровное родство [krOvnaye ratstvO] *nn* kinship

кузен [kuzEn] *nm* cousin

кузина [kuzIna] *nf* cousin

лесбиянка [lizbiyAnka] *nf* lesbian

лицо, не состоящее в браке [litsO, ni sastayAshcheye v brAki] *nn* a person who is single

любовник [lubOvnik] *nm* paramour; lover; boyfriend

любовница [lubOvnitsa] *nf* paramour; lover; mistress; concubine; girlfriend

материнство [matirInstva] *nn* motherhood

мать [mAt] *nf* mother

мачеха [mAchikha] *nf* stepmother

мертворождённый [mertvarazhdOnniy] *adj* stillborn

методист [mitadIst] *nm* guidance counselor; facilitator; training specialist

методические рекомендации [mitadIchiskiye rikamindAtsiyi] *npl* guidelines

метрика [mEtrika] *nf* birth certificate

«мнимый брак» [mnImiy brAk] *nm, also* **добросовестно заключенный незаконный брак** [dabrasOvisna zakluchOnniy nizakOnniy brAk] *nm* putative marriage

муж [mUsh] *nm* husband

налог на дарение [nalOg na darEniye] *nm* gift tax

налог на наследуемое имущество [nalOg na naslEduyemoye imUshchestva] *nm* estate tax

налоговая льгота при удочерении/усыновлении [nalOgavaya lgOta pri udachirEniyi/usinavlEniyi] *nf* adoption tax credit

наследство [naslEtstva] *nn* estate

наследник [naslEdnik] *nm* heir; beneficiary; distributee

единственный наследник [edInstvinniy naslEdnik] *nm* sole heir

неверн-ый/-ая [nivErn-iy/-aya] *adj* unfaithful (*of a spouse*)

невеста [nivEsta] *nf* fiancée

невестка [nivEstka] *nf* sister-in-law (*husband's sister, brother's wife*)

невестка [nivEstka] *nf* daughter-in-law (*son's wife*)

недееспособный [nidEispasObniy] *adj* incompetent (*person*)

неженатый [nizhinAtiy] *adj* single (*of a male*)

не замужем [ni zAmuzhim] *adj* single (*of a female*)

незаконнорожденный [nizakOnarOzhdeniy] *adj* illegitimate

незаконорожденный ребёнок [nizakOnnarOzhdinniy ribOnak] *nm* illegitimate child

незаконный брак [nizakOnniy brAk] *nm* irregular marriage

незаконный ребёнок [nizakOnniy ribOnak] *nm* illegitimate child
незамужем [ni zAmuzhim] *adj* not married (*of a female*)
незамужняя [nizamUzhniya] *adj* single (*of a female*)
неженатый [nizhinAtiy] *adj* single (*of a male*)
неисполнение родительских обязанностей [niyispalnEniye radItilskikh abAzannastei] *nn* neglect (*of a child*)
неправомочный [nipravamOchniy] *adj* incompetent (*person*)
несовершеннолетний [nisavirshEnnalEtniy] *adj* juvenile; minor; underage (*up to 18 years old*)
нетрудоспособный [nitrUdaspasObniy] *adj* incapacitated
обладатель льготы [abladAtil lgOti] *nm* beneficiary
обман [abmAn] *nm* false pretenses
обряд бракосочетания [abrAt brAkasachitAniya] *nm* marriage ceremony
общая собственность супругов [opshchaya sOpstvinast suprugaf] *nf* marital assets; marital property; matrimonial property
однополый [adnapOliy] *adj* unisexual
однополый брак [adnapOliy brAk] *nm* same-sex marriage; gay marriage
опека [apEka] *nn* guardianship
опека над ребёнком [apEka nad ribOnkam] *nn* custody
    временная опека [vrEmennaya apEka] *nn* temporary custody
    единоличная опека [idinalIchnaya apEka] *nn* sole custody
    поочередная опека [paachirOdnaya apEka] *nf* alternating custody
    совместная опека [savmEstnaya apEka] *nf* shared custody
    совместная юридическая опека [savmEstnaya yuridIxheskaya apEka] *nf* joint custody
    совместное попечение [savmEstnaye papichEniye] *nn* joint custody
    фактическая опека [faktIchiskaya apEka] *nf* physical custody
    юридическая опека [yuridIchiskaya apEka] *nf* legal custody
обручение [abruchEniye] *nn* engagement (*to marry*)
опекун [apikUn] *nm* caretaker; guardian; foster parent
опекун по назначению суда [apikUn pa naznachEniyu sudA] *nm* guardian ad litem (GAL)
оплодотворение in vitro [apladatvarEniye in vItra] *nn* in vitro fertilization
освободиться от родительской опеки [asvabadItsa at radItelskay apEki] *v* emancipate
осиротить [asiratIt] *v* orphan
осиротеть [asiratEt] *v* become an orphan
основания для развода [asnavAniya dla razvOda] *npl* grounds for divorce
отец [atEts] *nm* father
отпрыск [Otprisk] *nm* offspring
отцовство [atsOfstva] *nn* paternity

отчим [Otchim] *nm* stepfather

оформ-ить/-лять брак [afOrmit/afarmlAt brAk] *v* solemnize (*marriage*), regularize (*marriage*)

палата новорожденных [palAata nanarOzhdinnikh] *nf* nursery (*in a hospital ward*)

патронаж [patranAsh] *nm* custodial care

планирование семьи [planIravaiye simyI] *nn* birth control; family planning

племянник [plimAnnik] *nm* nephew

племянница [plimAnnitsa] *nf* niece

подросток [padrOstak] *nm* adolescent; teenager

подростковый [padrastkOviy] *adj* teenage

покойник [pakOynik] *nm* decedent

покойный [pakOyniy] *adj* deceased

покушение на растление (малолетнего) [pakushEniye na rastlEniye (malalEtniva)] *nn* molestation (*of a minor*)

помолвка [pamOlfka] *nf* engagement (*to marry*)

помощь нуждающимся семьям [pOmoshch nuzhdAyushchimsa sEmyam] *nf* aid for needy families

потомок [patOmak] *nm* descendant; offspring

посредник [pasrEdnik] *nm* mediator

похищение [pakhishchEniye] *nn* custodial abduction (*of a child*)

право на общение [prAva na apshchEniye] *nn* visitation; visitation rights

право на посещение ребёнка [prAva na pasishchEniye ribOnka] *nn* visitation; visitation rights

право пережившего супруга на часть наследства [prAva pirizhIfshiva suprUga na chAst naslEtsnva] *nn* right of election by surviving spouse

правовой [pravavOy] *adj* legal; judistic; judiciary

предполагаемый отец [pritpalagAimiy atEts] *nm* putative father

предполагаемый супруг [pritpalagAimiy suprUk] *nm* putative spouse

приёмный родитель [priyOmniy radItil] *nm* foster parent

призн-ать/-вать [priznAt/priznavAt] *v* recognize (*a child*)

примиритель [primirItil] *nm* mediator

психологическое консультирование [psikhalagIcheskaye kansultIravaniye] *nn* counseling

психологическое консультирование супружеских пар [psikhalagIcheskaye kansultIravaniye suprUzhiskikh pAr] *nn* marriage counseling

преждевременные роды [prizhdivrEminniyi rOdi] *npl* premature birth

презерватив [prizirvatIf] *nm* condom

психологическая несовместимость [psikhalagIcheskaya nisavmistImast] *nf* irreconcilable differences

прелюбодей [prilubadEy] *nm* adulterer

прелюбодеяние [prilubadiyAniye] *nn* adultery

препятствие к браку [pripAtstviye k brAku] *nn* impediment (*to marriage*)

приёмный [priyOmvniy] *adj* adoptive (*of a child; of a parent*)

приёмные родители [priyOmniye radItili] *npl* foster parents

признание отцовства [priznAniye atsOfstva] *nn* affiliation

приказ об удержании заработной платы [prikAs ab udirzhAnii zArabatnai plAti] *nm* earnings withholding order; garnishing of salary (*to pay alimony, child support*)

примирение [primirEniye] *nn* reconciliation

проживание на общей супружеской площади [prazhivAniye na Opshchey suprUzhiskay plOshchadi] *nn* use and possession of the marital domicile

противозачаточное средство [prativazachAtachnaye srEtstva] *nn* contraception; contraceptive

прощение одним из супругов прелюбодеяния, совершенного другим супругом [prashchEniye adnIm iz suprUgaf prilUbadiyAniya savirshOnnava drugIm suprUgam] *nn* condonation

пубертатный период [pubirtAtniy pirIat] *nm* puberty

разведённый [razvidOnniy] *adj* divorced

разведённ-ый супруг/-ая супруга [razvidOnniy suprUk/-aya suprUga] *nm/nf* divorcée

развод [razvOt] *nm* divorce

развод по взаимному согласию сторон [razvOt pa vzaImnanu saglAsiyu starOn] *nm* no-fault divorce; uncontested divorce

развод по обоюдному согласию [razvot pa abayUdnamu saglAsiyu] *nm* no-fault divorce; uncontested divorce

разв-естись/-одиться [razvistIs/razvadItsa] *v* divorce

раздельная собственность [razdElnaya sOpstvinnast] *nf* separate property

раздельно жительствующий супруг [razdElno zhItelstvuyushchiy suprUk] *nm* separated spouse

раздельное жительство [razdElnoye zhItilstva] *nn* living separate and apart

раздельное жительство супругов [razdElnoye zhItilstva suprUgaf] *nn* actual separation

расторг-нуть/-ать брак [rastOrgnut/rastargAt brAk] *v* divorce

расторжение брака [rastarzhEniye brAka] *nn* dissolution of marriage

расторжение брака по суду [rastarzhEniye brAka pa sudU] *nn* absolute divorce

ребёнок [ribOnak] *nm* child

родильное отделение [radIlnoye addilEniye] *nn* maternity ward

родители [radIteli] *npl* parents

родитель [radItel] *nm* parent

родитель-опекун [radItil apikUn] *nm* custodial parent (*after divorce*)

родительские права [radItelskii pravA] *npl* parental rights

родительский [radItelskiy] *adj* parental

родная сестра [radnAya sistrA] *nf* sibling
родной брат [radnOy brAt] *nm* sibling
родня [radnA] *nf* in-laws
родство [ratstvO] *nn* kinship
роды [rOdi] *npl* birth; childbirth
рождаемость [razhdAyimast] *nf* birth rate
руководство [rukavOtstva] *nn* guidance (*of a child*)
свекровь [svikrOf] *nf* mother-in-law (*mother of husband*)
свёкор [svOkr] *nm* father-in-law (*father of husband*)
свидетельство о браке [svidEtelstva a brAki] *nn* marriage
    certificate
свидетельство о рождении [svidEtelstva a razhdEniyi] *nn* birth
    certificate
свидетельство о смерти [svidEtelstva a smErti] *nn* death
    certificate
свояк [svayAk] *nm* brother-in-law (*husband of wife's sister*)
свояченица [svayAchinitsa] *nf* sister-in-law (*wife's sister*)
семейное право [simEynaye prAva] *nn* domestic relations law;
    family law
семья [simyA] *nf* family
сестра [sistrA] *nf* sister
сирота [siratA] *nf* orphan
слушание дела в суде [slUshaniye dEla v sudE] *nn* hearing
сноха [snakhA] *nf* daughter-in-law (*son's wife*)
совершеннолетний [savirshinalEtniy] *adj* adult; of legal age
совместная юридическая опека [savmEstnaya yuridIchiskaya
    apEka] *nf* joint custody
совместное попечение [savmEstnaye papichEniye] *nn* joint
    custody
согласие [saglAsiye] *nn* consent
соглашение о раздельном проживании супругов
    [saglashEniye o razdElnam prazhivAnii suprUugaf] *nn*
    separation agreement
совместно нажитая собственность [savmEsna nAzhitaya
    sOpstvinnast] *nf* community property
содержание ребёнка [sadirzhAniye ribOnka] *nn* child support
сожитель [sazhItil] *nm* domestic partner
состоящий в браке [sastayAshchiy v brAki] *adj* married
сочетать(-ся) браком [sachitAt(-sa) brAkam] *v* get married; marry
способный к зачатию [spasObniy k zachAtiyu] *adj* fertile
срок ожидания [srOk azhidAniya] *nm* waiting period (*for divorce*)
судебное решение о разводе [sudEbnaye rishEniye a razvOdi]
    nn final divorce decree
судебный [sudEbniy] *adj* legal, forensic, prosecutorial; judicial
судебный запрет [sudEbniy zaprEt] *nm* injunction, temporary
    restraining order (TRO)
судья бракоразводного суда [sudyA brAkarazvOdnava sudA]
    nm/nf family court judge

супруг [suprUk] *nm* spouse
супруга [suprUga] *nf* spouse
супруги [suprUgi] *npl* couple; married couple; spouses
супружеская неверность [suprUzhiskaya nivErnast] *nf, also*
   прелюбодеяние [prilUbadiyAniye] *nn* infidelity
супружеская пара [suprUzhiskaya pAra] *nf* couple; married
   couple; spouses
супружеский [suprUzhiskiy] *adj* matrimonial
супружеский произвол [suprUzhiskiy praizvOl] *nm* spousal
   violence
супружество [suprUzhistva] *nn* matrimony
суррогатная мать [suragAtnaya mAt] *nf* surrogate mother
сын [sIn] *nm* son
тесть [tEst] *nm* father-in-law (*wife's father*)
тётя [tOta] *nf, also* тётка [tOtka] *nf* aunt
тёща [tOshcha] *nf* mother-in-law
удержание из заработной платы [udirzhAniye iz zarabatnay
   plAti] *nn* income withholding
удовлетворение правопритязания [UdavlitvarEniye prAvapri-
   tizAniya] *nn* relief
удочерение [udachirEniye] *nn* adoption
удочер-ить/-ять [udachirIt/udachirAt] *v* adopt
улаживание дела [ulAzhivaniye dEla] *nn* settlement
урегулирование разногласий [uriguIIravaniye raznaglAsiy] *nn*
   reconciliation
установление отцовства [ustanavlEniye atsOfstva] *nn* paternity
   proceeding
усыновление [usinavlEniye] *nn* adoption
усынов-ить/-лять [usinavIt/usinavlAt] *v* adopt
утверждение завещания [utvirzhdEniye zavishchAniya] *nn*
   probate

фиктивный брак [abrnIvniy brAk] *nn* fictitious marriage
холостой [khalastOy] *adj* single (*of a male*)
холостяк [khalastAk] *nm* single man; bachelor
церемония бракосочетания [tsirimOniya brAkasachitAniya] *nf*
   marriage ceremony
шурин [shUrin] *nm* brother-in-law (*wife's brother*)
юноша [yUnasha] *nm* youth; adolescent
юношеский [yUnashiskiy] *adj* teenage; juvenile; junior (*of a male*)
юридический [yuridIcheskiy] *adj* legal

Правовая терминология в здравоохранении
Health-Care Law

Юридические термины в области здравоохранения, относятся к таким его сферам как травмы, заболевания и иные болезненные состояния, требующие медицинского вмешательства. Законы в области здравоохранения регулируют применение и использование медицинских страховок, покрывающих лечение в соответствии с коллективными и индивидуальными планами медицинского страхования, а также процессы применения и продажи медицинских препаратов с целью защиты населения от угрозы здоровью, и от врачебных ошибок.

автомобиль скорой помощи [aftamabIl skOrai pOmashchi] *nm* ambulance
адвокатский гонорар [advakAtskiy ganarAr] *nm* attorney's fees
администрирование медицинского обслуживания [administrIravaniye miditsInskava apslUzhivaniya] *nn* care management
алкоголемия [alkagolimIya] *nf* alcoholemia
амбулаторное лечение [ambulatOrnaye lichEniye] *nn* outpatient care
амбулаторный [ambulatOrniy] *adj* outpatient
амбулаторный больной [ambulatOrniy balnOy] *nm* ambulatory patient
анализ [anAlis] *nm* test
ангина [angIna] *nf* tonsillitis
апелляция [apilAtsiya] *nf* appeal; complaint; claim
аппендицит [apinditsIt] *nm* appendicitis
аптека [aptEka] *nf* pharmacy; drugstore
аптечка первой помощи [aptEchka pErvay pOmashchi] *nf, also* **медицинская аптечка** [miditsInskaya aptEchka] *nf* first-aid kit
асбест [asbEst] *nm* asbestos
безвозмездный. *See* **бесплатный**
безработица. *See* **незанятость**
бесплатный [bisplAtniy] *adj, also* **безвозмездный** [bizvazmEsdniy] *adj* free; free of charge
болезнь [balEzn] *nf, also* **заболевание** [zabalivAniye] *nn* illness; sickness; disease
больной [balnOy] *nm* patient; medical case
больной [balnOy] *adj, also* **нездоровый** [nizdarOviy] *adj* ill; sick; unhealthy
больница [balnItsa] *nf* hospital

больничная няня [balnIchbaya **nAna**] *nf* caretaker

бытовое насилие [bitavOye nasIliye] *nn* domestic violence

венерическая болезнь [vinirIchiskaya balEzn] *nf* venereal disease; sexually transmitted disease

вес [**vEs**] *nm* weight

волеизъявление [vOleizyavlEniye] *nn* living will

воля умирающего [vOla umirAyushchiva] *nf* living will

воспаление миндалин [vaspalEniye mindAlin] *nn* tonsillitis

врач [vrAch] *nm* medical doctor; medical officer; physician

врач-терапевт [vrAch terapEft] *nm* internist; physician

 участковый врач [uchastkOviy vrAch] *nm* general practitioner

временная нетрудоспособность [vrEmennaya netrUdaspasObnast] *nf* temporary disability

выздор-оветь/-авливать [vIzdaravet/vizdarAvlivat] *v* recover; recuperate

вылечить [vIlichit] *v* cure; heal

выплаты при постоянной полной нетрудоспособности [vIplati pri pastayAnnay pOlnay nitrUdaspasObnasti] *nf* permanent total disability benefit

гигиена беременности [gigiyEna birEminasti] *nf* pre-natal health; pre-natal care

гигиена труда [gigiyEna trudA] *nf* occupational health; occupational hygiene; industrial medicine; occupational medicine; occupational health science

госпиталь [gOspital] *nm* hospital

госпитализировать [gaspitalizIravat] *v* hospitalize

государственное пособие [gasudArstvinoye pasObiye] *nn* welfare

денежное покрытие льготы [**dE**nizhnoye pakrItiye lgOti] *nn* covered benefit

денежное пособие [**dE**nizhnoye pasObiye] *nn* allowance (*monthly, yearly, etc.*)

держатель медицинской страховки [dirzhAtil miditsInskai strakhOfki] *nm* policyholder

детская болезнь [**dE**tskaya balEzn] *nf* childhood disease

детский дневной стационар [**dE**tskiy dnivnOy statsianAr] *nm* childcare facility

диабет [diabEt] *nm* diabetes

доверенность больного [davErinast balnOva] *nf* affidavit (*for insurance payments of medical expenses*)

доказательство ущерба [dakazAtilstva ushchErba] *nn* proof of loss

долечивание [dalEchivaniye] *nn* after-care; follow-up care

дом престарелых [dOm pristarElikh] *nm* assisted living

дом инвалидов [dOm invalIdaf] *nm* nursing home

доплата за медицинское обслуживание [daplAta za miditsInskaye apslUzhivaniye] *nf* co-payment

дополнительное страховое покрытие [dapalnIitilnaye strakhavOye pakrItiye] *nn* additional coverage

допустимое страховкой количество визитов и медицинских процедур [dapustImoye strakhOfkay kaIIchistva vizItaf i meditsInskikh pratsidUr] *nn* plan allowance

доступ [dOstup] *nm* access

законный доступ (к ...) [zakOnniy dOstup (к ...)] *nm* legal access (to ...)

свободный доступ [svabOdniy dOstup] *nm* free access

удобный доступ [udObniy dOstup] *nm* easy access

жалоба [zhAlaba] *nf* appeal; complaint; grievance; petition

жизнеспособный [zhiznispasObniy] *adj* healthy; viable

заболевание [zabalivAniye] *nn* disease; illness

завещание [zavishchAniye] *nn* will; testament

зависимость [zavIsimast] *nf* dependence

заключение специалиста [zakluchEniye spitsiaIIsta] *nn* expertise

закон об охране здоровья престарелых [zakOn ab akhrAni zdarOvya pristarElikh] *nm* elder law

застрахованный [zastrakhOvaniy] *adj* insured

заявление о выплате страховки [zayavlEmiye a vIplati strakhOfki] *nn* proof of loss

здоровье [zdarOvye] *nn* health; fitness

здоровый [zdarOviy] *adj, also* **жизнеспособный** [zhiznispasObniy] *adj* healthy; intact

здравоохранение [zdrAvaakhranEniye] *nn* health care

иметь право на льготы [imEt prAva na lgOti] *v* be entitled to benefits

избыточный вес [izbItachniy vEs] *nm, also* **человек, страдающий ожирением** [chilavEk, stradAyushchiy azhirEniyem] *nm* overweight, excessive weight

излечение [izlichEniye] *nn* cure; treatment; recovery

излечи-ть/-вать [izlichIt/izlEchivat] *v, also* **исцел-ить/-ять** [istsilIt/istsilAt] *v* cure; heal

излечи-ться/-ваться [izlichItsa/izlEchivatsa] *v, also* **исцел-иться/ -яться** [istsilItsa/istsilAtsa] *v* cure; heal

имеющий право [imEyushchiy prAva] *adj* eligible

имеющий право на льготы [imEyushchiy prAva na lgOti] *adj* entitled to benefits

импотенция [impatEntsiya] *nf, also* **половое бессилие** [palavOye bissIliye] *nn* impotence

инвалид [invalIt] *nm* handicapped person; disabled person

инвалидность [invalIdnast] *nf* disability

индивидуальное страхование [individuAlnaye strakhavAniye] *nn, also* **частное страхование** [chAstnoye strakhavAniye] *nn* private insurance

интенсивная терапия [intinsIvnaya tirapIya] *nf* intensive care; critical care

инфекция [infEktsiya] *nf* infection

инфекционное заболевание [infiktsiOnnaye zabalivAniye] *nn* infectious disease

информированное согласие [infarmIravanaye saglAsiye] *nn* informed consent

иск о возмещении ущерба [yIsk a vazmishchEniyi ushchErba] *nm* claim; complaint

исключённый риск [iskluchOnniy rIsk] *nm* excluded risk

искусственное поддержание жизненно важных функций больного [iskUstvinnaye paddirzhAniye zhIznina vAzhnikh fUnktsiy balnOva] *nn* life-sustaining medical treatment

кардиологическое лечение [kardialagIchiskaye lichEniye] *nn* cardiac care

качество жизни [kAchistva zhIzni] *nn* quality of life

компенсация [kampinsAtsiya] *nf* compensation; indemnity; indemnification; reimbursement

контактные линзы [kantAktniye lInzi] *npl* contact lenses

краска, содержащая свинец [krAska, sadirzhAshchaya svinEts] *nf* lead paint

курс лечения [kUrs lichEniya] *nm* course of treatment

лекарство [likArstva] *nn* medicine; medication; drug

лекарства по рецепту [likArstva pa ritsEptu] *npl* prescription drugs

лекарственно-устойчивый [likArstvinna-ustOychibiy] *adj* drug-resistant

лекарственный препарат [likArstviniy priparAt] *nm* drug; medicament; medication; medicine; drug preparation; medicinal preparation; compound

лекарства в свободной продаже [likArstva v svabOnay pradAzhi] *npl* over-the-counter drugs

лекарство, отпускаемое по рецепту [likArstva, atpuskAyimaye pa ritsEptu] *nn* prescription drug

лечащий врач [lEchashchiy vrAch] *nm* primary care physician; care-giver

лечебная физкультура [lichEbnaya fiskultUra] *nf* physical therapy

лечение [lichEniye] *nn* medical treatment; medical care; therapy; cure

лечение онкологических заболеваний [lichEniye ankalagIchiskilh zabalivAniy] *nn* cancer care

лечить [lichIt] *v* treat

лимит по страховому полису [limIt pa strakhavOmu pOlisu] *nm* policy limit

льгота [lgOta] *nf* benefit

льгота на лекарство по рецепту [lgOta na likArstva pa ritsEptu] *nn* prescription drug benefit

льготы по медицинской страховке [lgOti pa miditsInskay strakhOfki] *npl* policy benefits

машина скорой помощи [mashIna skOrai pOmashchi] *nf* ambulance

медикамент [midikamEnt] *nm* medicine; medication; medical drug; preparation

медикаменты [midikamEnti] *npl* drugs

медико-санитарная помощь [mEdika-sanitArnaya pOmashch] *nf* health care; health services

медицина [miditsIna] *nf* medicine; medical science

медицинская помощь [miditsInskaya pOmashch] *nf* health care; health services

медицинская помощь на дому [miditsInskaya pOmashch na damU] *nf* home care

медицинская реабилитация [miditsInskaya riabilitAtsiya] *nf* rehabilitation

медицинская страховка [miditsInskaya strakhOfka] *nf* medical insurance; coverage

медицинская страховка с полным покрытием [miditsInskaya strakhOfka s pOlnim pakrItiyem] *nf* comprehensive coverage

медицинские услуги [miditsInskiyi uslUgi] *npl* medical services

медицинские услуги для граждан пенсионного возраста [miditsInskiyi uslUgi dla grAzhdan pinsiOnnava vOzrasta] *npl* senior services

медицинский [miditsInskiy] *adj* medical

медицинский работник [miditsInskiy rabOtnik] *nm* health-care professional

медицинский рецепт [miditsInskiy ritsEpt] *nm* prescription

медицинское обслуживание [miditsInskaye apslUzhivaniye] *nn* health care; health services

медсестра [mitsistrA] *nf* nurse

    патронажная медсестра [patranAzhnaya mitsistrA] *nf* visiting nurse

миндалины [mindAlini] *npl* tonsils

миндалевидные железы [mindalivIdniye zhElezi] *npl* tonsils

минимальные стандарты [minumAlniye standArti] *npl* minimum standards

надёжный [nadOzhniy] *adj* dependable

надлежащий уход [nadlizhAshchiy ukhOt] *nm* adequate care

назначенное время приема (у врача) [naznAchinnoye vrEmya priyOma (u vrachA)] *nn* appointment

направление к врачу-специалисту [napravlEniye k vrachU spitsialIstu] *nn* referral

наркомания [narkamAniya] *nf* addiction

наркотик [narkOtik] *nm* drug

недостаток [nidastAtak] *nm* handicap; disability (*physical or mental*)

незанятость [nizAnitast] *nf*, *also* **безработица** [bizrabOtitsa] *nf* unemployment

некачественное медицинское обслуживание [nikAchistvinnaye miditsInskaye apslUzhivaniye] *nn* substandard care

неквалифицированное лечение больного [nikvalifitsIravannaye lichEniye balnOva] *nn* maltreatment

неотложная медицинская помощь [niatlOzhnaya miditsInskaya pOmashch] *nf* emergency care; acute care; immediate care

Health-Care Law

несчастный случай [nishchAsniy slUchay] *nm* accident

нетрадиционная медицина [nitraditsiOnnaya miditsIna] *nf* non-traditional medicine

нетрудоспособность [nitrUdaspasObnast] *nf* incapacity

нетрудоспособный [nitrudaspasObniy] *adj* incapable; disabled

неудовлетворённый иск [niudavlitvarOnniy yIsk] *nm* pending claim

обладатель льготы [abladAtil lgOti] *nm* beneficiary

обладатель медицинской страховки [abladAtil miditsInskay strakhOfki] *nm* subscriber

обработка корневого канала зуба [abrabOtka karnivOva kanAla zUba] *nf* root canal therapy

ограниченный в дееспособности [agranIchinniy v deyespasObnasti] *adj* legally incapacitated

ограничение (на пользование страховым полисом) [agranichEniye (na pOlzavaniye strakhavIm pOlisam)] *nn* exclusion (*policy*)

ожирение [azhirEniye] *nn* obesity

опасный для жизни [apAsniy dla zhIzni] *adj* life-threatening

операционная [apiratsiOnnaya] *nf* operating room; operating theater

оптик [Optik] *nm* optometrist

оптимизация веса [aptimizAtsiya **vE**esa] *nf* weight management

организация, организующая медобслуживание [arganizAtsiya, arganizUyushchAya **mE**dapslUzhivaniye] *nf* managed medical care organization (MCO)

основная страховка [asnavnAya strakhOfka] *nf* common carrier coverage

осознанное согласие [osOznanaye saglAsiye] *nn* informed consent

острый [Ostriy] *adj* acute (*of pain*); severe

отказ [atkAs] *nm* denial

отказ в необходимом лечении [atkAs v niapkhadImam lichEniyi] *nm* denial of necessary treatment

отказ-ать/-вать [atkazAt/atkAzivat] *v* deny

отказ-аться/-ываться [atkazAatsa/kAzivatsa] *v* waive

охват медицинским обслуживанием [akhvAt miditsInskim apslUzhivaniyem] *nm* medical coverage

охрана психического здоровья [akhrAna psikhIchiskava ZdarOvya] *nf* behavioral health

очки [achkI] *npl* eyeglasses

пенсия [**p**Ensiya] *nn* pension; retirement pension; employment pension; social security benefit; annuity

пенсия по инвалидности [pEnsiya pa invalIdnasti] *nn* disability benefit

первичная медицинская помощь [pirvIchaya miditsInskaya pOmashch] *nf* primary care

перелом (кости) [pirilOm (kOsti)] *nm* fracture

письменная доверенность на право принимать решения, связанные с лечением недееспособного пациента [pIsmenaya davErinast na prAva prinimAt rishEniya, svAzaniye s lichEniyem nideyespasObnava patsiyEnta] *nf* health-care proxy

платёж по иску/претензии [platOsh pa yIsku/pritEnziyi] *nm* payment of claim

пожилой [pazhilOy] *adj* elderly

пожилой человек [pazhilOy chilavEk] *nm* senior; senior citizen; elderly

показанное лечение [pakAzannoye lichEniye] *nn* medically necessary treatment

полезный для здоровья [palEzniy dla zdarOvya] *adj* healthy

поликлиника [paliklInika] *nf* clinic; outpatient clinic; adult outpatient department

полис [pOlis] *nm* policy (*insurance*)

полисодержатель [pOlisadirzhAtil] *nm* policyholder

половое бессилие [palavOye bissIliye] *nn* impotence

получ-ить/-ать пособие по безработице [paluchIt/paluchAt pasObiye pa bizrabOtitse] *v* collect unemployment compensation

пользователь медицинской страховки [[pOlzavatil miditsInskay strakhOfki)] *nm* subscriber

помощь на дому [pOmashch na damU] *nf* home care

попечитель [papichItel] *nm* curator; trustee; fiduciary; guardian; sponsor

послеоперационная палата [pOsliapiratsiOnnaya palAta] *nf* recovery room

пособие по инвалидности [pasObiye pa invalIdnasti] *nn* disability benefit

пособие по нетрудоспособности [pasObiye pa nitrudaspasOb-nasti] *nn* workers'compensation; disability benefit

поставщик медицинских услуг [pastafshchIk miditsInskikh uslUk] *nm* provider; health-care provider

поставщик медицинской страховки [pastafshchIk miditsInskai strakhOfki] *nm* provider; insurance provider

поставщик первичной медицинской помощи [pastafshchIk pirvIchnay miditsInskay pOmashchi] *nm* primary care provider

постоянная нетрудоспособность [pastayAnnaya nitrudaspa-sObnast] *nf* permanent disability

постоянная полная нетрудоспособность [pastayAnnaya pOlnaya nitrudaspasObnast] *nf* permanent total disability

потеря [patEra] *nf* loss

потеря большого и указательного пальцев на одной руке [patEra balshOva i ukazAtilnava pAltsif na adnOy rukE] *nf* loss of thumb and index finger of the same hand

потеря веса [patEra vEsa] *nf* weight loss

потеря жизни [patEra zhIzni] *nf* loss of life

потеря обеих рук и ног [patEra abEikh rUk i nOk] *nf* loss of both hands and feet

потеря речи [patEra rEchi] *nf* loss of speech

потеря слуха [patEra slUkha] *nf* loss of hearing

«потолок страховых выплат» [patalOk strakhavIkh vIplat] *nm* capitation (*a ceiling or maximum on the overall amounts payable as benefits under a health insurance plan*)

полная потеря зрения [pOlnaya patEra zrEniya] *nf* loss of entire sight

практикующий специалист [praktikUyushchiy spitsiaIIst] *nm* practitioner

превентивная медицина [privintIvnaya miditsIna] *nf* preventive medicine

превентивный [privintIvniy] *adj* preventive

предотвра-тить/-щать [pridatvratIt/pridanvrashchAt] *v* prevent

предродовой [pridradavOy] *adj* prenatal

пренатальный [prenatAlniy] *adj* prenatal

прекра-тить/-щать [prikratIt/prikrashchAt] *v* terminate

престарелый [pristarEliy] *nn* elderly

претензия [pritEnziya] *nf* claim; complaint

привыкание [privikAniye] *nn* addiction

приемный покой [priyOmniy pakOy] *nm* admission room; emergency room

приходящий работник [prikhadAshchiy rabOtnik] *nm* home attendant

приходящая работница [prikhadAshchaya rabOtnitsa] *nf* home attendant

профессиональная ошибка специалиста [prafisianAlnaya ashIpka spitsiaIIsta] *nf* malpractice

  профессиональная ошибка врача [prafisianAlnaya ashIpka vrachA] *nf* medical malpractice

  дело, возбужденное в связи с профессиональной ошибкой специалиста [dEla, vazbuzhdOnnaye v svizI s prafisianAlnay ashIpkay spitsiaIIsta] *nn* malpractice case

  иск, причиной которого является профессиональная ошибка специалиста [yIsk, prichInay katOrava ivlAyitsa prafisianAlnay ashIpka spitsiaIIsta] *nm* malpractice claim

программа медицинского страхования [pragrAma miditsInskava strakhavAniya] *nf* plan; health insurance plan

производственная гигиена [praizvOtstvinaya gigiyEna] *nf* workers' health

профессиональная гигиена [prafisianAlnaya gigiyEna] *nf* occupational health

профессиональная некомпетентность [prafisianAlnaya nikampitEntnast] *nf* professional incompetence; malpractice (*of a doctor*)

профессиональный [prafisianAlniy] *adj* professional

профилактика [prafilAktika] *nf* prevention

профилактика заболеваний [prafilAktika zabalivAniy] *nf* disease prevention

профилактическая рентгеноскопия [prafilakt**I**cheskaya ringEnaskap**I**ya] *nf* preventive screening

профилактический [prafilakt**I**chiskiy] *adj* preventive

профилактический осмотр [prafilakt**I**chiskiy asmOtr] *nm* preventive screening

профилактическое медицинское обслуживание [rafilakt**I**chiskaye miditsInskaye apslUzhivaniye] *nn* preventive services

процесс рассмотрения жалобы [pratsEs rasmatr**E**niya zhAlabi] *nm* appeal process

психиатр [psikhiAtr] *nm* psychiatrist

психиатрия [psikhiAtr**I**ya] *nf* psychiatry

психический [psikh**I**cheskiy] *adj* mental

пункты в страховом договоре, исключающие определённые виды покрытия [pUnkti f strakhavOm dagavOri, iskluchAyushchii apridil**O**nnii v**I**di pakr**I**tiya] *npl* exclusion (*policy*)

пункт неотложной помощи [pUnkt niatlOzhnay pOmashchi] *nm* emergency care; immediate care

пункт скорой помощи [pUnkt skOray pOmashchi] *nm* emergency care; immediate care

рак [rAk] *nm* cancer

реанимация [rianimAtsiya] *nf* critical care; intensive care

реанимационное отделение [rinimatsiOnaye atdil**E**niye] *nn* emergency room

резистентный [rizistEntniy] *adj, also* **лекарственно-устойчивый** [likArstvinna-ustOychibiy] *adj* drug-resistant

санитарно-эпидемиологический надзор [sanitArna-ipid**E**emiolag**I**cheskiy nadzOr] *nm* disease control

санитар [sanitAr] *nm* nurse's aide

санитарка [sanitArka] *nf* nurse's aide

семейное здравоохранительное право [sim**E**ynoye zdrava-akhran**I**telnaye prAva] *nn* Family Health Law

семья [simyA] *nf* family

сестринский уход [s**E**strinskiy ukhOt] *nm* nursing care

сиделка [sid**E**lka] *nf* caregiver

система компенсации [sist**E**ma kampinsAtsiyi] *nf* compensation system

скорая помощь [skOraya pOmashch] *nf* acute care; acute care management; emergency; emergency care

скорая помощь (*colloq.*) [skOraya pOmashch] *nf* ambulance

слабоумие [slabaUmiye] *nn* mental handicap

смерть или увечье в результате несчастного случая [smErt ili uvEchye v rizultAte nischAsnava slUchaya] *nf* Accidental Death and Dismemberment

согласие на лечение [saglAsiye na lichEniye] *nn* consent to treatment

соответствовать лечебным стандартам [saatvEtstvavat lichEbnim standArtam] *v* meet the standard of care

средство [srEtstva] *nn* remedy; cure

стандарты [standArti] *npl* standards

старый [stAriy] *adj* elder; old

страхование с ежегодными выплатами [strakhavAniye s izhigOdnimi vIplatami] *nn* annuity insurance

страховая компания [strakhavAya kampAniya] *nf* insurance carrier; insurer

страховка [strakhOfka] *nf* insurance policy

страховка от несчастного случая [strakhOfka at nischAsnava slUchaya] *nf* exposure and disappearance benefit

страховое покрытие [strakhavOye pakrItiye] *nn* medical coverage

страховое покрытие стоимости лекарств по рецептам [strakhavOye pakrItiye stOimasti likArstf pa ritsEptam] *nn* prescription drug coverage

страховой полис [strakhavOy pOlis] *nm* insurance policy

страховщик [strakhafshchIk] *nm* insurer

телесное повреждение [tilEsnaye pavrizhdEniye] *nn* injury; physical injury

терапевт [tirapEft] *nm* general practitioner; physician

терапия [tirapIya] *nf* general medicine; internal medicine; therapy; therapeutics; treatment

токсичный [taksIchniy] *adj* toxic; poisonous

тонзиллит [tanzilIt] *nm* tonsillitis

традиционная медицина [traditsiOnnaya miditsIna] *nf* traditional medicine

уборщица [ubOrshchitsa] *nf* caretaker; cleaner

уведомление о предъявлении претензии [uvidamlEniye a pridyav-lEniyi pritEnziyi] *nn* notice of claim; written notice of claim

увечье [uvEchye] *nn* injury; physical injury; dismemberment; mutilation

уголовное дело в связи с преступной небрежностью специалиста [ugalOvnoye dEla v svizI s pristUpnai nibrEzhnastyu spitsialIsta] *nn* malpractice case

умственная неполноценность [Umstvinaya nipalnatsEnnast] *nf* mental handicap

умственная отсталость [Umstvinaya atstAlast] *nf* mental retardation

умственное здоровье [Umstvinaye zdarOvye] *nn* mental health

управление медицинским обеспечением [upravlEniye mid-itsInskim abispichEniym] *nn* health-care management

управляемое медицинское обеспечение [upravlAyemaye miditsInslaye abispichEniye] *nn* managed care

услуги патронажной медсестры [uslUgi patranAzhnay mitsistrI] *npl* at-home nursing care

услуги приходящего работника [uslUgi prikhadAshcheva rabOtnika] *npl* home attendant service

уход за больным [ukhOd za balnIm] *nm* care; patient care; medical attendance; treatment

уход за престарелыми [ukhOd za pristarElimi] *nm* elder care

учётный препарат [uchOtniy priparAt] *nm* controlled substance

физиотерапия [fIziatirapIya] *nf* physical therapy

физический недостаток [fizIcheskiy nidastAtak] *nm* physical handicap

халатность [khalAtnast] *nf* neglect

хронический [khranIcheskiy] *adj* chronic

хирург [khirUrk] *nm* surgeon

хирургическая операция [khirurgIcheskaya apirAtsiya] *nf* surgery

хирургия [khirurgIya] *nf* surgery

хроническое заболевание [khranIcheskaye zabalivAaniye] *nn* chronic disease

целебный [tsilEbniy] *adj* healing; medicative; remedial; salutary; curative

целитель [tsilItil] *nm* healer

частное страхование [chAstnaye strakhavAniye] *nn* private insurance

член семьи умершего [chlEn semyI umErsheva] *nm* survivor

экспертиза [ikspirtIza] *nf* expertise

экстренная медицинская помощь [Ekstrinaya miditsInskaya pOmashch] *nf* acute care; acute care management; emergency; emergency care

юридически признанный незрячим [juridIchiski prIznaniy nezrAchim] *adj* legally blind

ядовитый [yadavItiy] *adj* poisonous; toxic

Health-Care Law

Жилищное право
Housing Law

Жилищное право включает законы, связанные с недвижимостью; это законы, диктующие, как именно должен использоваться и содержаться жилищный фонд, как составляются договоры купли-продажи и договоры об аренде и сдаче внаем, как оформляется ипотека, а также каким образом охраняются права и регулируются обязанности владельцев и съемщиков жилья. В России все жилищные проблемы регулируются государственными законами.

абандонирование [aband**I**ravaiye] *nn, also* **добровольный отказ от права на собственность** [dabrav**O**lniy atk**A**s at pr**A**va s**O**pstvinast] *nm* abandonment

агент по операциям с недвижимостью [ag**E**nt pa apir**A**tsiyam s nidv**I**zhimastyu] *nm* real estate agent; realtor; broker

акт за печатью [Akt za pich**A**tyu] *nm* deed
   административный акт [administrat**I**vniy Akt] *nm* administrator's deed
   гарантийный акт [garant**I**yniy Akt] *nm* warranty deed

акт добровольной передачи недвижимости заимодателю [Akt dabrav**O**lnay pirid**A**chi nidv**I**zhimasti za**I**madAtilu] *nm* deed in lieu of foreclosure

акт коррекции [Akt kar**E**ktsiyi] *nm* deed of correction

акт, который может потерять силу [Akt, kat**O**riy m**O**zhet pati**rA**at s**I**lu] *nm* defeasible deed

акт о передаче имущества [Akt a pirid**A**chi im**U**shchistva] *nm* cession deed

акт о передаче права на недвижимое имущество умершего, подписанный исполнителем завещания [Akt a pirid**A**chi pr**A**va na nidv**I**zhimoye im**U**shchistva um**E**rsheva, pat**pI**saniy ispal**nI**tilim zavishch**A**niya] *nm* executor's deed

акт о передаче правового титула [Akt a pirid**A**chi pravav**O**va t**I**tula] *nm* conveyance

акт обратной передачи правового титула [Akt abr**A**tnay pirid**A**chi pravav**O**va t**I**tula] *nm* deed of reconveyance

акт отказа от права [Akt atk**A**za at pr**A**va] *nm* quitclaim deed

акт передачи недвижимого имущества наследникам по завещанию умершего [Akt pirid**A**chi nidv**I**zhimava im**U**shchistva nasl**E**dnikam pa zavishch**A**niyu um**E**rshiva] *nm* administrator's deed

акт передачи правового титула [Akt pirid**A**chi pravav**O**va t**I**tula] *nm* conveyance; deed of conveyance

акт судебной власти [Akt sud**E**bnay vl**A**sti] *nm* judicial deed

акцессорное пользование [AktsisOrnoye pOlzovaniye] *nn* accessory uses

акцессорный [AktsisOrniy] *adj* accessory

амортизация [amartizAtsiya] *nf* amortization

анализ рынка жилой площади [anAliz rInka zhilOy plOshchadi] *nm* residential market analysis

аннулирование [anulIravaniye] *nn* revocation

аренда [arEnda] *nf* tenancy; lease; rent; leasehold

аренда недвижимости на определенный срок [arEnda nidvIzhimasti na apridilOnniy srOk] *nf* estate for years; fixed-date estate

аренда с изменяющейся суммой арендной платы [arEnda s izminAyushchiysa sUmay arEndnay plAti] *nf* graduated lease

арендатор [arindAtar] *nm* lessee; tenant; leaseholder

арендатор, не освободивший помещение по истечении срока контракта [arindAtar, ni asvabadIfshiy pamishchEniye pa istichEniyi srOka kantrAkta] *nm* holdover tenant

арендная плата [arEndnaya plAta] *nn* rent; rental; rental fee; lease payment

арендный договор [arEndniy dagavOr] *nm* lease agreement

арендодатель [arEndadAtil] *nm* lessor; landlord

арендуемое недвижимое имущество [arindUyimaye nidvIzhimaye imUshchistva] *nn* lease-hold estate

базовый доход от недвижимости [bAzaviy dakhOd at nidvIzhimasti] *nn* base rent

байдаун [bAydAun] *nm* buydown

безусловное право собственности [bizuslOvnoye prAva sOpstvinasti] *nn* estate in fee-simple; fee simple; interest in fee-simple; freehold

безусловное право собственности на недвижимость [bizuslOvnoye prAva sOpstvinasti na nidvIzhimast] *nn, also* **фригольд** [frigOld] *nm* freehold

бессрочная аренда [bisrOchnaya arEnda] *nf, also* **бессрочное арендное право** [bisrOchnaye arEndnaye prAva] *nn* tenancy at will; estate at will; general tenancy

бессрочное арендное право [bisrOchnaye arEndnaye prAva] *nn* tenancy at will; estate at will; general tenancy

брать в аренду. *See* **взять в аренду**

брать в субаренду. *See* **взять в субаренду**

вещное право арендатора [vEshchnoye prAva arindAtara] *nn* lease-hold estate

вещно-правовая аренда [vEshchna-pravavAya arEnda] *nf* proprietary lease

вещно-правовой титул [vEshchna-pravavOy tItul] *nm* estate

взыскание по закладной [vziskAniye pa zakladnOy] *nn* foreclosure

взять/брать/сдать/сдавать в аренду [vzAt/brAt/zdAt/zdavAt v arEndy] *v* lease

взять/брать/сдать/сдавать в субаренду [vzAt/brAt/ zdAt/ zdavAt f subarEndu] *v* sublease; sublet

владелец [vladElets] *nm* owner; holder; keeper

владение [vladEniye] *nn* estate

владение на основе фригольда [vladEniye na asnOvi frigOlda] *nn* freehold tenancy

владение недвижимостью [vladEniye nidvIzhimastyu] *nn* tenancy

владение с молчаливого согласия собственника [vladEniye s malchilIvava saglAsiya sOpstvinika] *nn* estate at sufferance; tenancy at sufferance

возможность продления договора [vazmOzhnast pradlEniya dagavOra] *nn* option to renew

восстан-овить/-авливать в праве собственности [vasstanavIt/vasstanAvlivat f prAvi sOpstvinasti] *v* repossess

восстановление права собственности [vastanavlEniye prAva sOpstvinasti] *nn* repossession

временное владение [vrEmenoye vladEniye] *nn* occupancy; temporary possession; tenancy

временное проживание [vrEmenoye prazhivAniye] *nn* part-time residence

вторичная ипотека [ftarIchnaya ipatEka] *nf* wraparound mortgage; second mortgage

вторичное жилье [ftarIchnAye zhilyO] *nn* accessory apartment (*not a permanent residence*)

второй ипотечный займ [ftarOy ipatEchniy zAym] *nm* secondary mortgage

выкуп [vIkup] *nm* redemption

выкуп-ить/-ать [vIkupit/vikupAt] *v* redeem; buy out; buy back; reacquire

выселение [visilEniye] *nn* eviction

выселение по решению суда [visilEniye pa rishEniyu sudA] *nn* court-ordered eviction

высел-ить/-ять [vIsilit/visilAt] *v* evict

гарантия [garAntiya] *nf* warranty; indemnity

гарантия отсутствия обременений [garAntiya atsUtstviya abriminEniy] *nf* covenant against encumbrances

гарантия спокойного пользования правовым титулом [garAntiya spakOynava pOlzavaniya pravovIm tItulam] *nf* covenant of quiet enjoyment

договорная гарантия [dagavarnAya garAntiya] *nf* warranty

гарантийный акт [garantIyniy Akt] *nm* warranty deed

гарантийный депозит [garantIyniy dipazIt] *nm* security deposit

границы [granItsi] *npl* metes and bounds; lines

дарственная [dArstvinaya] *nf* deed of gift; gift contract; grant

движимость, соединенная с недвижимостью [dvIzhimast, saidinOnaya s nidvIzhimastyu] *nf* fixture

добровольный отказ от права на собственность [dabravOlniy atkAs at prAva na sOpstvinast] *nm* abandonment

Housing Law

доверенное лицо [davErinoye litsO] *nn* trustee; fiduciary; proxy; agent

доверитель [davirItil] *nm* grantor

договор дарения [dagavOr darEniya] *nm* deed of gift; gift contract; grant

договор за печатью [dagavOr za pichAtyu] *nm* covenant

договор коммерческой аренды [dagavOr kamErchiskay arEndi] *nm* commercial lease

договор купли-продажи [dagavOr kUpli-pradAzhi] *nm* bargain and sale deed (*of real estate property*)

договор аренды [dagavOr arEndi] *nm* lease

договорное обязательство о воздержании от действия [dagavarnOye abizAtilstva a vazdirshAniyi ad **d**Eistviya] *nn* negative covenant

документ за печатью [dakumEnt za pichAtyu] *nm* covenant; deed; document under seal; sealed instrument

документ о передаче безусловного права собственности на недвижимость [dakumEnt a piridAchi bizuslOvnava prAva sOpstvinasti na nidv**I**zhimast] *nm* deed in fee

документ о передаче недвижимости с гарантией безупречности правового титула [dakumEnt a piridAchi nidv**I**zhimasti z garAntiyey bizupr**E**chnasti pravavOva t**I**tula] *nm* full covenant and warranty deed

документ о передаче права/прав [dakumEnt a piridAchi prAva/prAf] *nm* conveyance; grant; vesting instrument

документ о передаче права на недвижимое имущество [dakumEnt a piridAchi prAva na nidv**I**zhimoye imUshchistva] *nm* deed; property deed

документ о передаче права на собственность, проданную на аукционе по решению суда [dakumEnt a piridAchi prAva na sOpstvinast, prOdanuyu na auktsiOni pa rishEniyu sudA] *nm* sheriff deed; referee's deed

документ, подтверждающий право собственности на недвижимость [dakumEnt, patvirzhdAyushchiy prAva sOpstvinasti na nidv**I**zhimast] *nm* title deed

долговая расписка [dalgavAya rasp**I**ska] *nf* promissory note

долевое право собственности на недвижимость [dalivOye prAva sOpstvinasti na nidv**I**zhimast] *nn* tenancy in common (*without the right to inherit*)

доля собственника в стоимости недвижимого имущества [dOla sOpstvinika v stOimasti nidv**I**zhimava imUshchistva] *nf* equity; proprietorship; interest

дом [dOm] *nm* building; house

дом для одной семьи [dOm dla adnOy simyI] *nm* single-family home

дополнительные комиссионные сборы по ипотечным и другим кредитам [dapaln**I**tilniyi kamisiOniyi zbOri pa ipatEchnim I drug**I**m krid**I**tam] *npl* points

дополнительный пункт [dapalnItilniy pUnkt] *nm* rider; additional item; supplementary clause

доступ в помещения [dOstup v pamishchEniya] *nm* access to premises

жилищная собственность [zhilIshchnaya sOpstvinast] *nf* housing property; residential property

жилищная служба в сельской местности [zhilIshchnaya slUzhba v **s**Elskay **m**Esnasti] *nf* Rural Housing Service (RHS)

жилищный фонд [zhilIshchniy fOnt] *nm* housing; housing facilities stock; housing resources

жилой [zhilOy] *adj* residential

жилой дом [zhilOy dOm] *nm* house; dwelling house; residential building

задаток [zadAtak] *nm* deposit; advance deposit; binder

займ под залог недвижимости [zAym pad zalOg nidvIzhimasti] *nm* home equity loan

замораживание квартирной платы [zamarAzhivahiye kvartIrnay plAti] *nn* rent stabilization

заемщик [zayOmshchik] *nm* borrower; debtor

заёмщик по ипотечному кредиту [zayOmshchik pa ipatEchnamu kridItu] *nm* mortgagor

залоговое право [zalOgovoye prAva] *nn* charge; charging lien; lien; legal lien; security interest

залоговое право на имущество в обеспечение уплаты налога [zalOgovoye prAva na imUshchistva v abispichEniye uplAti nalOga] *nn* tax lien

заложить/закладывать недвижимость [zalazhIt/zaklAdivat nidvIzhimast] *v* hypothecate; mortgage

запрещение расовой и религиозной дискриминации при продаже и сдаче домов и квартир [zaprishchEniye rAsavay I riligiOznay diskriminAtsiyi pri pradAzhe i zdAchi damOv i kvartIr] *nn* fair housing

затратный подход [zatrAtniy patkhOt] *nm* cost approach

захват недвижимости [zakhvAt nidvIzhimasti] *nm* adverse possession

здание [zdAniye] *nn* building; house

здание с прилегающими постройками [zdAniye s priligAyush-chimi pastrOykami] *nn* premises

земельная собственность [zimElnaya sOpstvinast] *nf, also* **земельное владение** [zimElnaye vladEniye] *nn* land estate; estate; land ownership; land property; fee

земельный участок [zimElniy uchAstak] *nm* lot; land lot; land plot; real estate

зонирование [zanIravaniye] *nn* zoning; rezoning

износ [iznOs] *nm* wear and tear; amortization

износ основных средств [iznOs asnavnIkh srEtstf] *nm* accumulated depreciation

Housing Law

изъять/изымать за неплатёж [izyAt/izimAt za niplatOsh] *v* repossess

имущественное право [imUshchistvinnaye prAva] *nn* property right; proprietary right

имущество [imUshchistva] *nn* estate; property; chattel

ипотека [ipatEka] *nf* mortgage; real estate mortgage; encumbrance; hypothecation

ипотека «воздушный шар» [ipatEka vazdUshniy shAr] *nf* balloon mortgage

    «младшая» ипотека [mlAtshaya ipatEka] *nf* junior mortgage (*second or third mortgage*)

    полная ипотека [pOlnaya ipatEka] *nf* blanket mortgage (*mortgage for all the property*)

    «прямая» ипотека [primAya ipatEka] *nf* straight term mortgage

ипотечная ссуда [ipatEchnaya ssUda] *nf* mortgage loan

ипотечный залог [ipatEchniy zalOk] *nm* hypothecation; second mortgage; dead pledge

ипотечный залог для приобретения собственности [ipatEchniy zalOk dla priabritEniya sOpstvinasti] *nm* purchase money mortgage (USA)

ипотечный кредит [ipatEchniy kridIt] *nm* mortgage; real estate mortgage; encumbrance; hypothecation

ипотечный кредит под плавающий процент [ipatEchniy kridIt pat plAvayushchiy pratsEnt] *nm* adjustable rate mortgage (ARM)

иск, находящийся на рассмотрении [Isk, nakhadashchiysa na rasmatrEniyi] *nm* lis pendens (*Lat.*)

истечение срока аренды [istichEniye srOka arEndi] *nn* expiration of lease term; lease expiration

кадастровый план [kadAstraviy plAn] *nm* cadastral map; field map; land capability map; plat

капитал домовладельца [kapitAl damavladEltsa] *nm* home equity

квартирант [kvartirAnt] *nm* tenant; subtenant

квартиросъёмщик [kvartIrasyOmshchik] *nm* lessee; tenant; leaseholder

коммунальные услуги [kamunAlniye uslUgi] *npl* utilities

кредит домовладельцу под обеспечение недвижимостью [kridIt damavladEltsu pad abispichEniye nidvIizhimastyu] *nm* home equity line of credit

кредит под залог имущества [kridIt pad zalOg imUshchistva] *nm* home equity loan

кредитор [kriditOr] *nm* lender; creditor; debtee; loanholder

кредитор по ипотечному залогу [kriditOr pa ipatEchnamu zalOgu] *nm* mortgagee

кредитор по трастовому договору [kriditOr pa trAstavomu dagavOru] *nm* trustor; grantor

купчая на недвижимость при ее продаже за неуплату

налогов [kUpchaya na nidvIzhimast pri iyO pradAzhi za niuplAtu nalOgaf] *nf* tax deed

лицензия [litsEnziya] *nf* license; permit

лиш-ить/-ать права [lishIt/lishAt prAva] *v* divest

лиш-ить/-ать права пользования [lishIt/lishAt prAva pOlzavaniya] *v* foreclose

лиш-ить/-ать права выкупа заложенного имущества [lishIt/lishAt prAva vIkupa zalOzhinava imUshchistva] *v* foreclose

межевая стена [mizhivAya stinA] *nf* party wall

места общего пользования [mistA Opshchiva pOlzavaniya] *npl* common elements

место жительства [mEsta zhItilstva] *nn* residence

многоквартирный дом [mnogakvartIrniy dOm] *nm* multi-family housing; apartment building

налог на собственность [nalOk na sOpstvinast] *nm* property taxes

наруш-ить/-ать границы частной собственности [narUshit/narushAt granItsi chAstnay sOpstvinasti] *v* trespass

нарушение договора [narushEniye dagavOra] *nn* breach of covenant

недвижимое имущество [nidvIzhimoye imUshchistva] *nn* estate; real estate; realty; real property

недвижимость [nidvIzhimast] *nf* estate; real estate; realty; real property

незаконная практика выборочного предложения объектов недвижимости клиентам [nizakOnaya prAktika vIibarach-nava pridlazhEniya abyEktaf nidvIzhimasti kliyEntam] *nf* steering (*illegal discrimination in selling real estate based on race, nationality, or belief*)

незаконное владение [nizakOnnoye vladEniye] *nn* adverse possession

незаконный жилец [nizakOniy zhilEts] *nm* squatter

необитаемый [niabitAyimiy] *adj* uninhabitable

неограниченный правовой титул [niagranIchiniy pravavOy tItul] *nm* quiet title

непригодный для проживания [niprigOdniy dla prazhivAniya] *adj* uninhabitable

обременение [abriminEniye] *nn* encumbrance; mortgage lien

объект права собственности [abyEkt prAva sOpstvinasti] *nm* property

обязательство [abizAtilstva] *nn* covenant; liability; pledge

обязательство с обеспечением имуществом [abizAtilstva s abispichEniyem imUshchistvam] *nn* encumbrance; mortgage lien

оговорка о досрочном погашении ссуды [agavOrka a dasrOchnam pagashEniyi ssUdi] *nf* acceleration clause

ограда [agrAda] *nf* fence

ограничительная статья договора [agranichItilnaya statyA dagavOra] *nf* restrictive covenant

освобо-дить/-ждать помещение [asvabadIt/asvabazhdAt pamishchEniye] *v* vacate premises

основное место жительства [asnavnOye **mE**sta zhItilstva] *nn* principal residence

«открытая» закладная [atkrItaya zakladnAya] *nf* open-end mortgage

отказ от права на площадь [atkAs at prAva na plOshchat] *nm* abandonment of premises

отказ-аться/-ываться от права на площадь [atkazAtsa/atkAzivatsa at prAva na plOshchat] *v* abandon

отмена [atmEna] *nn* revocation

отопление [ataplEniye] *nn* heating

оценка стоимости [atsEnka stOimasti] *nf* valuation; estimated value; appraisal; assessment of value

оценка стоимости объекта недвижимости [atsEnka stOimasti abyEkta nidvIzhimasti] *nf* appraisal

официальное уведомление о существовании иска, оспаривающего право собственника на владение недвижимым имуществом [afitsiAlnaye uvidamlEniye a sushchistvavAnii yIska aspArivayushchiva prAva sOpstvinika na vladEniye nidvIzhimim imUshchistvam] *nn* Lis pendens notice

оценочная стоимость [atsEnachnaya stOimast] *nf* assessed value

пассивное обязательство [paslvnaye abizAtilstva] *nn* negative covenant

переда-ть/-вать правовой титул на недвижимость [piridAt/piridavAt pravavOy tItul na nidvIzhimast] *v* convey; grant title

передача права собственности [piridAcha prAva sOpstvinasti] *nf* conveyance; granting of title

передача правового титула [piridAcha pravavOva tItula] *nf* conveyance; transfer of title; granting of title

переуступка прав по договору аренды [piriustUpka prAf pa dagavOru arEndi] *nf* assignment of lease

период владения/проживания [pirIat vladEniya/prazhivAniya] *nm* holding period

письменное разрешение [plsmennaye razrishEniye] *nn* permit

плата за коммунальные услуги [plAta za kamunAlniye uslUgi] *nf* maintenance; public utility charges

плотность жилищной застройки [plOtnast zhilIshchnay zastrOyki] *nf* residential density

площадь (участка) [plOshchat (uchAstjka)] *nf* plottage (*of a lot*)

пожизненное владение [pazhIznenaye vladEniye] *nn* life estate

пожизненное право на недвижимость [pazhIznenaye prAva na nidvIzhimast] *nn* life estate

полное погашение ипотеки [pOlnaye pogashEniye ipatEki] *nn* retirement of/full payment of mortgage

получатель правового титула [paluchAtil pravavOva tItula] *nm* grantee

порча имущества [pOrcha imUshchistva] *nf* waste; dilapidation

постоянный житель [pastayAnniy zhItil] *nm* resident

постройка [pastrOyka] *nf* building; house

потеря права выкупа заложенного имущества [patEra prAva vIkupa zalOzhinava imUshchistva] *nf* foreclosure

пригодный для проживания [prigOdniy dla prazhivAniya] *adj* habitable

право собственника прибрежной полосы на ее водные ресурсы [prAva sOpstvinika pribrEzhnay palasI na iyO vOdniye risUrsi] *npl* riparian rights

право в недвижимости, подчинённое резолютивному условию [prAva v nidvIzhimasti, patchinOnoye rizalutIvnamu uslOviyu] *nn* defeasible fee

право выкупа заложенной недвижимости [prAva vIkupa zalOzhinay nidvIzhimasti] *nn* reversion (*to the lessee*)

право владения недвижимостью на прибрежной полосе суши [prAva vladEniya nidvIzhimastyu na pribrEzhnay palasE sUshi] *nn* littoral rights

право государства на принудительное отчуждение частной собственности [prAva gasudArstva na prinudItilnaye atchuzhdEniye chAsnay sOpstvinasti] *nn* right of eminent domain

право на вхождение во владение недвижимостью [prAva na vkhazhdEniye va vladEniye nidvIzhimastyu] *nn* right of entry

право на недвижимость, которое может быть анулировано [prAva na nidvIznimast, katOroye mOzhet bIt anulIravano] *nn* defeasible fee

право одного из совладельцев на собственность после смерти партнёра [prAva adnavO iz savladEltsef na sOpstvinast posli smErti partnOra] *nn* right of survivorship

право первой руки [prAva pErvay rukI] *nn* right of first refusal

право преимущественной покупки [prAva priimUshchistvinay pakUpki] *nn* right of first refusal

право собственности [prAva sOpstvinasti] *nn* title; estate; property interest; proprietary right; proprietary interest; right of property; legal ownership

право совладельца на собственность при совместном владении недвижимостью [prAva savladEltsa na sOpstvinast pri savmEsnam vladEnii nidvIzhimastyu] *nn* estate in joint tenancy

право удержания недвижимого имущества без согласия владельца [prAva udirzhAniya nidvIzhimava imUshchistva bis saglAsiya vladEltsa] *nn* involuntary lien

право удержания недвижимости за долги [prAva udirzhAniya nidvIzhimasti za dalgI] *nn* materialman's lien; mechanic's lien (*withholding of payment as collateral to persons doing repairs or construction work*)

Housing Law

Жилищное право

вещное право [vEshchnaye prAva] *nn* interest; proprietary interest; proprietary right

возвратное право [vazvrAtnaye prAva] *nn* reversionary interest

имущественное право [imUshcistvinnaye prAva] *nn* property right; proprietary right

правовой титул [pravavOy tItul] *nm* property deed; title

практика «красной черты» [prAktika krAsnay chirtI] *nf* redlining

принудительное отчуждение частной собственности [prinudItilnaye atchuzhdEniye chAsnay sOpstvinasti] *nn* eminent domain

приют [priyUt] *nm* shelter

проживание жильца на арендуемой площади после истечения срока контракта [prazhivAniye zhiltsA na arindUimay plOshchadi pOsli istichEniya srOka kantrAkta] *nn* estate at sufferance; tenancy at sufferance

проживание на общей супружеской площади [prazhivAniye na Opshchey suprUzhiskay plOshchadi] *nn* use and possession of the marital domicile

прямые затраты [primIye zatrAti] *npl* direct costs

раздел [razdEl] *nm* partition (*of property*); severance

разделённый на зоны [razdilOniy na zOni] *adj* zoned

разрешение на специальное пользование [razrishEniye na spitsiAlnaye pOlzavaniye] *nn* special use permit (*special permission of local authorities to perform specific operations in a zone, e.g. a three-month permit to conduct commercial activity in a residential area during street fairs*)

ратификация [ratifikAtsiya] *nf* ratification

регулирование арендной платы [rigulIravaiye arEndnay plAti] *nn* rent control

резидент [rizidEnt] *nm* resident

рестриктивное условие [ristriktIvnoye uslOviye] *nn* restrictive covenant

рынок жилой площади [rInak zhilOy plOshadi] *nm* residential market

рынок вторичных ипотечных займов [rInak ftarIchikh ipatEchnikh zAymaf] *nm* secondary mortgage market

рыночная стоимость [rInachnaya stOyimast] *nf* market value

свидетельство о собственности [svidEtelstva a sOpstvinasti] *nn* property deed; title

сда-ть/-вать в аренду [zdAt/zdavAt v arEndu] *v* lease

сда-ть/-вать в субаренду [zdAt/zdavAt f subarEndu] *v* sublease; sublet

сервитут [sirvitUt] *nm* easement; common; servitude (*right to use land for specific purposes, e.g., to cross another's property for access to one's own*)

соаренда [soarEnda] *nf* joint-tenancy; co-tenancy

независимая соаренда [nizavIsimaya soarEnda] *nf* tenancy in common

собственник [sOpstvinik] *nm* owner; property owner; possessor; proprietor

собственник недвижимости [sOpstvinik nidvIzhimasti] *nm* landlord; landowner

собственность [sOpstvinast] *nf* property; possession; title

собственный капитал [sOpstviniy kapitAl] *nm* home equity

совместное владение недвижимостью [savmEstnoye vladEniye nidvIzhimastyu] *nn* joint tenancy

соглашение о публикации информации [saglashEniye a publikAtsiyi infarmAtsiyi] *nn* open-listing agreement

содержать [sadirzhAt] *v* maintain

сонаследник [sanaslEdnik] *nm* tenant in common

соотношение размера кредита на недвижимость и ее залоговой стоимости [saatnashEniye razmEra kridIta na nidvIzhimast I iyO zalOgavoy stOimasti] *nn* loan-to-value ratio (*evaluated by the creditor*)

спекуляция недвижимостью за счет насаждения паники среди домовладельцев [spikulAtsiya nidvIzhimastyu za schOt nasazhdEniya pAniki sridI damavladEltsaf] *nf* blockbusting

спокойное пользование правом [spakOynoye pOlzovaniye prAvam] *nn* quiet enjoyment; quiet possession

срок аренды [srOk arEndi] *nm* term of lease; lease term; leasing period; tenancy; occupancy

срочное арендное право [srOchnoye arEndnoye prAva] *nn* estate for years; fixed-date estate

статья в договоре [statyA v dagavOri] *nf* covenant; contractual clause; contract clause

статья в договоре о штрафе за досрочную выплату займа [statyA v dagavOri a shtrAfi za dasrOchnuyu vIplatu zAyma] *nf* prepayment of loan clause

статья в договоре, предусматривающая ускоренное погашение ссуды [statyA v dagavOri, pridusmAtrivayushchaya uskOrinnoye pagashEniye ssUdi] *nf* acceleration clause

стена [stinA] *nf* wall

стоимость недвижимости [stOimast nidvIzhimasti] *nf* property value; real estate value; real property value

страховая стоимость [strakhavAya stOimast] *nf* insured value

субсидированное жилье [supsidIravanaye zhilyO] *nn* housing project

строитель [strayItil] *nm* builder; constructor

строительный подрядчик [strayItilniy padrAtchik] *nm* building contractor; builder

суд по жилищным вопросам [sUt pa zhilIshchnim vaprOsam] *nm* housing court

субарендатор [subarindAtar] *nm* sublessee; subtenant

субсидированное жилье [supsidIravaye zhilyO] *nn* subsidized housing; low-income housing

супружеская общность имущества [suprUzhiskaya Opshchnast imUshchistva] *nf* tenancy by the entirety

текущее обслуживание [tikUshcheye apslUzhivzniye] *nf* maintenance

титул [**tI**tul] *nm* property deed; title

трастовый договор [trAstaviy dagavOr] *nm* deed of trust; trust deed (*a three-sided agreement used to secure property in favor of a creditor*)

уведомление о выселении [uvidamlEniye a visilEniyi] *nn* notice to quit

убежище [ub**E**zhishche] *nn* shelter

условия аренды [uslOviya arEndi] *npl* lease term

участок [uchAstak] *nm* plot; lot; land parcel

учредитель траста [uchrid**I**til trAsta] *nm* grantor; trustor; settler of trust

фригольд [frigOld] *nm*, *also* **безусловное право собственности на недвижимость** [bizuslOvnoye prAva sOpstvinasti na nidv**I**zhimast] *nn* freehold

цессионарий [tsisianAriy] *nm* grantee; transferee; assignee

цедент [tsid**E**nt] *nm* grantor; assignor; transferor

чистая стоимость недвижимости [ch**I**staya stOimast nidv**I**zhi-masti] *nf* equity

эвикция [iv**I**ktsiya] *nf*, *also* **выселение** [visilEniye] *nn* eviction
  «конструктивная эвикция» [kanstrukt**I**vnaya iv**I**ktsiya] *nf* constructive eviction

Иммиграционные законы
Immigration Law

Иммиграционные законы регулируют условия допуска в страну иностранных граждан в качестве временно пребывающих в стране лиц либо в качестве ее постоянных жителей, а также условия превращения временных жителей страны в ее постоянных жителей (резидентов).

адвокат по иммиграционным вопросам [advakAt pa imigrat-siOnim vaprOsam] *nm* immigration lawyer; immigration attorney

апелляционное ходатайство о пересмотре решения нижней инстанции [apilatsiOnaye khadAtaystva a pirismOtre rishEniya **nI**zhney instAntsii] *nn* petition for review

аффидавит поддержки [afidav**I**t padd**E**rzhki] *nm* affidavit of support (AOS)

без статуса [biz stAtusa] *adv* out of status

безвизовый транзит [bizv**I**zaviy tranzIt] *nm* Transit Without Visa (TWOV)

бездомный [bizdOmniy] *adj* homeless

беженец [**bE**zhinets] *nm* refugee

бенефициарий [binifitsiAriy] *nm* beneficiary

биографические сведения [biagraf**I**chiskiye svEdeniya] *npl* biographical information; biographic information

ближайший родственник [blizhAyshiy rOtstvinik] *nm* immediate relative

бомж (*abbreviation of* **лицо без определенного места жительства** [person without fixed place of abode]) [bOmzh] *nm* homeless person; bum; tramp

вид на жительство [v**I**d na zhItilstva] *nn* immigrant visa

виза [v**I**za] *nf* visa

виза иммигранта [v**I**za immigrAnta] *nf* immigrant visa

виза на временное проживание в стране [v**I**za na vrEminaye prazhivAniye v stranE] *nf* non-immigrant visa

виза невесты/жениха [v**I**za nivEsti/zhinikhA] *nf* Fiancée Visa

виза сопровождающего лица [v**I**za sapravazhdAyushchiva litsA] *nf* accompanying visa

виза торгового инвестора [v**I**za targOvava invEstara] *nf* treaty trader visa

временно проживающий в стране [vrEminna prazhivAyushchiy f stranE] *nm* non-immigrant; temporary resident

временный сотрудник [vrEminniy satrUdnik] *nm* temporary worker; nonimmigrant temporary worker

выдворение из страны [vidvarEniye iz stranI] *nn* expulsion

выслать из страны [v**I**slat is stranI] *v* deport; remove

высылка [vIsilka] *nf* deportation; removal (*of an illegal foreign alien*); removal proceedings; exclusion

высылка иностранцев, не имеющих документов [vIsilka inastrAntsif, ni imEyushchikh dakumEntaf] *nf* removal of undocumented aliens

высылка нежелательных иностранцев, подлежащих депортации [vIsilka nizhilAtilnikh inastrAntsif, padlizhAshchikh dipartAtsii] *nf* removal of inadmissible, undesirable and deportable aliens

гражданин, получивший условный статус временного проживания в иностранном государстве [grazhdanIn, paluchIfshiy uslOvniy status vrEmennava prazhivAniya v inastrAnnam gasudArstvi] *nm* paroled alien

гражданин, прибывший в иностранное государство на законных основаниях [grazhdanIn, pribIfshiy v inastrAnnaye gasudArstva na zakOnnikh aasnavAniyakh] *nm* lawfully admitted

гражданин, прошедший натурализацию [grazhdanIn, prashEtshiy naturalizAtsiyu] *nm* naturalized citizen

гражданин с правом постоянного проживания в иностранном государстве [grazhdanIn s pravam pastayAnnava prazhivAniya v inastrAnnam gasudArstve] *nm* lawful permanent resident alien

гражданин, следующий через иностранное государство транзитом [grazhdanIn, slEduyushchiy chiris inastrAnnaye gasudArstva tranzItam] *nm* transit alien

гражданство [grazhdAnstva] *nn* citizenship

грин-карта [grin-kArta] *nf* green card; permanent resident card

данные о количестве иммигрантов [dAnniye a kalIchistve imigrAntaf] *npl* immigration record

дата въезда в страну [dAta vyEzda f stranU] *nf* arrival date

дата истечения срока [dAta istichEniya srOka] *nf* expiration date

денежный залог, гарантирующий добровольный выезд из страны [dEnizhniy zalOg, garantIruyushchiy dabravOlniy vIyizd is stranI] *nm* voluntary departure bond

депортация [dipartAtsiya] *nf* deportation; removal (*of an illegal foreign alien*); removal proceedings; exclusion

депортация за совершение уголовного преступления [dipartAtsiya za savirshEniye ugalOvnava pristuplEniya] *nf* criminal removal

депортация за счет государственных средств [dipartAtsiya za schOt gasudArstvinikh srEtsf] *nf* removal at government expense

депортация с борта самолета или судна [dipartAtsiya z bOrta samalOta ili sUdna] *nf* removal from a vessel or aircraft

депортировать [dipartIravat] *v* deport; remove

дискреционное усмотрение [diskretsiOnaye usmatrEniye] *nn* discretion

добровольное согласие на выезд из страны [dabravOlnaye saglAsiye na vIyizd is stranI] *nn* voluntary removal; voluntary departure

добровольный выезд из страны [dabravOlniy vIyizd is stranI] *nm* voluntary departure

документы, подтверждающие факт натурализации [dakumEnti, patvirzhdAyushchii fAkt naturalizAtsii] *npl* naturalization papers

документы, прилагаемые к заявлению о предоставлении политического убежища [dakumEnti, prilagAimii k zaivlEniyu a pridastavlEnii palitIchiskava ubEzhishcha] *npl* asylum supporting documents

документально подтвер-дить/-ждать право на статус беженца [dakumintAlna patvirdIt/patvirzhdAt prAva na stAtus **b**Ezhintsa] *v* establish eligibility as a refugee

долгосрочный [dalgasrOchniy] *adj* noncurrent

домициль [damitsIl] *nm* domicile

жертва супружеской жестокости [zhErtva suprUzhiskay zhistOkasti] *nf* battered spouse

жертва супружеского произвола [zhErtva suprUzhiskava praizvOla] *nf* abused immigrant spouse

задержание по причине нелегального пребывания в стране [zadirzhhaAniye pa prichIne niligAlnava pribivAniya v stranE] *nn* immigration hold; hold for immigration (*form of detention to ensure presence at future interviews, hearings, or removal proceedings*)

закон о борьбе с террористической деятельностью [zakOn a barbE s tiraristIchiskay **d**Eyatilnastyu] *nm* Antiterrorist Act

закон о неприкосновенности личности [zakOn a niprikasnavEnasti lIchnasti] *nm* habeas corpus act

запрет на въезд в иностранное гоударство [zaprEt na vyEsd v inastrAnnaye gasudArstva] *nm* exclusion

запрет на предоставление убежища [zaprEt na pridastavlEniye ubEzhishcha] *nm* bar to asylum

запрет на повторный въезд в иностранное гоударство [zaprEt na paftOrniy vyEzd v inastrAnnaye gasudArstva] *nm* bar to readmission

защита жертвы супружеского произвола [zashchIta zhErtvi suprUzhiskava praizvOla] *nf* battered spouse/child relief

заявитель [zaivItil] *nm* applicant

заявитель, просящий о предоставлении права въезда в страну [zaivItil, prasAshchiy a pridastavlEnii prAva vyEzda f stranU] *nm* applicant for admission

заявитель, просящий о предоставлении политического убежища [zaivItil, prasAshchiy a pridastavlEnii palitIchiskava ubEzhishcha] *nm* applicant for political asylum

заявление [zaivlEniye] *nn* application

заявление о получении разрешения на работу [zaivlEniye a paluchEnii razrishEniya na rabOtu] *nn* application for employment authorization

заявление о предоставлении статуса иммигранта [zaivlEniye a pridastavlEnii stAtusa imigrAnta] *nn* immigrant petition

заявление о продлении срока пребывания [zaivlEniye a pradlEnii srOka pribivAniya] *nn* renewal application

заявление официального лица [zaivlEniye afitsiAlnava litsA] *nn* affirmation (*no notarization required*)

«заяц» [zAits] *nm* stowaway

иждивенец [izhdivEnitys] *nm* dependent

избитый, травмированный [izbItiy, travmIravaniy] *adj* battered

избитый, травмированный ребёнок [izbItiy, travmIravaniy ribOnak] *nm* battered child

изменение статуса иностранного гражданина [izminEniye stAtusa inastrAnava grazhdanIna] *nn* change of status

изменившиеся обстоятельства [izminIfshiisa apstayAtilstva] *npl* changed circumstances

измен-ить/-ять статус проживания в стране [izminIt/izminAt stAtus prazhivAniya v stranE] *v* adjust status

имеющий право на въезд в страну [imEyushchiy prAva na vyEst v stranU] *adj* entitled to admission

иммигрант [imigrAnt] *nm* immigrant; immigrant alien

иммигрант с правом внеочередного получения гринкарты [immigrant s prAvam vniachiridnOva paluchEniya grinkArti] *nm* preference immigrant

иммигранты сверх квоты [imigrAnti svErkh kvOti] *npl* non-profit immigrants

иммиграционная виза [imigratsiOnaya vIza] *nf* diversity visa; immigrant visa

иммиграционное досье [imigratsiOnoye dasyE] *nn* immigration arrival record

иммиграционный [imigratsiOniy] *adj* immigration

иммиграция [imigrAtsiya] *nf* immigration

иностранец [inastrAnits] *nm* alien; foreigner; stranger

иностранный [inastrAnniy] *adj* alien

иностранный бизнесмен [inastrAnniy biznismEn] *nm* business non-immigrant

иностранный гражданин [inastrAnniy grazhdanIn] *nm* alien; foreign national

иностранный гражданин – жертва жестокого обращения [inastrAnniy grazhdanIn – zhErtva zhestOkava abrashchEniya] *nm* abused alien; battered alien

иностранный гражданин, находящийся в стране по культурному, научному или экономическому обмену [inastrAnniy grazhdanIn, nakhadAshchiysa v stranE pa kultUrnamy, naUchnamu ili ikanamIchiskamu abmEnu] *nm* exchange alien; exchange visitor

**иностранный гражданин, не имеющий права въезда в
страну** [inastrAnniy grazhdanIn, ne imEyushchiy prAva
vyEzda f stranU] *nm* inadmissible alien

**иностранный гражданин, не имеющий статуса
постоянного жителя** [inastrAnniy grazhdanIn, ne
imEyushchiy stAtusa pastayAnnava zhItila] *nm* non-resident
alien; non-immigrant; temporary resident

иностранный гражданин, подлежащий депортации
[inastrAniy grazhdanIn, padlizhAshchiy dipartAtsii] *nm*
deportable alien; removable alien

иностранный гражданин, постоянно роживающий в стране
[inastrAnniy grazhdanIn, pastayAnna prazhivAyushchiy v
stranE] *nm* resident alien

**иностранный гражданин с временным видом на
жительство в другой стране** [inastrAnniy grazhdanIn s
vrEminnim vIdam na zhItilstva v drugOy stranE] *nm* alien
resident

**иностранный гражданин с постоянным видом на
жительство в другой стране** [inastrAnniy grazhdanIn s
pastayAnnim vIdam na zhItilstva v drugOy stranE] *nm* lawful
permanent resident (LPR)

интервью [intirvyU] *nn* interview

исключительные обстоятельства [iskluchItilniye apstayAtilstva]
npl exceptional circumstances

карта постоянного жителя/постоянного резидента [kArta
pastayAnava zhItila/ pastayAnnava rizidEnta] *nf* green card;
permanent resident card

категория иммиграционных преференций [katigOriya
imigratsiOnnikh prifirEntsiy] *nf* preference category

квота [kvOta] *nf* quota

квоты для различных категорий иммигрантов [kvOti dla
razlIchnikh katigOriy imigrAntaf] *npl* numerical limit

количество вновь прибывших эмигрантов [kalIchistva vnOf
pribIfshikh imigrAntaf] *nm* refugee arrivals

**количество иностранных граждан, получивших статус
беженца** [kalIchistva inastrAnnikh grAzhdan, paluchIfshikh
status bEzhentsa] *nm* refugee approvals

комиссия по предоставлению условного статуса [kamIsiya
pa pridastavlEniyu uslOvnava stAtusa] *nf* parole board

Конвенция ООН против пыток [kanvEntsiya aOn prOtif
pItak] *nf* United Nations Convention against Torture

консульский чиновник [kOnsulskiy chinOvnik] *nm* consular officer

консульство [kOnsulstva] *nn* consulate

контролируемая высылка [kantralIruimaya vIsilka] *nf*
Departure Under Safeguards

крайняя жестокость [krAynaya zhistOkast] *nf* extreme cruelty

лаборатория судебно-медицинской экспертизы [labaratOriya
sudEbna-miditsIinskay ikspirtIzi] *nf* forensic laboratory

легальное постоянное проживание [ligAlnaye pastayAnnaye prazhivAniye] *nn* lawful permanent residence

лицо, находящееся на государственном попечении [litsO, nakhadAshcheyesa na gasudArstvinam papichEnii] *nn* public charge

лицо, не имеющее гражданства [litsO, ne imEyushcheye grazhdAnstva] *nn* a stateless person

лицо, не являющееся постоянным жителем [litso, ne ivlAyushcheyesa pastayAnnim zhItilem] *nn* non-resident

лицо, получившее условный статус постоянного проживания в другой стране [litsO, paluchIfsheye uslOvniy stAtus pastayAnnava prazhivAniya v drugOy stranE] *nn* parolee

личное дело [lIchnaye dEla] *nn* record; personal record

лотерея [latirEya] *nf* lottery

лотерея на розыгрыш гринкарт [latirEya na rOzigrish grinkArt] *nf* green card lottery; Diversity Visa Lottery; DV Lottery

медицинская справка [miditsInskaya sprAfka] *nf* medical waiver

место последнего въезда в страну [mEsta paslEdniva vyEzda f stranU] *nn* place of last entry

место постоянного проживания [mEsta pastayAnnava prazhivAniya] *nn* residence; habitual residence

мигрант [migrAnt] *nm* migrant

моральная нечистоплотность [marAlnaya nichistaplOtnast] *nf* moral turpitude

наличие основных элементов, предоставляющих право [nalIchiye asnavnIkh ilimEntaf, pridastavlAyushchikh prAva] *nn* prima facie eligibility

надёжное убежище [nadOzhnaye ubEzhishche] *nn* safe haven

нарушитель [narushItil] *nm* border crosser

натурализация [naturalizAtsiya] *nf* naturalization

национальность [natsianAlnast] *nf* nationality; ethnicity

национальные интересы [natsianAlniye intirEsi] *npl* national interests

не соответствующий требованиям [ni saatvEtstvuiyshchiy trEbavaniyam] *adj* ineligible

невозвращенец [nivazvrashchEnits] *nm* asylee

негативный фактор [nigatIvniy fAktar] *nm* negative factor

незаконно проживающий в стране [nizakOnno prazhivAyushchiy v stranE] *adj* unlawfully present

незаконное пребывание в стране [nizakOnnoye prazhivAniye v stranE] *nn* unlawful stay

неквалифицированный рабочий [nikvalifitsIravaniy rabOchiy] *nm* unskilled worker; blue collar worker; lay worker

необоснованное ходатайство [niabasnOvanoye khadAtaystva] *nn* frivolous application

неокончательная отмена [niakanchAtilnaya atmEna] *nf* cancellation without prejudice (*of a decision, visa, permission, etc.*)

непрерывное пребывание [niprirIvnaye pribivAniye] *nn* continuous residence

неразглашение [nirazglashEniye] *nn* non-disclosure

несовершеннолетний, путешествующий без сопровождения взрослых [nisavirshinalEtniy, putishEstvuyushchiy biz sapravazhdEniya vzrOslikh] *nm* unaccompanied minor

номер дела [nOmir **dE**la] *nm* case number

норма допуска беженцев в страну [nOrma dOpuska **bE**zhintsef f stranU] *nf* refugee authorized admissions

нормы уровня бедности [nOrmi Uravna **bE**dnasti] *npl* poverty guidelines

обладание правом [abladAnie prAvam] *nn* eligibility

обладающий надлежащими документами [abladAyushchiy nadlizhAshchimi dakumEntami] *adj* documentarily qualified

обоснованный страх преследования [abasnOvaniy strAkh prislEdavaniya] *nm* genuine fear; well-founded fear of persecution

обратиться/обращаться за визой [abratItsa/abrashchAtsa za vIzay] *v* apply for a visa

обретенное гражданство [abritOnnoye grazhdAnstva] *nn* acquired citizenship

обязательный выезд из страны [abizAtilniy vIyizd is stranI] *nm* required departure

однозначно, вне всякого сомнения [adnaznAchna, vne fsAkava samnEniya] *adv* clearly and beyond doubt

окончательный приказ о депортации, не подлежащий обжалованию [akanchAtilniy prikAs a dipartAtsii, ni padlizhAshchiy abzhAlavaniyu] *nm* final order of removal

опасность для общества [apAsnast dla Opshchistva] *nf* danger to community

освобождение от депортации [asvabazzhdEniye at dipartAtsii] *nn* discretionary relief

основной бенефициарий [asnavnOy binifitsiAriy] *nm* principal alien; principal beneficiary

особо тяжкое преступление [asOba **tA**shkaye pristuplEniye] *nn* particularly serious crime

особые условия для натурализации [asObiye uslOviya dla naturalizAtsii] *npl* special naturalization

отказ жертвы супружеского произвола от супружеских обязанностей [atkAs zhErtvi suprUzhiskava praizvOla at suprUzhiskikh abAzanastey] *nm* battered spouse waiver

отложенная иммиграционная проверка [atlOzhinaya imigrAntskaya pravErka] *nf* deferred inspection

отложенное судебное решение [atlOzhinaye sudEbnaye rishEniye] *nn* reserved decision

отмена высылки из страны [atmEna vIsilki is stranI] *nf* cancellation of removal

отмена депортации [atmEna dipartAtsii] *nf* Relief from Deportation

отозвание [atazvAniye] *nn, also* **отзыв** [Otzif] *nm* withdrawal (*arriving alien's voluntary retraction of application for admission in lieu of a removal hearing or expedited removal*)

отсроченный приговор [atsrOchiniy prigavOr] *nm* deferred sentence; conditional sentence

оформление документов на право постоянного проживания в стране [afarmlEniye dakumEntaf na prAva pastayAnnava prazhivAniya f stranE] *nn* adjustment of status

Охрана безопасности границ США [akhrAna bizapAsnasti granIts SishiA] *nf* Immigration and Customs Enforcement (ICE)

пакет документов для прохождения интервью в службе иммиграции [pakEt dakumEntaf dla prakhazhdEniya intirvyU slUzhbe imigrAtsii] *nm* appointment package

пакет с инструкциями [pakEt s instrUktsiyami] *nn* instruction package

паспорт [pAspart] *nm* passport

паспортный контроль [pAspartniy kantrOl] *nm* immigration examination

перевод сотрудника из зарубежной аффилированной компании в американскую компанию [pirivOt satrUdnika iz zarubEzhnay afillravanay kampAnii v amirikAnskuyu kampAniyu] *nm* intra-company transfer

перемещение [pirimishchEniye] *nn* resettlement

перемещенное лицо [pirimoshchOnaye litsO] *nn* displaced person; relocated person; expelee

переселенец [pirisilEnits] *nm* in-migrating person; out-migrant

пересмотр дела [pirismOtr dEla] *nm* review

пересмотр меры пресечения [pirismOtr mEri prisichEniya] *nm* custody redetermination hearing

пересмотр статуса [pirismOtr stAtusa] *nm* status review

период действия статуса [pirIad dEystviya stAtusa] *nm* duration of status

письменное обязательство [pIsminnaye abizAtilstva] *nn* attestation (*sworn statement made by employers to the Department of Labor to bring foreign workers to the U.S*)

письменное поручительство [pIsminnaye paruchItilstva] *nn* affidavit

письменное подтверждение [pIsminnaye patvirzhdEniye] *nn* confirmation note

пограничная служба [pagranIchnaya slUzhba] *nf, also* **пограничный дозор** [pagranIchniy dazOr] *nm* border patrol

поддержание статуса [paddirzhAniye stAtusa] *nn* maintenance of status

подлежащий депортации [padlizhAshchiy dipartAtsii] *adj* removable

подтверждающий документ [patvirzhdAyushchiy dakumEnt] *nm* supporting document

политическое убежище [palitIchiskaye ubEzhishche] *nn* asylum; political asylum

последнее место проживания [paslEdneye **mE**sta prazhivAniya] *nn* last residence

постоянно проживающий [pastayAnna prazhivAyushchiy] *adj* domiciled

постоянное место жительства [pastayAnnaye **mE**sta zhItilstva] *nn* domicile

постоянное физическое присутствие [pastayAnnaye fiz**I**ch-eskaye prisUtstviye] *nn* continuous physical presence

постоянный житель – иностранный гражданин [pastayAnniy zhItil – inastrAnniy grazhdan**I**n] *nm* alien resident; permanent resident

правила временного пребывания под стражей перед высылкой [prAvila vr**E**minnava pribivAniya pat strAzhey pirit vIsilkay] *npl* transitional period custody rules

право неприкосновенности личности [prAva niprikasnavEnasti **l**Ichnasti] *nn* habeas corpus

«правомочный» иммигрант [pravamOchniy imigrAnt] *nm* "qualified" immigrant

превыс-ить/-шать срок пребывания [privIsit/privishAt srOk pribivAniya] *v* overstay

пресе-чь/-кать [prisEch/prisikAt] *v* preclude

преследование по половому признаку [prislEdavaniye pa palavOmu pr**I**znaku] *nn* gender-related persecution

прибывающий в страну иностранный гражданин [pribi-vAyushchiy v stranU inastrAnniy grazhdan**I**n] *nm* arriving alien

приведение к присяге на гражданство [prividEniye k prisAgi na grazhdAnstva] *nn* swearing in of citizen

приводить/привести к присяге [privad**I**t/privist**I** k prisAgi] *v* swear in

приказ о депортации [prikAs a dipartAtsii] *nm* deportation order (I-851)

принудительное задержание [prinud**I**tilnaye zadirzhAniye] *nn* mandatory detention

приостановление высылки [priastanavlEniye vIsilki] *nn* withholding of removal; withholding of deportation

приписывание места рождения [prip**I**sivaniye **mE**sta razhdEniya] *nn* chargeability (*as to country of origin*)

присяга на принятие гражданства [prisAga na prinAtiye grazhdAnstva] *nf* oath; oath of allegiance

проверка личного дела [pravErka **l**Ichnava dEla] *nf* records check

программа воссоединения семей [pragrAma vassaidinEniya sim**E**y] *nf* Family Unity Program

прошение [prashEniye] *nn* application

постановление о добровольном выезде из страны [pastanavlEniye a dabravOlnam vIyezde is stranI] *nn* voluntary departure order

продление срока визы [pradlEniye srOka v**I**zi] *nn* visa extension

продление срока пребывания в стране [pradlEniye srOka pribivAniya f stranE] *nn* extension of stay

производное гражданство [praizvOdnaye grazhdAnstva] *nn* derivative citizenship

производный статус [praizvOdniy stAtus] *nm* derivative status (*eligibility for status deriving from approved petition for spouse or parent*)

производство по вопросу о высылке из страны [praizvOtstva pa vaprOsu a vIsilke is stranI] *nn* removal proceeding

прописка [prapIska] *nf* registration; certificate of domicile

проситель [prasItil] *nm* petitioner

проситель убежища [prasItil ubEzhishcha] *nm* asylum seeker

протоколы судопроизводства по делу [pratakOli sUdapraizvOtstva pa **dE**lu] *npl* record of proceeding (ROP)

процедура получения разрешения на приглашение иностранного сотрудника [pratsidUra paluchEniya razrishEniya na priglashEniye inastrAnnava satrUdnika] *nf* Foreign Labor Certification

процесс высылки из страны [pratsEs vIsilki is stranI] *nm* removal process

«прочно осевший» [prOchna asEfshiy] *adj* firmly resettled

прошение [prashEniye] *nn* application

прошение о натурализации [prashEniye a naturalizAtsii] *nn* naturalization application

прошение о политическом убежище как защита от высылки [prashEniye a palitIchiskam ubEzhishche kak zashchIta at vIsilki] *nn* defensive asylum

прошение о предоставлении вида на постоянное жительство [prashEniye a pridastavlEnii **vI**da na pastayAnnaye zhItilstva] *nn* asylee application

прошение о предоставлении статуса постоянного жителя другой страны [prashEniye a pridastavlEnii stAtusa pastayAnnava zhItila drugOy stranI] *nn* application to register permanent residence or to adjust status

прошение о разрешении на въезд в страну [prashEniye a razrishEnii na vyEzd f stranU] *nn* application for admission

прошение об отмене высылки из страны [prashEniye ab atmEne vIsilki is stranI] *nn* application for cancellation of removal

прошение об изменении статуса проживания в чужой стране / о предоставлении права постоянного проживания в чужой стране [prashEniye ab izminEnii stAtusa prazhivAniya v chuzhOy stranE / a pridastavlEnii prAva pastayAnnava prazhivAniya v chuzhOy stranE] *nn* application for adjustment of status

процедура натурализации, включающая принятие присяги [pratsidUra naturalizAtsii, fkluchAyushchaya prinAtiye prisAgi] *nf* naturalization ceremony

процедура предоставления убежища [pratsidUra pridastavlEniya ubEzhishcha] *nf* affirmative asylum process

пункт въезда в страну [pUnkt vyEzda f stranU] *nm* port of entry

разрешение (иностранному гражданину) на въезд в страну
[razrishEniye (inastrAnnamu grazhdanInu) na vyEst f stranU]
nn admission (*of an alien*)

разрешение на повторный (многократный) въезд [razrishEniye
na paftOrniy (mnogakrAtniy) vyEst] *nn* re-entry permission

разрешение на получение статуса беженца [razrishEniye na
paluchEniye stAtusa **b**Ezhintsa] *nn* refugee approval

разрешение на работу [razrishEniye na rabOtu] *nn* employment
authorization

распознаваемая компьютером виза [raspaznavAimaya
kampyUtiram **v**Iza] *nf* machine-readable visa (MRV)

распознаваемый компьютером паспорт [raspaznavAimiy
kampyUtiram pAspart] *nm* machine-readable passport (MRP)

распоряжение о представлении арестованного в суд
[rasparizhEniye a pritstavlEnii aristOvanava f sUt] *nn* habeas
corpus

регистрационная карточка иностранного гражданина
[rigistratsiOnnaya kArtachka inastrAnnava grazhdanIna] *nf*
alien registration card

регистрационная пошлина [rigistratsiOnnaya pOshlina] *nf*
filing fee

регистрационный номер карточки иностранного
гражданина [rigistratsiOnniy nOmir kArtachki inastrAnnava
grazhdanIna] *nm* alien registration number

регистрационный сбор [rigistratsiOnniy zbOr] *nm* filing fee

регистрация [rigistrAtsiya] *nf* registration; certificate of domicile

решение о прекращении срока пребывания (пребывания) [rishEniye a
prikrashchEnii srOka (pribivAniya)] *nn* motion for termination

род занятий [rOt zanAtiy] *nm* occupation

родственная связь, дающая право на иммиграцию
[rOtstvinaya sv**Az**, dayUshchaya prAva na imigrAtsiyu] *nf*
qualifying family relationship

санкции за нарушение норм поведения в суде [sAnktsii za
narushEniye nOrm pavi**d**Eniya v su**d**E] *npl* sanctions for
contemptuous conduct

свидетельство о браке [svi**d**Etilstva a brAki] *nn* marriage
certificate

свидетельство о гражданстве [svi**d**Etilstva a grazhdAnstvi] *nn*
certificate of citizenship

свидетельство о натурализации [svi**d**Etilstva a naturalizAtsii]
nn certificate of naturalization

сезонный рабочий [sizOnniy rabOchiy] *nm* seasonal worker;
guest worker

сельскохозяйственный рабочий [s**E**lskakhazAystviniy rabOchiy]
nm agricultural worker

семейный доход [sim**E**yniy dakhOt] *nm* household income

семейное положение [sim**E**ynaye palazhEniye] *nn* marital status

сертификация Министерства труда [sirtifikAtsiya ministErstva trudA] *nf* labor certification

сертификация для предоставления работы иностранному гражданину [sirtifikAtsiya dla pridastavlEniya rabOti inastrAnimu grazhdanInu] *nf* alien labor certification

слушание по вопросу о высылке из страны [slUshaniye pa vaprOsu a vIsilke is stranI] *nn* removal hearing

совместное поручительство [savmEsnaye paruchItilstva] *nn* joint sponsor

созаявитель [sazayavItil] *nm* co-applicant

содержание нелегального иммигранта под стражей для последующей депортации [sadirzhAniye nelegAlnava imigrAnta pat strAzhey dla paslEduyushchEy dipartAtsii] *nn* immigration hold

сопровождающее лицо [sapravazhdAyushcheye litsO] *nn* accompanying person

сопровождающий родственник [sapravazhdAyushchiy rOtsvinik] *nm* accompanying relative

сотрудник иммиграционной службы [satrUdnik imigrAtsiOnnay slUzhbi] *nm* immigration officer

сотрудник иммиграционной службы по делам невозвращенцев [satrUdnik imigrAtsiOnnoy slUzhbi pa dilAm nivazvrashchEntsef] *nm* asylum officer

сотрудник, переводимый из зарубежной аффилированной компании в американскую [satrUdnik, pirivadImiy iz zarubEzhnay afiIlravanay kampAnii v amirikAnskuyu] *nm* intra-company transferee

специалист высокого класса [spitsialIst visOkava klAsa] *nm* specialty occupation (*Foreign professionals with specialized knowledge, such as scientists, engineers, management consultants, journalists, etc.*)

спонсор [spOnsar] *nm* sponsor

стажер [stazhOr] *nm* non-academic student

статус иммигранта на текущий момент [status imigrAnta na tikUshchiy mamEnt] *nm* current status

статус беженца [status bEzhintsa] *nm* refugee status

статус ближайшего родственника [status blizhAyshiva rOtstvinika] *nm* qualifying relative (*general term for relative acting as sponsor*)

статус временной защиты законом [status vrEminay zashchIti zakOnom] *nm* Temporary Protected Status (TPS) (*legislative basis for allowing temporary refuge in the US*)

статус невозвращенца [stAtus nivazvrashchEntsa] *nm* asylee status

статус прибывшего в страну гражданина [stAtus pribIfshiva f stranU grazhdanIna] *nm* arrival category

степень владения иностранным языком [stEpin vladEniya inastrAnnim izikOm] *nf* foreign language proficiency

страна рождения [stranA razhdEniya] *nf* country of birth

страна принадлежности [stranA prinadlEzhnasti] *nf* country of chargeability; foreign country of chargeability

страна принадлежности по выбору [stranA prinadlEzhnasti pa vIbaru] *nf* alternate country of chargeability

страна, участвующая в розыгрыше гринкарт [stranA, uchAstvuyushaya v rOzigrishe grin-kArt] *nf* diversity country

студент [studEnt] *nm* student

студент очного обучения [studEnt Ochnava abuchEniya] *nm* full-time student

субсидия на определённых условиях [supsIdiya na apridilOn-nikh uslOviyakh] *nf* conditional grant

судебное решение об изменении статуса высылки из страны [sudEbnaye rishEniye ab izminEnii stAtusa vIsilki is stranI] *nn* alternate order of removal

судья по иммиграционным вопросам [sudyA pa imigratsiOnnim vaprOsam] *nm/nf* immigration judge (IJ)

текущий [tikUshchiy] *adj* current

торговый инвестор [targOviy invEstor] *nm* treaty investor; treaty trader

третья страна убежища [trEtya stranA ubEzhishcha] *nf* safe third country

тяжёлое испытание [tizhOloye ispitAniye] *nn* extreme hardship

уведомление о положительном решении [uvidamlEniye a palazhItilnam rishEnii] *nn* approval notice

уведомление о последствиях невыезда из страны [uvidamlEniy a paslEtstviyakh nivIyizda is stranI] *nn* notice of consequences for failure to depart

уведомление обвиняемого о его правах [uvidamlEniye abvinAimava a ivO pravAkh] *nn* advisement of rights

удостоверение личности [udastavirEniye lIchnasti] *nn* identification card

узаконенный [uzakOniniy] *adj* legitimated

указание страны рождения по выбору [ukazAniye stranI razhdEniya pa vIbaru] *nn* alternate chargeability

уровень образования [Uravin abrazavAniya] *nm* level of education; educational level

ускоренное рассмотрение дела [uskOrinaye rasmatrEniye dEla] *nn* expedited hearing

ускоренное производство по делу о высылке из страны [uskOrinaye praizvotstva pa dElu a vIsilke is stranI] *nn* expedited removal proceeding

условный вид на жительство [uslOvniy vId na zhItilstva] *nm* conditional residence visa (*getting residence on a conditional basis*)

условный резидент [uslOvniy rizidEnt] *nm* conditional resident

условный статус [uslOvniy stAtus] *nm* parole

филиал [filiAl] *nm* suboffice

Immigration Law

фиктивный брак [fiktIvniy brAk] *nm* marriage fraud

хабеас корпус [hAbias kOrpus] *nm, also* **право неприкосновенности личности** [prAva niprikasnavEnasti lIchnasti] *nn* habeas corpus

ходатайство [khadAtaystva] *nn* petition

ходатайство о въезде невесты-иностранной гражданки, жениха-иностранного гражданинаа [khadAtaystva a vyEzdi nivEsti- inastrAnnay grazhdAnki, zhinikhA-inastrAnnava grazhdanIna] *nn* petition for alien fiancé (-e)

ходатайство о воссоединении с родственником-иностранным гоажданином [khadAtaystva a vassaidinEnii s rOtstvinikam-iinastrAnnim grazhdanInam] *nn* petition for alien relative

ходатайство о предоставлении вида на жительство [khadAtaystva a pridastavlEnii vIda na zhItilstva] *nn* immigrant petition

центр помощи в подаче прошений на оформление иммиграционных документов [tsEntr pOmashchi *v* padAche prashEniy na afarmlEniye imigratsiOnnikh dakumEntaf] *nm* application support center

церемония приведения к присяге [tsirimOniya prividEniya k prisAgi] *nf* swearing-in ceremony; swearing-in session

чиновник службы иммиграции [chinOvnik slUzhbi immigrAtsii] *nm* immigration officer

член экипажа [chlEn ikipAzha] *nm* crewman

члены семьи [chlEni simyI] *npl* immediate family

экономическое преследование [ikanamIchiskaye prislEdavaniye] *nn* economic persecution

эмигрант [emigrAnt] *nm* emigrant; emigrant alien; expatriate; refugee

юрист по иммиграционным вопросам [yurIst pa imigratsiOnnim vaprOsam] *nm* immigration lawyer; attorney

явка для депортации [yAfka dla dipartAtsii] *nf* surrender for removal

явное и убедительное доказательство [yAvnaye I ubidItilnaye dakazAtilstva] *nn* clear and convincing evidence

Правовая терминология дорожного движения
Traffic Law

Дорожное движение регулируется законами, которые включают положения о движении транспорта на дорогах, правила получения водительского удостоверения, страховки на автомобиль, положения о наказании за нарушения правил дорожного движения, правила обеспечения безопасности дорожного движения, такие как необходимость использования привязных ремней безопасности, запрет на вождение автомобиля в состоянии алкогольного опьянения. В России дорожное движение регулируется государственными законами.

американская автомобильная ассоциация [amirikAnskaya aftamabIlnaya asatsiAtsiya] *nf* American Automobile Association (AAA)

авария [avAriya] *nf* collision; accident; casualty; trouble

аварийная остановка [avarIynaya astanOfka] *nf* emergency stop

аварийная ситуация [avarIynaya situAtsiya] *nf* disaster; emergency

автоинспекция [AftainspEktsiya] *nf* traffic violations bureau; State Motor Vehicle Authority; Department of Motor Vehicles (DMV) (*in USA*)

автомагистраль [AftamagistrAl] *nf* highway; expressway

автомастерская [AftamastirskAya] *nf* garage

автомобиль с техническими неисправностями [aftamabIl s tikhnIchciskimi neisprAvnastimi] *nm* mechanical violation

автомобиль, увезенный на штраф-стоянку за неправильную парковку [aftamabIl, uvizOnniy na shtrAf-stayAnku za niprAvilnuyu parkOfku] *nm* impounded/towed vehicle; impound

автомобильная стоянка [aftamabIlnaya stayAnka] *nf* parking lot

автосервис [AftasErvis] *nm* garage

автошкола [AftashkOla] *nf* driving school

агрессивное поведение на дороге [agrisIvnoye pavidEniye na darOgi] *nn* road rage

акт об аварии [Akt ab avAriyi] *nm* accident report

акт о временном или постоянном лишении водительских прав [Akt a vrEmenam ili pastayAnam lishEnii vadItilskikh prAf] *nm* notice of suspension or revocation

акт о наличии неисправностей [Akt a naIIchiyi neisprAvnastiy] *nm* fix-it ticket

алкогольный напиток [alkagOlniy napItak] *nm* alcoholic beverage

анализ на степень опьянения [anAlis na stEpin apyanEniya] *nm* breath test

аннулирование водительских прав [anulIravaniye vadItilskikh prAf] *nn* revocation

антирадар [AntiradAr] *nm* radar detector

балл [bAl] *nm* point (*for violation of a traffic rule*)

баранка [barAnka] *nf* steering wheel

безопасность дорожного движения [bizapAsnast darOzhnava dvizhEniya] *nf* road safety

бензин [binzIn] *nm* gasoline

беспорядочно перемещаться с одной полосы на другую [bisparAdachna pirimishchAtsa s adnOy palasI na drugUyu] *v* weave (*between lanes*)

боковая полоса безопасности [bakavAya palasA bizapAsnasti] *nf, also* **обочина** [abOchina] *nf* shoulder

боковое столкновение [bakavOye stalknavEniye] *nn* side collision

бордюр [bardUr] *nm* curb

бровка [brOfka] *nf* curb; shoulder

брошенный автомобиль [biskhOzniy aftamabIl] *nm* unattended motor vehicle

буксование [buksavAniye] *nn* slide; skid

буксовать на железнодорожных путях [buksavAt na zhilEznadarOzhnikh putAkh] *v* stall on railroad tracks

вираж [virAsh] *nm* curve; virage

ветровое стекло [vitravOye stiklO] *nn* windshield

вождение в нетрезвом состоянии [vazhdEniye v nitrEzvam sastayAaniyi] *nn* drinking and driving offense; drunk driving; driving under the influence of alcohol (DUI)

возмещение ущерба [vazmishchEniye ushchErba] *nn* property damage

водитель [vadItil] *nm* driver; motorist

водитель без страховки [vadItil bis strakhOfki]] *nm* uninsured motorist (UM)

водительские права [vadItilskiye pravA] *npl* driver's license

водительское удостоверение ученика [vadItilskaye udastavirEniye uchinikA] *nn* learner's permit

вождение под воздействием алкоголя и/или наркотиков [vazhdEniye pad vazdEystviyem alkagOla i/ili narkOtikaf] *nn* driving while intoxicated (DWI); driving under the influence of drugs; driving while ability impaired (DWAI)

вождение автомобиля после изъятия водительского достоверения [vazhdEniye aftamabIla pOsli izyAtiya vadItilskikh prAf] *nn* driving while suspended; aggravated unlicensed operation (AUO)

вождение без нарушений [vazhdEniye biz narushEniy] *nn* clean driving record

вождение с просроченным водительским удостоверением [vazhdEniye s prasrOchinim vadItilskim UdastavirEniyem] *nn* driving with an expired license

возврат регистрационного номера [vazvrAt rigistratsiOnnava nOmira] *nm* registration reinstatement; restoration

воздушные подушки для водителя и пассажира на переднем сидении [vazdUshnii padUshki dla vadItila I pasazhira na pirEdnim sidEnyi] *npl* driver and front passenger seat airbags

возмещение ущерба [vazmishchEniye ushchErba] *nn* property damages

водительское удостоверение [vadItilskoye UdastavirEniye] *nn* driver's license

водительское удостоверение с ограничениями [vadItilskoye UdastavirEniye s agranichEniyami] *nn* conditional license; provisional driver's license

восстановление водительских прав [vastanavlEniye vadItil-skikh prAf] *nn* reinstatement of driver's license

временное изъятие регистрационного талона [vrEminnoye izyAtiye rigistrarsiOnnava talOna] *nn* suspended registration

временное лишение водительского удостоверения [vrEminnoye lishEniye vadItilskava udastavirEniya] *nn* suspension of driver's license

время реакции водителя [vrEma riAktsii vadItila] *nn* reaction time

водитель с определеными обязанностями [vadItil s apridil-Onnimi abAzanastami] *nm* designated driver

въезд [vyEzd] *nm* entrance ramp

вызов в суд [vIzav v sUt] *nm* citation; subpoena

выплата страховой компенсации [vIplata strakhavOy kampin-sAtsiyi] *nf* insurance settlement

ГАИ (Государственная автоинспекция) [GayI (gasudarstven-naya aftainspektsiya)] *nf* State Motor Vehicle Authority; State Traffic Safety Inspection; road police

ГАИ-ГИБДД [GayI-gIbEdEdE] *nf* State Motor Vehicle Authority; State Traffic Safety Inspection; road police

ГИБДД (Государственная инспекция безопасности дорожного движения) [GayI-gIbEdEdE (gasudarstvinaya AftainspEktsiya)] *nf* State Motor Vehicle Authority; State Traffic Safety Inspection; road police

главная дорога [glAvnaya darOga] *nf, also* **магистральная улица** [magistrAlnaya Ulitsa] *nf* avenue

наж-ать/–имать на гудок [nazhAt/nazhimAt na gudOk] *v, also* **пода-ть/-вать сигнал** [padAt/padavAt signAl] *v* honk (*colloq.*)

гудок [gudOk] *nm, also* **клаксон** [klaksOn] *nm* horn

дата явки в суд [dAta yAfki v sUt] *nf* court appearance date

двигатель [dvIgatel] *nm* motor; engine

движение автомобиля «змейкой» [dvizhEniye aftamabIla zmEykay] *nn* weaving

«дворник» [dvOrnik] *nm* screen-wiper; windshield wiper

стеклоочиститель [stiklaachistItil] *nm* windshield wiper

держись правой/левой стороны [dirzhIs prAvay/lEvay staranI] *adv* keep right/left

детское сиденье безопасности [**d**Etskaye sid**E**nye bizapAsnasti] *nn* child safety seat

дозволенная скорость [dazvOlinaya skOrast] *nf* speed limit

дорога [darOga] *nf* road; thoroughfare

дорожно-транспортное происшествие (ДТП) [darOzhna-trAnspartnaye praishEstviye(dEtepE)] *nn* accident

    легкое дорожно-транспортное происшествие [lOkhkaye darOzhna-trAnspartnoye praishEstviye] *nn* fender-bender

дорожный знак [darOzhniy znAk] *nm* sign, traffic sign

дорожный знак, указывающий скорость движения [darOzhniy znAk, ukAzivayushchiy skOrast dvizhEniya] *nm* posted speed limit

дорожный патруль [darOzhniy patrUl] *nm* highway patrol

дорожный указатель [darOzhniy ukazAtil] *nm* sign; traffic sign

езда во встречной полосе [yizdA pa vstrEchnai palas**E**] *nf* moving against traffic

езда с превышением скорости [yizdA s privishEniyem skOrasti] *nf* traveling above the speed limit

ехать на красный свет [yEkhat na krAsniy sv**E**t] *v* run a red light

железная дорога [zhilEznaya darOga] *nf* railroad

жёлтый свет [zhOltiy sv**E**t] *nm* yellow light

закон об обязательном пользовании привязным ремнем безопасности [zakOn ab abizAtilnam pOlzavaniyi privazn**I**m rim**nO**m bizapAsnasti] *nm* seatbelt law

закон об ответственности за нарушение правил безопасности движения [zakOn ab at**v**Etstvinnasti za narushEniye prAvil bizapAsnasti dvizhEniya] *nm* Safety Responsibility Law

закон о безопасности детей в салоне автомобиля [zakOn a bizapAsnasti di**t**Ey v salOni aftamab**I**la] *nm* child restraint law

занос [zanOs] *nm* slide, skid

запасной тормоз [zapasnOy tOrmas] *nm* emergency contracting brake

запрет на разговоры по телефону за рулем [zapr**E**t na razgavOri pa tilifOnu za rul**O**m] *nm* cell phone law

запрет на спиртное за рулем [zapr**E**t na spirtnOye za rul**O**m] *nm* zero tolerance law

запрещенный проезд по разделительной полосе дороги [zaprishchOnniy prayEzd pa razdil**I**tilnay palas**E** darOgi] *nm* unlawful use of median strip

звуковой сигнал [zvukavOy signAl] *nm* siren

зеленый свет [zilOniy sv**E**t] *nm* green light

игнорирование дорожных знаков [ignar**I**ravaniye darOzhnikh znAkaf] *nn* failure to obey a traffic control device

игнорировать знак остановки [ignar**I**ravat znAk astanOfki] *v* run a stop sign; fail to stop

извещение о временном или постоянном лишении водительского удостоверения [izvishchEniye a vrEminam ili pastayAnnam lishEnii vad**I**tilskava udastavirEniya] *nn* notice of suspension or revocation

имущественный ущерб [imUshchistviniy ushchErp] *nm* property damage; pecuniary injury

интоксикация [intaksikAtsiya] *nf* intoxication

испытательный срок [ispitAtilniy srOk] *nm* probationary driver program

катастрофа [katastrOfa] *nf* collision; accident; casualty; trouble

квитанция штрафа [kvitAntsiya shtrAfa] *nf* ticket; traffic ticket

колесо [kalisO] *nn* wheel

количество миль в час [kalIchistva mIl f chAs] *nn* miles per hour (mph)

концентрация алкоголя в крови [kantsintrAtsiya alkagOla v kravI] *nf* blood alcohol concentration (BAC)

конфискованное водительское удостоверение [kanfiskOvan-noye vadItelskoye udastavirEniye] *nn* confiscated license

коробка передач [karOpka piridAch] *nf* transmission

красный свет [krAsniy svEt] *nm* red light

крутой поворот [krutOy pavarOt] *nm* sharp curve; sharp bend; hairpin turn

курс переподготовки [kUrs piripadgatOfki] *nm* drinking driver program (DDP) (*after loss of license due to DUI*)

курс повторного обучения [kUrs paftOnava abuchEniya] *nm* driver improvement program

курсы для нарушителей правил безопасного вождения [kUrsi dla narushItiley prAvil bizapAsnava vazhdEniya] *npl* traffic violator school

курсы по безопасности дорожного движения [kUrsi pa biza-pAsnasti darOzhnava dvizhEniya] *npl* defensive driving course; driving safety course

левый [lEviy] *adj* left

лихачество [likhAchistva] *nn* speed contest; "street race"; "speed race"; "drag race"

личное дело водителя [lIchnoye dEla vadItila] *nn* driver record

лишение водительских прав [lishEniye vadItilskikh prAf] *nn* loss of driving privileges

лиш-иться/-аться водительских прав [lishItsa/lishAtsa vadItilskikh prAf] *v* turn in a license; have license suspended (*as a result of court decision*)

лобовое стекло [labavOye stiklO] *nn* windshield

лобовое столкновение [labavOye stalknavEniye] *nn* front collision; frontal collision

лобовой удар [labavOy udAr] *nm* frontal crash; head-on crash

малая скорость [mAlaya skOrast] *nf* slow speed (*blocking traffic*)

материальный ущерб [matiriAlniy ushchErp] *nm* property damage; pecuniary injury

машина аварийной службы [mashIna avarIiynoy slUzhbi] *nf* emergency vehicle

машина скорой помощи [mashIna skOray pOmashchi] *nf* ambulance

мелкое нарушение [**mE**lkoye narushEniye] *nn* petty offense

место парковки [mEsta parkOfki] *nn* parking area; parking lot; parking space

место аварии [**mE**sta avAriyi] *nn* scene of an accident

место происшествия [**mE**sta praishEstviya] *nn* scene of an accident

мешать/помешать уличному движению [mishAt/pamishAt Ulichnamu dvizhEniyu] *v* impede traffic

мигалка [migAlka] *nf* flashing light

мост [mOst] *nm* bridge

наезд [nayEzd] *nm* collision

наезд сзади [nayEzd zzAdi] *nm* rear-end collision

наезд со смертельным исходом [nayEzd sa smirt**E**lnim iskhOdam] *nm* vehicular homicide

наказание [nakazAniye] *nn* sentence

накопление штрафных баллов [nakapl**E**niye shtrafnIkh bAlaf] *nn* accumulation of points

накрениться [nakri**n**Itsa] *v* careen

нарушение [narushEniye] *nn* violation

нарушение, не требующее явки в суд [narushEniye, ni tr**E**buyushcheye yAfki f sUt] *nn* summary offense

нарушение, требующее явки в суд [narushEniye, tr**E**buyushcheye yAfki f sUt] *nn* mandatory appearance violation

нарушение правил безопасности при смене полосы движения [narushEniye prAvil bizapAsnasti pri s**mE**ni palasI dvizhEniya] *nn* illegal lane change

нарушение правил дорожного движения [narushEniye prAvil darOzhnava dvizhEniya] *nn* moving violation; traffic offense

нарушение правил дорожного движения, наказуемое штрафом [narushEniye prAvil darOzhnava dvizhEniya, nakazUimoye shtrAfam] *nn* non-mandatory appearance violation

нарушение правил дорожного движения, требующее судебного разбирательства [narushEniye prAvil darOzh-nava dvizhEniya, tr**E**buyushcheye sud**E**bnava razbirAtilstva] *nn* mandatory appearance violation; court appearance violation

нарушение правил парковки [narushEniye prAvil parkOfki] *nn* parking violation

нарушение правил проезда по полосам движения [narushEniye prAvil prayEzda pa palasAm dvizhEniya] *nn* lane violation

нарушитель [narushItil] *nm* scofflaw; violator

не пропустить пешехода на переходе [ni prapust**I**t pishikhOda na pirikhOde] *v* failure to yield to pedestrian in crosswalk

невключение поворотных огней [nifkluchEniye pavarOtnikh ag**nE**y] *nn* failure to use turn signals

незастрахованное транспортное средство [nizastrakhOvanoye trAnspartnoye sr**E**tstva] *nn* uninsured vehicle

ненадлежащий [ninadlizhAshchiy] *adj* improper

неосторожное вождение [niastarOzhnaye vazhdEniye] *nn* careless driving; reckless driving

неосторожность потерпевшего [niastarOzhnast patirpEvshiva] *nf* contributory negligence (*leading to an accident*)

неправильно оформленная страховка [niprAvilna afOrmlinaya strakhOfka] *nf* insurance violation

неправильный обгон [niprAvilniy abgOn] *nm* improper passing

неправильный поворот на перекрестке со светофором [niprAvilniy pavarOt na pirikrOstke sa svitafOram] *nm* improper turn at traffic light

неправомерный [nipravamErniy] *adj* improper

несоблюдение дистанции [nisabludEniye distAntsiyi] *nn* following too closely; tailgaiting

несоблюдение правил дорожного движения [nisabludEniye prAvil darOzhnava dvizhEniya] *nn* infraction

несовершеннолетний водитель [nisavirshinalEtniy vadItil] *nm* underage driver

несчастный случай [nischAsniy slUchai] *nm* accident

несчастный случай со смертельным исходом [nischAsniy slUchay sa smirtElnim iskhOdam] *nm* fatal accident; fatality

неуплата штрафа [niuplAta shtrAfa] *nf* failure to pay fine (FPF)

неявка [niyAfka] *nf* failure to appear (FTP)

номерной знак [namirnOy znAk] *nm* license plate

обгон [abgOn] *nm* overtaking and passing

обгон по обочине [abgOn pa abOchini] *nm* passing on the shoulder

обгон справа [abgOn sprAva] *nm* passing on the right

обочина [abOchina] *nf* roadside; road shoulder

объезд [abyEst] *nm* detour

ограничение скорости движения [agranichEniye skOrasti dvizhEniya] *nn* speed limit

ограничения в водительских правах [agranichEniya v vadItilskikh pravAkh] *npl* restriction

одностороннее движение [adnastarOnniye dvizhEnniye] *nn* one-way traffic

окно с тонированным стеклом [aknO s tanIravanim stiklOm] *nn* tinted window

опасность [apAsnast] *nf* hazard; danger

«опасный поворот» [apAsniy pavarOt] Dangerous Curve

опла-тить/-чивать штраф [aplatIt/aplAchivat shtrAf] *v* answer a ticket, respond to a ticket

опрокидывание автомобиля [aprakIdivaniye aftamabIlya] *nn* roll-over

опроки-нуть/-дывать [aprakInut/ aprakIdivat] *v, also* **опроки-нуться/-дываться** [aprakInutsa/aprakIdivatsa] *v* overturn

осп-орить/-аривать [aspOrit/aspArivat] *v* contest

осп-орить/-аривать штраф в суде [aspOrit/aspArivat shtrAf f sudE] *v* challenge a ticket; appeal a ticket; contest a ticket

остан-овить/-авливать [astanAvIt/astanAvlivat] *v* stop

остан-овиться/-авливаться [astanavItsa/astanAvlivatsa] *v* stop

«остановка запрещена» [astanOfka zaprishchinA] No Stopping

остановка на железнодорожных путях [astanOfka na zhilizadarOzhnikh putAkh] *nf* stalling on railroad tracks

остановочный путь автомобиля [astanOvachiy pUt aftamabIla] *nm* reaction distance (*e.g. while braking*)

осторожное вождение [astarOzhnaye vazhdEniye] *nn* defensive driving

отказ подчиниться проверке на выдох паров алкоголя [atkAs padchinItsa pravErke na vidakh parOf alkagOla] *nm* refusal to submit to a breath test

отказ уступить дорогу водителю [atkAs ustupIt darOgu vadItilu] *nm* failure to yield right of way

отреагировать на штраф [atriagIravat na shtrAf] *v* answer a ticket; respond to a ticket

отсутствие страховки [atsUtstviye strakhOfki] *nn* insurance violation

параллельная парковка [paralElnaya parkOfka] *nf* parallel parking

парковка [parkOfka] *nf* garage; parking; parking garage

парковка в два ряда [parkOfka v dvA ridA] *nf* double parking

парковка запрещена [parkOfka zaprishchienA] No Parking

парковка под знаком «стоянка запрещена» [parkOfka pad znAkam stayAnka zaprishchinA] *nf* standing violation

пассажир [pasazhIr] *nm* passenger

пассажирка [pasazhIrka] *nf* passenger

перев-ернуть/-орачивать [pirivirnUt/pirivarAchivat] *v* overturn

перев-ернуться/-орачиваться [pirivirnUtsa/pirivarAchivatsa] *v* overturn

перейти/переходить улицу в неположенном месте [piriytI/pirikhadIt Ulitsu v nipalOzhinam mEsti] *v* jaywalk

перейти/переходить улицу на красный свет [piriytI/pirikhadIt Ulitsu na krAsniy svEt] *v* jaywalk

перекресток [pirikrOstak] *nm* intersection

пересечение дорог [pirisichEniye darOk] *nn* crossroad

переход [pirihOt] *nm* cross-walk; cross-over

    надземный переход [nadzEmniy pirihOt] *nm, also* **эстакада** [estakAda] *nf* overpass

    подземный переход [padzEmniy perehOt] *nm* underpass

переходить. *See* **перейти**

пешеход [pishikhOt] *nm* pedestrian

пешеходная дорожка [pishikhOdnaya darOshka] *nf* foot walk, foot path

пешеходный переход [pishikhOdniy pirihOt] *nm* crosswalk; pedestrian crossing

платеж почтовым переводом [platOsh pachtOvim pirivOdam] *nm* pay by mail

платная парковка [plAtnaya parkOfka] *nf* paid parking permit

плечевой ремень безопасности [plichivOy rimEn bizapAsnasti] *nm* shoulder harness

площадка отдыха [plashchAtka Oddikha] *nf* rest stop, rest area

повестка о вызове в суд [pavEstka a vIzave f sUt] *nf* citation; subpoena; summons

поворот [pavarOt] *nm* curve; turn

повреждение имущества [pavrizhdEniye imUshchistva] *nn* property damage

повторное нарушение [paftOrnaye narushEniye] *nn* second offense

пода-ть/-вать сигнал [padAt/padavAt signAl] *v* honk (*colloq.*)

подрезать/подрезать [padrEzat/padrizAt] *v* cut off

показание счетчика [pakazAniye schOtchika] *nn* registration

полицейский, штрафующий за нарушение [palitsEyskiy, shtrafUyushchiy za narushEniye] *nm* issuing officer

полоса для автомашин с большим числом пассажиров [palasA dla aftamashIn s balshIm chislOm pasazhIraf] *nf* high-occupancy vehicle (HOV) lane

поперечная дорога [papirEchnaya darOga] *nf* crossroad

постановка на учет [pastanOfka na uchOt] *nf* registration; vehicle registration

правила безопасности дорожного движения [prAvila bizapAsnasti darOzhnava dvizhEniya] *npl* road safety

правила дорожного движения [prAvila darOzhnava dvizhEniya] *npl* traffic rules; vehicle code

правила объезда стоящего школьного автобуса [prAvila abyEzda stayAshcheva shkOlnava aftObusa] *npl* passing a stopped school bus

право первоочередного движения [prAva pirvaachirOdnava dvizhEniya] *nn* right of way

правый [prAviy] *adj* right

превышающий [privishAyushchiy] *adj* exceeding; in excess of

превышение предельной допустимой скорости движения [privishEniye pridElnayi dapustImay skOrasti dvizhEniya] *nn* exceeding of maximum speed limit

предупреждение [priduprizhdEniye] *nn* caution

привилегия вождения [privilEgiya vazhdEniya] *nf* driving privilege

придорожная полоса [pridarOzhnaya palasA] *nf* roadside; road shoulder

«прижаться»/«прижиматься» (к тротуару или краю дороги) [prizhAtsa/prizhimAtsa (k tratuAru ili krAyu darOgi)] *v* pull over (*can be a policeman's order*)

пристег-нуть/-ивать ремень безопасности [pristignUtpristOgivat rimEn bizapAsnasti] *v* buckle up

программа борьбы с лихачеством [pragrAma barbI s likhAchistvam] *nf* aggressive driver program

проезд на красный свет [prayEzd na krAsniy svEt] *nm* failure to stop at traffic light

проезд под знаком «стоп» [prayEzd pad znAkam stOp] *nm* stopping violation

Правовая терминология дорожного движения

проезд через зону безопасности [prayEzd chiriz zOny bizapAs-nasti] *nm* driving through safety zone

прокол шины [prakOl shIni] *nm* tire blowout

протокол о нарушении правил дорожного движения [pratakOl a narushEniyi prAvil darOzhnava dvizhEniya] *nm* infraction

предвзятость на основании расовых признаков [pridvzAtast na asnavAnii rAsavikh prIznakaf] *nn* racial profiling

разделительная полоса автострады [razdilItilnaya palasA aftastrAdi] *nf* median strip

регистрация [rigistrAtsiya] *nf* registration; vehicle registration

регистрационная карточка автомобиля [rigistratsiOnnaya kArtachka aftamabIla] *nf* registration card

рулевое колесо [rulivOye kalisO] *nn* steering wheel

руль [rUl] *nm* steering wheel

«сесть/садиться на хвост» (*jarg.*) [sEst/sadItsa na khvOst] *v* tailgate

сбав-ить/-лять скорость [zbAvit/zbavlAt skOrast] *v, also* **уменьш-ить/-ать скорость** [umEnshit/uminshAt skOrast] *v* reduce speed

сигнализировать о помощи [signalizIravat a pOmashchi] *v* signal for help

система штрафов [sistEma shtrAfaf] *nf* point system

сквозной проезд [skvaznOy prayEzd] *nm* through street

слушание дела в суде [slUxhaniye dEla f sudE] *nn* hearing

слушание дела о нарушении правил безопаности на дороге [slUshaniye dEla o narushEniyi prAvil bizapAsnasti na darOgi] *nn* safety responsibility hearing

снижение количества штрафных баллов [snizhEniye kalIchi-estva shtrafnIkh bAlaf] *nn* reduction in points

соблюдение дистанции [sabludEniye distAntsiyi] *nn* following distance

создавать помехи движению [sazdavAt pamEkhi dvizhEniyu] *v* impede traffic

справка от полиции [sprAfka at palItsiyi] *nf* police report

спустившаяся шина [spustIfshyasa shIna] *nf* flat tire

стеклоочиститель [steklaachistItil] *nm* windshield wiper

столкновение [stalknavEniye] *nn* crash; collision

стоп-кран [stopkrAn] *nm* emergency brake

«стоянка запрещена» [stayAnka zaprishchinA] No Standing

страхование транспортного средства [strakhavAniye trAnspartnava srEtstva] *nn* vehicle insurance

страховая карта водителя [strakhavAya kArta vadItila] *nf* proof of insurance; insurance card

страховое удостоверение [strakhavOye udastavirEniye] *nn* insurance identification card

судебное решение [sudEbnoye rishEniye] *nn* sentence

счётчик [schOtchik] *nm* parking meter

съезд [syEst] *nm* off-ramp; exit ramp

талон техосмотра [talOn tekhasmOtra] *nm* inspection sticker

телесная травма [telEsnaya trAvma] *nf* injury

тонированное стекло [tanIravanoye stiklO] *nn* window tint

тормоза [tarmazA] *npl* brakes

тормозной путь [tarmaznOy pUt] *nm* braking distance

травма от внезапного резкого движения головы и шеи [trAvma at vnizApnava **r**Eskava dvizhEniya galavI I shEyi] *nf* whiplash

трансмиссия [transmIsiya] *nf* transmission

транспортная развязка [trAnspartnaya razv**A**ska] *nf* highway interchange

транспортный суд [trAnspartniy sUt] *nm* traffic court

тротуар [tratuAr] *nm* sidewalk (*e.g., on a bridge*)

тупик [tupIk] *nm* dead end

угол [Ugal] *nm* corner

удар [udAr] *nm* impact

удостоверение водителя [udastavir**E**niye vadItela] *nn* driver's license

удостоверение личности [udastavir**E**niye lIchnasti] *nn* proof of identity

указатель обязательной остановки [ukazAtil abizAtilnay astanOfki] *nm* stop sign

уличный светофор [Ulichniy svitafOr] *nm* traffic light

улица [Ulitsa] *nf* street

уменьш-ить/-ать скорость [umEnshit/uminshAt skOrast] *v* reduce speed

уступ-ить/-ать дорогу [ustupIt/ustupAt darOgu] *v* yield

ущерб [ushchErp] *nm* damage

   имущественный ущерб [imUshchestvenniy ushchErp] *nm* property damage

финансовая ответственность [finAnsavaya atvEtstvennast] *nf* financial responsibility

цифровое водительское удостоверение [tsifrovOye vadItilskaye udastavir**E**niye] *nn* digital driver's license (DDL)

часть улицы, прилегающая к школе [chAst Ulitsi, priligAyushchaya k shkOle] *nf* school zone

шина [shIna] *nf* tire

школьная территория [shkOlnaya tiritOriya] *nf* school zone

школьный автобус [shkOlniy aftObus] *nm* school bus

шоссе [shasE] *nn* highway; road; roadway; expressway; interstate; thoroughfare

штраф [shtrAf] *nm* traffic ticket

штраф за нарушение правил остановки и стоянки автомобиля [strAf za narushEniye prAvil astanOfki i stayAnki aftamabIla] *nm* non-moving violation

штраф за нарушение правил парковки [shtrAf za narushEniye prAvil parkOfki] *nn* parking ticket

Traffic Law

Правовая терминология дорожного движения

штраф за неуплату штрафа [shtrAf za niuplAtu shtrAfa] *nm* default conviction

штраф за превышение скорости [shtrAf za privishEniye skOrasti] *nm* speeding ticket

штрафной талон [shtrafnOy talOn] *nm* parking ticket

щётка стеклоочистителя [shchOtka steklaachistItila] *nf* windshield wiper

эстакада [estakAda] *nf* overpass; overhead road

ENGLISH-RUSSIAN DICTIONARY

АНГЛО-РУССКИЙ СЛОВАРЬ

General and Procedural Terms
Общая и процедурная терминология

abandon *v* отказываться (напр. от права, притязания, собственности и т.д); оставлять (жену, ребёнка)

abandonment *n* добровольный отказ (от иска, права, собственности и т.д.); оставление (жены и детей); закрытие

abrogate *v* отменять; аннулировать

abstract *n* аннотация; выписка, выдержка (из книги, протокола); краткое изложение (содержания); резюме, сводка

abstract of judgment *n* выписка из судебного решения

abuse *v* плохо обращаться (с кем-либо, чем-либо); злоупотреблять; неправильно использовать / *n* злоупотребление; жестокое обращение; нападки

> **sexual abuse** *n* изнасилование; противоправное половое сношение

abuse of power *n* злоупотребление полномочиями; превышение власти; произвол

abuse of trust *n* злоупотребление доверием

acknowledgement of satisfaction of judgment *n* подтверждение выполнения судебного решения

acquittal *n* оправдание, освобождение

action *n* соглашение; документ за печатью; акт, скрепленный документом за печатью

addict *n* лицо, обычно потребляющее наркотики; наркоман; токсикоман

addiction *n* наркотизм; физическая зависимость от наркотика или алкоголя

adjourn *v* переносить (заседание); объявлять перерыв (в заседании)

> **"The meeting is adjourned."** «заседание объявляется закрытым».

adjournment *n* перерыв между заседаниями; отсрочка; роспуск

adjudicate *v* вынести судебное решение или приговор; объявлять в судебном порядке

adjudication *n* вынесение судебного, арбитражного решения; судебный приговор

adjuster (*of insurance*) *n* лицо, осуществляющее рассмотрение страхового требования; специалист по оценке убытков

administer *v* управлять; вести дела; применять (нормы права); налагать (взыскание)

administration *n* управление и распоряжение наследством; административное производство; администрация; правительство

administrative *adj* административный; исполнительный (власть, орган, должностное лицо); распорядительный

administrator *n* душеприказчик; администратор наследства; опекун; управляющий делами; административное должностное лицо

admissible evidence *n* допустимое доказательство; показание, допустимое в качестве доказательства в суде

admission *n* допуск; прием в члены; признание (вины, факта); поступление (в пенитенциарное учреждение)

admission of guilt *n* признание вины

admonish *v* предостерегать; делать замечание; выносить выговор

admonition *n* замечание; предостережение; выговор

adult *adj/n* взрослый; совершеннолетний

adversarial/adversary system *n* система законов, правил и процедур, предусматривающая наличие противных сторон при судебном разбирательстве; состязательная система

adverse witness *n* свидетель противной стороны; предубежденный свидетель

affair *n* дело

affidavit *n* аффидавит; официальное свидетельство; письменное показание под присягой

affirm *v* утверждать, подтверждать; скреплять (подписью, печатью)

affirmance (*of a decision*) *n* утверждение решения суда судом высшей инстанции; подтверждение

affix signature *v* поставить свою подпись (под документом)

aggrieved party *n* проигравшая дело сторона

agreement *n* взаимное согласие; договор; соглашение

aid and abet *v* содействовать (преступлению)

AIDS *n* СПИД; синдром приобретённого иммунодефицита

alcohol *n* алкоголь; спиртные напитки

alcoholic *adj* алкогольный; алкоголический / *n* алкоголик; пьяница

alcoholism *n* алкоголизм; алкогольная интоксикация

alias *n* другое имя, псевдоним

alien *n* иностранец; человек, на которого не распространяются права гражданства

allegation *n* обвинение; заявление (особ. перед судом, трибуналом); претензия

allege *v* обвинять; заявлять

allegedly *adv* предположительно; якобы; как полагают

alter *v* изменять; вносить изменения

alternate *adj* запасной

alimony *n* алименты

amend *v* вносить изменения; вносить поправки, дополнения

amendment *n* поправка

amnesty *n* амнистия; освобождение

amount *n* количество; объем; сумма

annul *v* аннулировать; отменять; признавать недействительным

appeal *v* подать апелляционную жалобу / *n* апелляция; апелляционная жалоба

appear in court *v* выступать в суде; являться в суд; предстать перед судом

appellant *n* сторона, подающая апелляцию; податель апелляции; истец по апелляции

Appellate Court. *See* **court**

appellee *n* ответчик (в апелляционном суде)

application *n* письменное заявление; ходатайство; обращение к суду или судье

arbitration *n* арбитраж

argue *v* спорить; выдвигать свою аргументацию; доказывать свою правоту

argument *n* аргумент, довод, доказательство; изложение доводов, аргументация; выступление по делу; прения сторон; речь адвоката

arrears *n* просрочка (платежа); задолженность,недоимка; долги

article *n* пункт (напр. обвинительного акта), параграф; статья документа; вещь, предмет, товар

assets *npl* активы

assign *v* вменять в вину; возлагать (обязанности, функции), назначать; передавать, переуступать права, цедировать; ассигновать, предназначать; определять, устанавливать (срок)

assignee *n* правопреемник; уполномоченное лицо, агент

assignment *n* передача права; уступка требования, цессия; переуступка права собственности; отчуждение; назначение обязаннностей, функций

assignor *n* лицо, совершающее передачу (вещи, имущества, права); цедент

assault *n* нападение; атака

assist *v* способствовать; оказать содействие; принимать участие; присутствовать в качестве свидетеля

asylum *n* убежище

attachment *n* приложение; дополнение

attendance *n* присутствие (в суде)

attorney *n* поверенный; адвокат; юрист; атторней
    U.S. Attorney *n* федеральный прокурор

attorney at law *n* адвокат

attorney-client privilege *n* конфиденциальность информации

Attorney General *n* министр юстиции США

attorney of record *n* адвокат по делу, чье имя занесено в судебные протоколы; участвующий в деле адвокат

attorney's fees *npl* адвокатский гонорар; адвокатское вознаграждение

authentic *adj* оригинальный, подлинный; достоверный, аутентичный; имеющий законную силу, имеющий силу оригинала

General and Procedural Terms

bad faith *n* нечестность; недобросовестность; неисполнение обязательств; умышленное неисполнение обязательств

bail *n* залог

bailiff *n* бейлиф; судебный пристав; заместитель шерифа

bankruptcy *n* банкротство

bar (*legal prohibition*) *n* правовой запрет; запрет на осуществление иска; возражение ответчика, являющееся достаточной защитой против иска; судебная коллегия; адвокатура; коллегия адвокатов

Bar Association *n* Ассоциация адвокатов

bearer *n* податель; предъявитель; владелец документа

bench trial *n* судебный процесс без участия присяжных

bill *n* счёт; билль; законопроект

Bill of Rights *n* первые десять поправок к Конституции США

binding (decision) *adj* обязательное к исполнению (напр. о решении)

birth certificate *n* свидетельство о рождении

board of directors *n* совет директоров

bodily/body search *n* личный обыск; персональный досмотр

bodily harm/injury *n* телесное повреждение; причинение вреда здоровью

bond *n* денежная облигация; залог; обеспечение; письменное обязательство; гарантия

borough *n* округ (пять в Нью-Йорке)

breach *v* нарушать (право, закон, договор и. т. д.) / *n* нарушение (права, закона, договора, обязанности)

breach of duty *n* нарушение; неисполнение обязанности, долга

break-in *n* взлом; кража со взломом; проникновение

bribe *v* давать взятку; подкупать

brief *n* сводка, резюме; краткое письменное изложение дела; записка по делу, предъявляемая адвокатом в апелляционный суд

broker *n* брокер, агент, посредник

burden of proof *n* обязанность доказывания (в судебном процессе)

bylaws *n* устав (корпорации)

cannabis *n* конопля; гашиш; марихуана

caption *n* заглавие (дела, документа); шапка

case *n* дело, подлежащее судебному рассмотрению; судебный прецедент

case file *n* досье

case files *npl* архив суда

caseflow management *n* администрирование судебных дел

case law *n* прецедентное право

case worker *n* социальный работник; работник по изучению условий жизни неблагополучных семей и оказанию им помощи

cashier's check *n* банковский чек, чек кассира

certificate *n* свидетельство; сертификат
certified mail *n* заказное почтовое отправление (с уведомлением о вручении)
certified translation *n* перевод, заверенный нотариусом
chain of custody *n* список лиц, владевших документом (доказательствами и т.п.)
challenge *v* дать отвод присяжным; бросить вызов; возражать / *n* возражение; вызов; отвод (присяжным, свидетелю)
character witness *n* свидетель, выступающий не по поводу фактов дела, а только лишь характеризующий подсудимого
charge to the jury *n* заключительное обращение судьи к присяжным; наказ судьи; инструкция
charitable *adj* благотворительный
charter *n* устав (корпорации); хартия
chattel *n* движимое имущество; движимость
circumstantial evidence *n* косвенные доказательства или улики
circumvent *v* обходить (закон, договор)
civil *adj* гражданский (суд, право, служба)
civil action *n* гражданский иск; гражданское дело
claim *v* возбуждать иск; заявлять право; заявлять претензию; настаивать / *n* иск; требование; рекламация; претензия; утверждение; заявление
claimant *n* лицо, предъявляющее право, претензию или требование; сторона, заявляющая требование; заявитель претензии; истец
class action *n* групповой иск; коллективный иск
Class Action Fairness Act (CAFA) *n* закон, распространяющий федеральную юрисдикцию на крупные коллективные иски (принят в 2005 г.)
clause *n* статья; пункт; параграф (закона; договора, контракта, завещания)
clinical examination *n* клиническое исследование
clerk *n* секретарь (суда); клерк
closing argument *n* заключительное выступление (речь) адвоката
coca *n* кока (южноамер. кустарник и его листья); кокаиновый куст
cocaine *n* кокаин
code *n* кодекс; свод законов
collateral *n* залог
collect evidence *v* собирать свидетельские показания, улики
collection agency *n* агентство по взысканию задолженностей
commission *n* комиссия (группа лиц); комиссионное вознаграждение; полномочие; судебное поручение; назначение на должность; приказ о назначении на должность
commit *v* поручать, вверять; передавать на рассмотрение; совершать (преступление); обязывать; лишать свободы, заключать под стражу; предавать суду

compensatory damages *n* возмещение в размере понесённых убытков; возмещение ущерба; компенсаторные убытки; реальные убытки; фактические убытки

competent *adj* компетентный; правомочный; дееспособный; имеющий право, правоспособный; надлежащий

competent to stand trial *adj* правоспособный отвечать перед судом

competent to testify *adj* правомочный давать свидетельские показания

complainant *n* жалобщик; истец

complaint *n* претензия; жалоба (устная); иск; официальное обвинение; претензия; рекламация

comply with *v* выполнять; подчиняться; соблюдать; соответствовать (чему-л.)

conceal *v* скрывать; утаивать; умалчивать

conciliation *n* примирительная согласительная процедура; арбитражное примирение

condemnation *n* осуждение (в том числе на смертную казнь); приговор; конфискация; наложение ареста; отказ в иске; принудительное отчуждение собственности

confidential *adj* конфиденциальный; секретный; доверительный; пользующийся доверием

confidential informant (CI) *n* конфеденциальный осведомитель

conflict of interest *n* конфликт интересов

consent *v* давать согласие, разрешение / *n* согласие; разрешение; соглашение; совпадение воль

conservatee *n* воспитанник; приёмыш; субъект опеки

conservator *n* опекун (умалишённых); хранитель

conservatorship *n* попечительство; опека

consolidation of actions *n* объединение, соединение исков; совместный разбор дел

conspiracy *n* сговор (преступный)

conspire (*with smb.*) *v* вступить в сговор (с кем-либо)

constitution *n* конституция, основной закон; устав; учреждение; устройство; состав

constitutional *adj* конституционный; соответствующий конституции

consul *n* консул

consulate *n* консульство; консульское звание; срок пребывания консула в должности

consumer *n* заказчик; пользователь; потребитель

contempt of court *n* оскорбление суда; неуважение к суду

continuance *n* отсрочка; перенесение (заседания и т. п.); отложение дела слушанием

contract *n* контракт; договор; соглашение

contractual *adj* основанный на договоре; договорный

convention *n* договор (*преим.* международный); конвенция (международный договор); переговоры о заключении договора (в гражданском праве)

convict *v* осудить (кого-либо) / *n* осуждённый; узник

conviction *n* судимость (осуждённость)

cooperate *v* сотрудничать

cooperation agreement (*with prosecution*) *n* соглашение о сотрудничестве (с судебными органами)

cop (*slang*) *n* полицейский

corroborate *v* дополнять (доказательства другими доказательствами); подтверждать (дополнительными фактами); подкрепить одно доказательство другим

corroborated *adj* подтверждённый, подкрепленный доказательствами

corrupt *adj* коррумпированный; искаженный, недостоверный (о тексте); морально запятнанный, растленный / *v* подкупать; коррумпировать; портить; развращать; лишать гражданских прав; склонять к совершению проступка, преступления

corruption *n* подкуп; коррупция, коррумпированность; получение взятки; совращение; развращённость; разложение

co-signor *n* поручитель; гарант; лицо, дающее гарантию

cost *v* стоить; обходиться / *n* судебные расходы; судебные издержки; расходы, затраты

counsel *n* поверенный; адвокат; юрист; атторней

counterclaim *v* выставлять, предъявлять встречное требование / *n* встречный иск

counterfeit *v* подделывать (что-либо)

counterpart *n* противная сторона

course of conduct *n* поведение

court *n* суд; судебное присутствие; судебная палата; судья; судьи

    Appellate Court *n* апелляционный суд; федеральный суд второй инстанции

    circuit court *n* апелляционный суд

    civil court *n* гражданский суд

    county court *n* суд графства

    district court *n* федеральный районный суд первой инстанции

    family court *n* семейный суд

    Federal Court *n* федеральный суд

    in court *adv* в суде

    justice court *n* мировой суд

    open court *n* суд, открытый для общественности

    Superior Court *n* Высший суд

    Supreme Court *n* Верховный Суд

    surrogate court *n* суд по наследственным делам и опеке

    trial court *n* суд первой инстанции

court clerk *n* секретарь суда; клерк

court clerk's office *n* секретариат; приемная секретаря суда

court costs *npl* судебные издержки; судебные расходы

court docket *n* номер судебного дела

Court of Appeals *n* апелляционный суд; федеральный суд второй инстанции

Court of Honor *n* суд чести

court of justice *n* мировой суд

court order *n* приказ судьи; судебный приказ

court reporter *n* стенограф/-истка суда

courtroom *n* зал суда; зал судебных заседаний

credibility *n* надежность (свидетеля); доверие (к свидетелю); достоверность; правдивость

credible *adj* вероятный; заслуживающий доверия; внушающий доверие; надёжный; правдоподобный

crime *n* преступление; преступность; проступок; злодеяние; противоправное поведение

cross-complaint *n, also* **cross-claim** *n* встречная жалоба; встречный иск

cross-examination *n* допрос свидетеля противной стороны; перекрёстный допрос

cross-examine *v* подвергать допросу противной стороной; проводить перекрёстный допрос

culpability *n* виновность

curfew *n* комендантский час

custody *n* заключение под стражу; тюремное заключение; лишение свободы; охрана; опека

custody of evidence *n* охрана улик; охрана доказательств дела

customs *n* таможня, таможенные пошлины

damages *npl* убытки; потери

date *v* указывать время и место; ставить число; датировать / *n* дата, день; число

dead man statute *n* положение в гражданском законодательстве, запрещающее заинтересованному свидетелю давать показания о переговорах или сделках с покойным (в случае, если на это нет судебного разрешения)

death certificate *n* свидетельство о смерти

decedent *n* покойный; умерший; покойник

deceive *v* обманывать; намеренно вводить в заблуждение

decision *n* решение (судьи)

declarant *n* истец; заявитель; иностранец, подавший документы о принятии его в американское гражданство

declaration *n* уведомление; заявление; декларация (документ); исковое заявление; мотивировочная часть судебного решения; предъявление на таможне вещей, облагаемых таможенной пошлиной

declare *v* заявлять; декларировать; предъявлять на таможне вещи, облагаемые пошлиной; подавать иск; делать исковое заявление

decree *n* определение (суда); постановление (суда); решение (суда); декрет, указ

deed *n* соглашение; документ за печатью; акт, скрепленный документом за печатью; документ о передаче права собственности

de facto *adv* фактически; на самом деле

defamation *n* диффамация; клевета

default judgment *n* удовлетворение иска в пользу одной из сторон вследствие неявки на суд другой

defend *v* выступать в качестве защитника; защищать(-ся) в суде; возражать; запрещать

defendant *n* ответчик; подсудимый; обвиняемый; подзащитный

defense *n* оборона, защита (на суде); аргументация ответчика, подсудимого

delay *v* просрочивать; откладывать; задерживать / *n* просрочка; отсрочка

deliberate *adj* предумышленный; преднамеренный / *v* обдумывать; взвешивать; обсуждать, совещаться

delinquency *n* нарушение (договора, закона); невыполнение обязанностей; правонарушение; преступность

delinquent *n* правонарушитель; преступник; совершивший деликт

deliver *v* вручить (удебный приказ, извещение)

denial *n* отказ (в иске)

deny *v* отклонять (иск); отказывать (в иске)

deny a motion *v* отказать в ходатайстве

deponent *n* свидетель, дающий письменные показания под присягой; лицо, дающее аффидевит

depose *v* давать свидетельские показания под присягой; допрашивать под присягой; засвидетельствовать; низложить; свергнуть; сместить

deposition *n* письменные или устные показания под присягой; низложение; свержение; смещение

direct examination *n* прямой допрос

direct income withholding *n* удержание денежной суммы из заработной платы

disbursement *n* издержки; расходы; выплата

disclose *v* сообщать; предоставить информацию; разоблачать; раскрывать; оглашать (информацию)

disclosure *n* распространение; популяризация; раскрытие, разглашение; разоблачение; оглашение

discontinuance *n* прекращение или приостановление производства дела; дисконтинуитет

discovery *n* представление документов; представление сведений; раскрытие сведений в судебном процессе

dismiss *v* прекратить; освобождать от должности; заканчивать (обсуждение); отказывать (в иске); отклонять (иск); прекращать дело; оставить без удовлетворения

dismissal *n* отказ (в иске); отклонение (иска); прекращение (дела); освобождение от должности; роспуск

dismiss without prejudice *v* отклонить иск (в суде) «без преюдиции» (с сохранением за истцом права предъявления иска по тому же основанию)

dismiss with prejudice *v* отклонить иск (в суде) «с преюдицией» (без сохранения за истцом права на предъявление иска по тому же основанию)

disposable income *n* чистый доход после уплаты налогов и сборов

dispute *n* спорный вопрос; спор; тяжба

disqualified *adj* дисквалифицированный; лишённый прав; ограниченный в праве или в правах; признанный неправоспособным, недееспособным

disqualify *v* поражать в правах; лишать прав; делать недееспособным; делать неправоспособным; дисквалифицировать

distinguish between right and wrong *v* делать различие между истиной и ложью

district *n* округ (административный, судебный, избирательный)

district attorney *n* окружной прокурор; адвокат в районном суде

district court *n* окружной суд; Федеральный суд первой инстанции

disturbance *n* нарушение общественного порядка; нарушение спокойного пользования правом

DNA test *n* тест на ДНК

dock *n* скамья подсудимых

docket *n* выписка; копия решения или приговора; реестр судебных дел; досье производства по делу; книга судебных решений и приговоров

documentary evidence. *See* **evidence**

domicile *n* юридический адрес; место платежа по векселю; постоянное место жительства; домицилий

drug *v* употреблять наркотики / *n* лекарственный препарат; лекарство; наркотический медикамент; наркотик

drunk *adj* пьяный / *n* алкоголик; пьяный (находящийся в состоянии опьянения); пьяница

drunkenness *n* пьянство; состояние опьянения; алкогольная интоксикация; появление в состоянии опьянения в общественном месте (состав преступления)

due process *n* отправление правосудия; нормы отправления правосудия; надлежащая правовая процедура

duly *adv* должным, надлежащим образом; правильно

duty *n* долг, обязанность

duty of care *n* обязанность соблюдать осторожность; обязанность выполнения юридического акта

eavesdropping *n* подслушивание

electronic surveillance *n* слежка с использованием радиоэлектронных средств

elements of crime *npl* состав преступления

eligibility *n* обладание правом, правомочие; правоспособность; пассивное избирательное право; право на избрание; право на занятие должности

eligible *adj* имеющий право (в силу удовлетворения соответствующим установленным требованиям); правомочный; правоспособный; обладающий пассивным правом, правом на избрание, на занятие должности

embassy *n* посольство; полпредство; представительство

embezzlement *n* нажива, воровство, незаконное присвоение

eminent domain *n* право государства на принудительное отчуждение частной собственности; принудительное отчуждение имущества

enforcement of judgment *n* приведение в исполнение решения суда

enjoyment of rights *n* обладание (правом); осуществление (права); пользование (правом)

enterprise *n* предприятие; дело; схема

equality under the law *n* равенство перед законом

estate *n* имущество; собственность; наследство

evasion (*of taxes*) *n* неуплата налогов

evidence *n* улика; доказательство

    documentary evidence *n* документальное доказательство

    physical evidence *n* вещественное доказательство

evidence ruling *n* требование представления подлинных (первичных) доказательств

evidentiary *adj* доказательный; имеющий значение доказательства

examination of witness *n* допрос свидетеля; освидетельствование свидетеля

examine *v* допрашивать; обследовать; изучать

examine the facts *v* анализировать факты

exchange *n* биржа

execute *v* исполнять; выполнять; осуществлять; совершать; казнить; подписывать

execution *n* исполнение; казнь; наложение запрещения; наложение ареста на имущество; продажа имущества за неуплату долгов

execution on personal property *n* наложение ареста на личную собственность

executive committee *n* исполнительный комитет

executive powers *n* исполнительная власть

executor *n* душеприказчик; судебный исполнитель

exhaustion of remedies *n* исчерпание средств юридической защиты

exhibit physical evidence *v* предъявить вещественное доказательство, улику

expert *n* эксперт

expert examination *n* экспертиза

expertise *n* профессиональная компетенция

expert opinion *n* экспертное заключение

expert testimony *n* показания эксперта

expert witness *n* свидетель-эксперт; эксперт в судебном заседании

expiration *n* истечение (о сроке); прекращение действия с истечением срока, просрочка (документа и т. п.)

expire *v* прекращаться с истечением срока; кончаться; истекать (о сроке); скончаться

extension of period of stay *n* продление срока пребывания

extenuating *adj* смягчающий

extortion *n* вымогательство

extradition *n* выдача (преступника другой стране)

eyewitness *n* очевидец, свидетель

face value *n* номинальная стоимость; оценка на первый взгляд

facial *adj* номинальный

facilitate *v* способствовать; оказать содействие; принимать участие; присутствовать в качестве свидетеля

fact finding *n* установление фактов

fair hearing *n* справедливое слушание (дела)

faithfully *adv* верно; добросовестно

fake *adj* фальшивый

false testimony *n* лжесвидетельство

family court. *See* **court**

Federal Bureau of Investigation (FBI) *n* Федеральное Бюро Расследований (ФБР)

Federal Court. *See* **court**

Federal Emergency Management Agency (FEMA) *n* ФЕМА; Федеральное агентство США по чрезвычайным ситуациям

Federal government *n* федеральное правительство

Federal Grand Jury *n* Федеральное Большое Жюри

fee *n* гонорар, оплата

felony *n* крупное уголовное преступление

fiduciary *adj* доверенный; порученный; конфиденциальный / *n* доверенное лицо; фидуциарий; попечитель; опекун

Fifth Amendment *n* Пятая поправка (к конституции США)

file a claim *v* подать иск (в суд)

filing fee *n* пошлина (за подачу документа в суд)

finding *n* находка; решение; заключение; вывод; установление факта

findings *npl* обстоятельства дела; установленные в ходе судебного разбирательства факты; констатирующая часть судебного решения

fine *v* штрафовать; налагать пеню / *n* денежное взыскание; штраф; пеня

fiscal year *n* финансовый год

foreclosure *n* закрытие; изъятие; отказ

foreman of jury *n* старшина присяжных

forensic *adj* судебный

forensic document laboratory *n* лаборатория судебно-медицинской экспертизы

forensic medicine *n* судебная медицина
foreseeable *adj* предвидимый
forfeit *v* конфисковать
forgery *n* подделка; фальсификация
fraud *n* машенничество;обман
fugitive *n* беглец (от правосудия)
fundamental right *n* основное право
gang *n* гангстерская банда; шайка
garnishment *n* наложение ареста на имущество должника у
    третьего лица или на суммы, причитающиеся должнику с
    третьего лица
give notice *v* извещать; объявлять; оповещать; предупреждать;
    уведомлять
good faith *n* выражение абсолютной уверенности в
    добросовестности репутации другой стороны
grace period *n* льготный период (в погашении долга); льготный
    срок
grand jury *n* большое жюри
grant a motion *v* удовлетворить ходатайство
grievance *n* жалоба (письменная); основание для жалобы; ущерб
gross negligence *n* преступная небрежность; грубое нарушение
ground *n* основание; мотив
grounds for re-trial *npl* основания для пересмотра дела, нового
    судебного процесса
guarantor *n* поручитель; гарант; лицо, дающее гарантию
guardian *n* т опекун; попечитель; хранитель
guilty *adj* виновный
guilty plea *n* признание вины
handwriting *n* почерк
harassment *n* домогательство; преследование; назойливое
    ухаживание; приставание; причинение беспокойства
hardship *n* бедствие; трудности; лишения
harm *n* вред; ущерб
harmful *adj* вредный; пагубный; губительный
hashish *n* гашиш
have and hold *v* владеть; иметь в распоряжении
hearing *n* слушание дела в суде
hearsay *n* показания по слухам
heir *n* наследник
hemp *n* конопля; гашиш; марихуана
homicide *n* убийство
honorable judge *n* достопочтенный судья
hostage *n* заложник
household *n* семья (живущая вместе)
ID card *n* удостоверение личности
illegal *adj* незаконный; нелегальный; противозаконный;
    противоправный
illegal entry *n* нелегальный въезд (в страну)

immigrant *n* иммигрант
immigration *n* иммиграция
imminent danger *n* неотвратимая опасность
impeach *v* обвинять; возлагать ответственность; выразить вотум недоверия; вести расследование и обвинять в порядке импичмента
implicated *adj* замешанный (в преступлении); причастный к (преступлению)
imprisonment *n* заключение в тюрьму
incident report *n* акт о происшествии
incite *v* подстрекать (к совершению преступления)
income *n* доход; прибыль; зарплата
in custody *adv* под стражей
indictment *n* обвинительное заключение; акт
induce *v* побуждать; вовлекать; склонять
informed consent *n* согласие, основанное на полученной информации
informer *n* осведомитель
in good faith *adv* добросовестно; с честными намерениями
inherit *v* наследовать; получить в наследство
inheritance *n* наследство
injunction *n* судебный запрет; судебное постановление
injured party *n* потерпевшая сторона
injury *n* травма; нарушение права другого лица; вред; ущерб; клевета
inquest *n* расследование; следствие
inquest jury *n* следственное большое жюри; присяжные для расследования
inquire *v* расследовать; делать запрос
inquiry *n* запрос; расследование (дела); судебное следствие
insane *adj* невменяемый; психически ненормальный; душевнобольной
insanity *n* психическая болезнь; умопомешательство; невменяемость; умственная неполноценность
intend *v* иметь намерение; умышлять
intention *n* намерение
international judicial assistance *n* юридическая помощь гражданам государства, находящимся за рубежом, в гражданских судебных делах
interpret *v* толковать, объяснять (правовую норму, закон, договор); переводить (устно)
interpretation *n* толкование; интерпретация; перевод (устный)
    consecutive interpretation *n* последовательный перевод
    simultaneous interpretation *n* синхронный перевод
interpreter *n* лицо или орган, толкующие норму права; переводчик
interrogate *v* допрашивать
interrogatory *n* вопросы для свидетеля, эксперта и т. д.

intestate *adj* умерший без завещания; получающий наследство без завещания

intimidate *v* запугивать; устрашать

intoxication *n* опьянение; интоксикация (наркотическая); отравление

investigate *v* изучать (вопрос); рассматривать (дело); расследовать

investigation *n* расследование; следствие; рассмотрение (дела); сыск

investigator *n* следователь; сыщик

irrebuttable presumption *n* неопровержимая презумпция

issue *n* вопрос спора; вопрос фактического или юридического характера, подлежащий обсуждению судом

joint venture *n* совместное предприятие

judge *v* рассматривать дело в суде; судить; выносить приговор / *n* судья

    administrative law judge *n* административный судья

    chief judge *n* старший судья

    magistrate judge *n* магистрат, мировой судья

    presiding judge *n* председатель суда; судья, ведущий процесс

judgment *n* судебное решение; приговор

judicial review *n* судебный надзор; судебный пересмотр

jurisdiction *n* отправление правосудия; юрисдикция, сфера полномочий, компетенция; подсудность

    territorial jurisdiction *n* территориальная юрисдикция

jurisdictional limit *n* пределы юрисдикции

juror *n* присяжный; член состава присяжных

jury *n* состав присяжных

jury challenge *n* оспаривание; отвод (присяжным)

jury charge *n* напутствие судьи присяжным

jury duty *n* заседание в присяжной коллегии, долг присяжного

just *adj* справедливый

justice court. *See* court

juvenile *adj* несовершеннолетний / *n* несовершеннолетний

kidnapping *n* захват заложников; похищение

knowingly *adv* сознательно

lack of jurisdiction *n* неподсудность; недостаточность; отсутствие юрисдикции

law *n* право; закон; законодательство; свод законов

    admiralty law *n* морское право

    case law *n* прецедентное право

    procedural law *n* процедурное право

lawful *adj* законный

lawsuit *n* судебное дело; иск

lawyer *n* адвокат; юрист

leading question *n* наводящий вопрос

lease *n* арендный подряд

leave to appeal *n* разрешение на апелляцию; право на апелляцию

legal *adj* юридический; правовой; законный; узаконенный; легальный; судебный

legalization *n* узаконение, придание законной силы; легализация; легитимация

legal representative *n* законный представитель; наследник; правопреемник

legislative power *n* законодательная власть

letter of credit *n* аккредитив

lewd conduct *n* непристойное поведение; распутное поведение

liability *n* ответственность; обязанность; долг; денежные обязательства; юридическая ответственность

liable *adj* подлежащий (чему-либо); связанный обязательством, обязанный; ответственный

liquidated damages *npl* ликвидные (заранее оцененные) убытки; заранее согласованные убытки; заранее определённое возмещение убытков; оценочная неустойка

litigant *n* сторона в судебном процессе; истец или ответчик

litigate *v* судиться (с кем-либо); быть истцом или ответчиком

litigation *n* гражданский судебный спор; судебный процесс; тяжба

litigation cost *n* судебные издержки

losses *npl* убытки

magistrate judge. *See* **judge**

malfeasance *n* злодеяние; совершение неправомерного действия; противоправный поступок; преступление, должностное преступление

mandatory *adj* императивный, обязательный; принудительный; мандатный; мандатарий; поверенный

manslaughter *n* простое убийство; убийство по неосторожности; непредумышленное убийство

marijuana *n* конопля; гашиш; марихуана

mediate *v* ходатайствовать; выступать в качестве посредника

mediation *n* медиация; процедура примирения сторон

mediator *n* посредник; арбитр

medical report *n, also* **medical evidence** *n* медицинское заключение

mental deficiency *n* психическая неполноценность

mental depression *n* депрессия

mental disorder *n* психическое заболевание; психическое расстройство

minor *adj* младший; несовершеннолетний (не достигший 18 лет) *n* несовершеннолетний (не достигший 18 лет)

misconduct *n* проступок; неправильный образ действий

misdemeanor *n* мелкое уголовное преступление

misrepresentation *n* неправильное представление

mistake *n* ошибка; заблуждение; недоразумение

mistrial *n* судебное разбирательство с нарушением процедуры

mitigating *adj* смягчающий
mitigating circumstance *n* смягчающее обстоятельство
mob *n* гангстерская банда; шайка
modify *v* изменять; вносить изменения
money laundering *n* отмывание денег
motion *n* ходатайство (в суде); заявление; предложение
motive *n* мотив (преступления)
narcotics *n* наркотики
nationality *n* подданство; национальность; гражданство
neglect *v* лишать ухода; лишать опеки; пренебрегать; упускать
negligence *n* ошибка; ложный шаг; безнадзорность; небрежность;
    халатность
negligently *adv* по небрежности; по неосмотрительности; по
    неосторожности
negotiate *v* вести переговоры
net worth *n* чистая стоимость имущества
new trial of a case *n* пересмотр дела (в суде); повторное
    рассмотрение дела
notarial *adj* нотариальный
notary *n* нотариус
notice of claim *n* извещение об иске
notify *v* извещать; объявлять; предупреждать; уведомлять
null and void *adj* не имеющий юридической силы
oath *n* клятва; присяга
    under oath *adv* под присягой
obey *v* подчиняться; повиноваться
objection *n* возражение; протест
obscenity *n* непристойное поведение; бесстыдство;
    непристойная брань
obstruction of justice *n* помеха правосудию
offense *n* нарушение (закона, договора); проступок; преступление
officer of the court *n* сотрудник суда; член суда
offset *n* встречное требование; зачёт требований; погашение
open court. *See* **court**
opening statement *n* вступительная речь; предварительное
    заявление защитника или прокурора
operation of law, by *adv* в силу действия закона
oral argument *n* прения сторон (в суде); выступления в прениях
oral proceedings *npl* устное судопроизводство
order *v* давать инструкции; давать указания; требовать;
    отдавать приказ; предписывать / *n* предписание,
    распоряжение, приказ; инструкция; частное определение;
    правопорядок; порядок; регламент
order of protection *n* приказ о защите (жертвы, потерпевшего *и*
    т.п.)
ordinance *n* указ; статут; закон;декрет; постановление
    муниципального органа (в США)
overrule an objection *v* отклонить возражение

General and Procedural Terms

panel *n* состав жюри

paralegal *n* помощник адвоката; юридич. консультант

parole *n* досрочное освобождение (из тюрьмы)

party *n* сторона (по делу, в договоре и т. д.); участвующее лицо

passport *n* паспорт; охранное свидетельство

penal code *n* уголовный кодекс

penalty *n* штраф, неустойка; пеня; карательная мера; санкция; наказание

pendente lite (*Lat.*) *adv* пока продолжается рассмотрение дела (*лат*)

People *n* народ (*напр.* People of the State of New York versus John Doe – Народ Штата Нью-Йорк против имярек ...)

perjury *n* лжесвидетельство

permit *n* письменное разрешение; лицензия

person *n* лицо (физическое или юридическое); человек

personal jurisdiction *n* персональная юрисдикция; юрисдикция по кругу лиц

personalty *n* движимость; движимое имущество; персональное имущество

petition *n* исковое заявление; ходатайство; прошение

Petit Jury *n* Малое жюри; суд присяжных

petit/petty larceny *n* мелкая кража

physical evidence. *See* **evidence**

plaintiff *n* истец; жалобщик

plea agreement *n* соглашение (договорённость) о признании вины

plead guilty *v* признать себя виновным

pleading *n* состязание сторон; выступление стороны или адвоката в суде

police *n* полиция; поддержание порядка

police officer *n*, *also* **policeman** *n* полицейский

policy of insurance *n* страховой полис

power of attorney *n* письменная доверенность

precedent *n* прецедент

prejudice *n* предвзятость, предвзятое мнение; предубеждение

prejudicial *adj* причиняющий вред правам, интересам и т. п

pre-sentence report *n* доклад судье перед вынесением им приговора

preside over *v* председательствовать

presiding judge. *See* **judge**

presume *v* предполагать; презюмировать

presumed innocent *adj* считается невиновным

presumption *n* основание для предположения; вероятность; презумпция

presumption of innocence *n* презумция невиновности

prima facie *adj* предположительно; судя по всему; прежде всего; по имеющимся данным; в порядке опровержимой презумпции

prior conviction *n* судимость

probable cause *n* достаточные основания (полагать, что факт имел место)

probate *n* официальное утверждение завещания; заверенная копия завещания

probation *n* надсмотр над заключёнными

probation department *n* отдел надзора над заключёнными, отдел пробации

probation interview *n* собеседование в отделе пробации

probation officer *n* работник отдела надзора над заключёнными

probation report *n* отчёт отдела пробации

probative value *n* доказательная сила; доказательная ценность

pro bono *adv* бесплатно (напр. об услугах адвоката)

procedural law. *See* **law**

procedure *n* судопроизводство; процедура; процессуальные нормы

proceed *v* осуществлять процессуальные действия

proceeding *n* иск; обращение за судебной помощью; судебный процесс, процессуальное действие; судопроизводство

    domestic proceedings *npl* судопроизводство по семейным делам

    oral proceedings *npl* устное судопроизводство

    summary proceeding *n* упрощённое судопроизводство; суммарное судопроизводство

process *v* вручить (судебный приказ, извещение)

profit *n* прибыль, доход, маржа

promissory note *n* расписка, вексель

proof *n* доказательство; доказывание

proof of service *n* доказательство вручения (извещения, повестки, судебного приказа)

property *n* собственность; право собственности; вещь, объект права собственности

pro se (*Lat.*) *adv* «За себя (*лат*)» (выступать в суде «за себя», т.е. без адвоката)

prosecutor *n* прокурор, обвинитель

protective order *n* охранный судебный приказ

prove *v* утверждать (завещание); устанавливать; свидетельствовать; доказывать

psychiatric evaluation *n* психиатрическое освидетельствование

public defender *n* адвокат, назначенный судом

public prosecutor *n* общественный обвинитель; прокурор

puncture wound *n* ранение колющим оружием; колотая рана

punishment *n* наказание

punitive damages *npl* штрафные убытки

put on notice *v* официально уведомлять; извещать; предупреждать; предостерегать; сообщать; объявлять; доводить до сведения

qualified immunity *n* условный иммунитет

quash *v* аннулировать; отменять; лишать юридической силы; признавать недействительным

question *v* допрашивать, обследовать, изучать

quorum *n* большинство (кого-то), большинство голосов, нужное количество членов

rape *n* изнасилование / *v* изнасиловать

real property *n* недвижимость, ипотека

reasonable basis *n*, *also* **reasonable ground** *n* достаточное основание; разумное основание

reasonable doubt *n* разумное сомнение

rebuttable *adj* опровержимый; оспоримый

rebuttal *n* предоставление контрдоказательств; опровержение

record of investigation *n* материалы следствия

recross examination *n* повторный перекрёстный допрос

recusal *n*, *also* **recusation** *n* потвод (судьи); дисквалификация; самоотвод (судьи)

recuse *v* отводить (судью, присяжных); заявить отвод (судье, прокурору и т.д.)

referee *n* судья; арбитр; мировой

registered mail *n* ценное заказное почтовое отправление

rehabilitate *v* реабилитировать; восстанавливать в правах

rehabilitation *n* реабилитация; восстановление в правах

relief *n* удовлетворение правопритязания

remand *v* возвращать дело в первоначальную инстанцию, на доследование; отсылать обратно под стражу (для продолжения следствия)

removal to federal court *n* передача дела в федеральный суд

repeal *v* отменять (о законе); аннулировать (закон) / *n* аннулирование (закона и т. п.); отмена

reply *n* письменный ответ; ответ истца по иску; опровержение

reporter *n* стенограф/-истка суда

represent *v* представлять; представительствовать; давать сведения о фактах

representative *n* представитель

rescind *v* аннулировать; расторгнуть; прекращать

rescission *n* прекращение; аннулирование; отмена; расторжение

res judicata (*Lat.*) *n* рес юдиката (*лат.*); вошедшее в силу судебное решение

respondent on appeal *n* адресат ходатайства; ответчик по апелляции

responsibility *n* вменяемость; ответственность; способность отвечать за содеянное

responsible *adj* ответственный; надёжный; вменяемый

resume *v* возобновлять; продолжать

retrial *n* пересмотр судебного дела; повторное слушание дела; новое слушание дела

reverse *v* отменять (судебное решение, закон)

revocation *n* отмена (закона и т. п.); аннулирование; отзыв

revoke *v* аннулировать; отменить; выводить
ruling *n* решение (суда)
sealed hearing *n* слушание за закрытыми дверьми
sealed document *n* конфиденциальный документ
search *v* производить обыск; производить расследование / *n* обыск; розыск преступника
securities *npl* ценные бумаги, облигации
self dealing *n* использование своего положения в корыстных целях
self-defense *n* самооборона
sentence *n* приговор; мера наказания / *v* приговорить к наказанию; назначить наказание
sentencing guidelines *npl* таблица расчёта строка тюремного заключения
serve *v* вручить (судебный приказ, извещение)
service of process *n* официальное вручение судебного приказа
session *n* судебное заседание
    be in session *v* заседать (о суде)
settlement *n* урегулирование, ликвидация спора до судебного разбирательства
severance of proceedings *n* прекращение судопроизводства
sexual abuse *n* изнасилование; противоправное половое сношение
shareholder *n* акционер
shoplifting *n* кража в магазине
sign *v* подписывать; ставить подпись
signature *n* подписание; подпись
spokesman *n* лицо, выступающее от чьего-либо имени
stab wound *n* ранение колющим оружием; колотая рана
stalking *n* преследование; приставание; облава
statement *n* заявление; утверждение; отчет; баланс; декларация; показание
status *n* статус; гражданское состояние; финансовое, имущественное положение
statute *n* положение; статут; закон; законодательный акт
statute of limitations *n* закон о давности уголовного преследования; закон об исковой давности
statutory *adj* установленный законом; соответствующий закону; действующий в силу закона; предусмотренный законом
suborn *v* подкупать; давать взятку; подстрекать, склонять к преступлению (*особ.* к лжесвидетельству)
subornation *n* подкуп; взятка; подстрекательство к совершению преступления (*особ.* к лжесвидетельству)
substantial error *n* существенная ошибка
sue *v* судить кого-либо; предъявлять иск или обвинение; подать в суд
suit *n* судебное дело; иск; судебный иск
summary judgment *n* решение, вынесенное в порядке суммарного производства

General and Procedural Terms

summary proceeding. *See* **proceeding**
summation *n* заключительная речь адвоката
summon *v* вручать приказ о вызове в суд; вызывать в суд
summons *n* судебная повестка; приказ о вызове в суд
surprise *n* неожиданность; внезапность
surrender *n* выдача (преступников); отказ от права; признание
    себя несостоятельным должником
surrogate court. *See* **court**
swear *v* заявлять; обещать; показывать под присягой; принимать
    присягу
sworn in *adj* приведенный к присяге
sworn-in affidavit *n* показания, данные под присягой
tamper with *v* коррумпировать; манипулировать; оказывать
    тайное влияние; фальсифицировать, подделывать
tamper with evidence *v* фальсифицировать доказательства
tangible *adj* вещественный; материальный; ощутимый;
    реальный
taxable income *n* доход, облагаемый налогами
tax return *n* налоговая декларация; налоговая отчетность;
    налоговый доход; налоговые формы, анкеты
tenant *n* квартиросъёмщик; жилец; съёмщик помещения, офиса
    (*и т. п.*)
term *n* наказание; срок наказания; срок выполнения обязательств
territorial jurisdiction. *See* **jurisdiction**
testify *v* выступать в качестве свидетеля; давать показания
testimony *n* свидетельское показание; дача показаний
threat *n* угроза
threaten *v* угрожать; быть угрозой
title *n* документ на право владения; сертификат владения
tort *n* деликт; гражданское правонарушение
tortfeasor *n* правонарушитель; делинквент
tortious *adj* деликтный; неправомерный
trafficking *n* торговля запрещенным товаром, незаконный ввоз
transcript *n* запись; расшифровка стенограммы; протокол
transnational litigation *n* юридическая помощь гражданам
    государства, находящимся за рубежом, в гражданских
    судебных делах
traumatic *adj* травматический
treaty *n* договор (*в международном праве*); международный
    договор
trespassing *n* вход на чужую территорию
trial *n* судебное разбирательство; судебный процесс
trial court. *See* **court**
trial date *n* дата слушания дела
trial procedure *n* процедура судопроизводства; суд
    at-trial procedure *n* судебный процесс; процедура
        судебного разбирательства; процедура рассмотрения
        дела по существу

post-trial procedure *n* судопроизводство после рассмотрения дела

pre-trial procedure *n* предсудебная процедура

trial record *n* материалы судебного дела; протокол судебного заседания

truancy *n* манкирование службой; прогул

trust *n* доверительный фонд; капитал, переданный в доверительное управление

trustee *n* опекун; попечитель; лицо, распоряжающееся имуществом на началах доверительной собственности; доверительный собственник; государство, осуществляющее опеку

unconstitutional *adj* противоречащий конституции; неконституционный

underwrite *v* страховать, оплачивать

United States Code *n* Кодекс законов США

unlawful *adj* незаконный

unless otherwise agreed *adv* если стороны не условились о противном; если не оговорено иное

user *n* пользование правом или вещью; лицо, имеющее право пользования; пользователь; заказчик

usher *n* судебный пристав

valid *adj* юридически действительный; имеющий законную силу; неоспоримый

value *n* стоимость; цена; ценность; выгода

venue *n* место совершения действия

verbal assault *n* словесное оскорбление

verbatim records *npl* полный отчёт; стенографический отчёт

verdict *n* вердикт; решение присяжных; приговор

versus *adv* (*US v. John Doe*) против (Государство против имярек...)

veto *n* запрет

victim *n* жертва, потерпевший

visa *n* виза

void *adj* недействительный

voluntarily *adv* умышленно; сознательно; преднамеренно

waive a right *v* отказываться от прав, претензий, требований, преимущественных прав

waiver *n* отказ от права; требования; документ (об отказе от права)

warrant *n* ордер; приказ

warranty *n* гарантия

weapon *n* оружие; орудие

will *n* желание; воля; завещание

withdraw *v* аннулировать; выводить; выходить из состава; отменять; отзывать; прекращать; брать назад

withdrawal (*from criminal conspiracy*) *v* добровольная дача показаний об участии в преступном заговоре

withdraw from pleading guilty *v* отказаться от признания своей виныs

without prejudice *adv* «без преюдиции»; без ущерба (для кого-л)

with prejudice *adv* «с преюдицией»; с предубеждением

witness *v* быть очевидцем; давать свидетельские показания, свидетельствовать; служить доказательством / *n* свидетель (особ. в суде); свидетельское показание; понятой

work-related injury *n* производственная травма

wound *n* рана; ранение

writ *n* судебный приказ; ордер; судебное предписание

written answer *n* письменный ответ; ответ истца по иску; опровержение

written statement *n* письменное заявление

wrongful death *n* иск в гражданском праве, возбуждаемый против ответчика, противоправные действия которого нанесли ущерб умершему и явились косвенной причиной его смерти (возбуждается родственниками покойного, которые в результате этих действий понесли моральный или материальный ущерб)

Commercial Law
Коммерческое право

Commercial law deals with contractual and business relationships, finance, banking, investments, insurance, and rules governing the sale of goods and services to consumers.

accelerated depreciation *n* ускоренная амортизация; ускоренное списывание стоимости; ускоренное начисление износа; ускоренный износ

acceptance *n* акцепт; акцептование

account *n* счет

accountant *n* бухгалтер

accounting *n* бухгалтерский учет; отчетность; система учета

accounts payable *n* счета кредиторов (в балансе)

account verification *n* выверка счета

accrual basis *n* принцип начисления; кумулятивный метод; метод нарастающим итогом

accrue *v* нарастать; накопляться, накапливаться (о процентах); наступать (о сроке платежа)

accrued interest *n* накопленные проценты; начисленные проценты; набегающий процент

adjusted gross income *n* скорректированный валовой доход; валовой доход за вычетом разрешённых законом удержаний

ad valorem *adv* ад валорем *лат.*; в соответствии с ценностью; в соответствии со стоимостью; с объявленной цены

ad valorem duty *n* адвалорная пошлина; стоимостный тариф; таможенная пошлина в соответствии с ценностью импортируемого товара

affidavit of support *n* письменное подтверждение готовности оказывать финансовую поддержку

affiliate *n* филиал; компания-филиал; дочернее общество

after-tax return *n* прибыль после налогообложения; доход после вычета налогов

agency *n* орган; учреждение, организация; агентство; бюро; отдел; отделение; представительство; финансовый институт с государственными гарантиями

agent *n* агент; представитель; доверенное лицо; орган; учреждение, организация; агентство

agreement *n* соглашение; договор; договоренность
    entire agreement *n* полное соглашение
    this agreement *n* настоящее соглашение

agreement for sale and purchase *n* договор о купле-продаже; договор купли-продажи

alternative minimum tax (AMT) *n* альтернативный минимальный налог

amended return *n* скорректированная сумма подлежащего налоговому обложению дохода

amortization *n* погашение долга в рассрочку; амортизация; амортизационные отчисления; износ

analyst report *n* аналитический отчет

annual fee *n* годовая пошлина; годовой денежный сбор; годовой членский взнос

annual percentage rate (APR) *n* годовая процентная ставка; процентная ставка в годовом исчислении; фактическая стоимость кредита, выраженная в форме процентной ставки

annual percentage yield (APY) *n* доход в виде процентов в год; годовой доход в процентах

appreciation in value *n* повышение стоимости (активов, капвложений)

arbitrage *n* арбитраж; арбитражная сделка (получение прибыли на разнице между курсами покупки и продажи)

arbitration *n* арбитражное разбирательство; процедура решения споров и конфликтов за столом переговоров

arrears *npl* просрочка платежа; просроченные платежи; задолженность; долги; недоимка

articles of association *npl* устав юридического лица; устав акционерного общества; устав корпорации

assess *v* определять сумму налога или штрафа; оценивать имущество для обложения налогом; облагать налогом; штрафовать

assessment *n* оценка; определение стоимости; налог; обложение (налогом); сумма налогового обложения; взимание страхового взноса; распределение убытков по общей аварии

assessor *n* асессор, расценщик, таксатор; налоговый чиновник; судебный эксперт

asset *n* имущество; авуары; наследственная имущественная масса; средства

    capital assets *npl* основной капитал; основные средства; основные фонды; капитальные активы

assignment *n* уступка; возложение (обязанностей, функций); отчуждение; перевод долга; передача права; уступка требования; цессия; перевод (долга); переуступка права собственности

attempt to evade tax *n* попытка уклонения от уплаты налога

auction *n* публичная продажа; аукцион; торги

audit *n* проверка, ревизия отчетности

audit opinion *n* отчёт аудиторов; ревизионное заключение; аудиторское заключение; аудиторский отчёт

automated teller machine (ATM) *n* банкомат

average daily balance *n* среднесуточный остаток на депозитном счёте

avoidance of taxes *n* уклонение от уплаты налогов

backup withholding *n* дополнительное удержание; вспомогательное удержание; удержание до выяснения/ уточнения обстоятельств

bad debt *n* безнадёжный долг; сомнительный долг; долг, не могущий быть взысканным

balance *n* баланс; сальдо; остаток

balanced budget *n* сбалансированный бюджет; сбалансированная смета

balance sheet *n* балансовый отчёт; балансовая ведомость, сводка

baloon payment *n* платеж «воздушный шар» - крупный заключительный платеж в погашение основной суммы кредита

bank *n* банк

bank account *n* счет в банке, банковский счет

bank check *n* банковский чек

banking *n* банковское дело; банковские операции

bankrupt *adj* несостоятельный; неплатёжеспособный; обанкротившийся

bankruptcy *n* несостоятельность; неплатёжеспособность; банкротство

Bankruptcy Code *n* Кодекс о банкротстве

bankruptcy court *n* суд по делам о банкротстве; суд по делам несостоятельных должников

Bank Secrecy Act (BSA) *n* Закон о тайне банковских вкладов

bank statement *n* выписка из банковского счёта; баланс банка на определённую дату; перечень счётов; справка о состоянии счёта

bearer *n* владелец документа

bearer check *n* чек на предъявителя

beneficial owner *n* владелец-пользователь; выгодоприобретатель; основной собственник; реальный владелец; фактический собственник; бенефициар

beneficiary *n* бенефициар; выгодоприобретатель; лицо, в интересах которого осуществляется доверительная собственность; лицо, в пользу которого будут производиться выплаты

benefit *v* получать помощь, пользу, выгоду; приносить помощь, пользу, выгоду, преимущество; привилегия; льгота; компенсационные выплаты; пособие (страховое, по безработице, по болезни и т.п.)

benefits manager *n* менеджер по льготам

bid *v* ставить цену; торговать на аукционе *n* предложение цены; торг; ставка

big board *n* Нью-Йоркская фондовая биржа; демонстрационное табло на Нью Йоркской фондовой бирже

bill *v* оформлять счета; выписывать накладную / *n* счёт; статья взаимных расчётов; фактура; накладная; товаросопроводительный документ; счёт - фактура; банкнота, казначейский билет; иск; исковое заявление; обязательство

billing cycle *n* периодичность выставления счётов за товары или услуги; расчётный период

billing error *n* ошибка при фактурировании

billing inquiry *n* запрос на проверку правильности фактурирования

billing rights *npl* право потребителя на проверку правильности фактурирования

bill of exchange *n* вексель

black market *n* чёрный рынок; чёрная биржа

blue law *n* закон, регулирующий режим воскресного дня; пуританский закон

board of directors *n* совет директоров

bona fide *adj* добросовестно; честно; без обмана (*лат.*)

bond *n* обязательство государственого займа, бона; облигация; денежное обязательство; долговая расписка; обеспечение; письменное обязательство; гарантия; поручительство

bonus *n* премирование; льгота; надбавка; сумма, выплаченная сверх цены

bookkeeper *n* бухгалтер

book value *n* расчётная величина; балансовая стоимость; учётная стоимость; бухгалтерская стоимость; нетто-активы

borrow *v* занимать (деньги, вещи); брать взаймы; одалживать, заимствовать

borrower *n* заемщик

bounce a check (*slang*) *v* надавить; заставить (сделать что-либо) обманом или запугиванием

bounced check (*slang*) *n* возвращённый чек; чек без покрытия

breach of contract *n* нарушение договора; нарушение контракта

breach of warranty *n* нарушение гарантии; невыполнение гарантии; неисполнимость гарантии

bridge loan *n* промежуточное финансирование; временный заём; промежуточный заём; промежуточный кредит; краткосрочный кредит до основного финансирования

broke (*slang*) *adj* «на мели», без гроша (человек, потерявший все свои деньги)

broker *n* брокер; коммерческий агент; представитель

budget *n* бюджет

business *n* дело, коммерческое дело; бизнес; предпринимательство; коммерция; сделка (коммерческая); хозяйственная деятельность; торгово-промышленная деятельность; торгово-промышленное предприятие

business contract *n* деловой контракт

business day *n* банковский день; операционный день; расчётный день

business expenses *npl* расходы по сделке; производственные расходы; коммерческие расходы; служебные расходы

business hours *n* рабочее время; приёмные часы; присутственные часы; часы приёма

business license *n* лицензия на ведение коммерческой деятельности

businessman/woman *n* делец; предприниматель; бизнесмен; деловой человек; коммерсант

business registration *n* регистрация предприятия

business secret *n* коммерческая тайна; производственная тайна; секрет фирмы

buyer *n* покупатель

buy-sell agreement *n* договор о купле-продаже; договор купли-продажи

by and between the Parties *adv* между сторонами

calendar quarter *n* календарный квартал

calendar year *n* календарный год

call option *n* опцион кол; опцион на покупку

cancellation clause *n* оговорка об отмене; оговорка об аннулировании

cancellation of debt *n* аннулирование долга; погашение долга

cancelled check *n* оплаченный чек; погашенный чек

capital *n* капитал; фонды

capital assets. *See* **asset**

capital expenditure *n* инвестиции; капиталовложения; капитальные затраты

capital gain *n* прирост капитала; прирост капитальной стоимости

capital gains tax *n* налог на прирост капитала

capitalize *v* капитализировать, превращать в капитал

capitalized interest *n* капитализированный процент

capital loss *n* убыль капитала, снижение денежной стоимости активов; убыток в результате продажи активов; капитальный убыток

cargo *n* перевозимый груз; карго; полный однородный (массовый) груз

carry over *v* переносить на будущий период; делать перенос сальдо на другой счёт; отсрочивать; пролонгировать; переносить в качестве запаса

cash *adj* наличный (расчет); наличные (деньги) / *v* получать деньги (по чеку, векселю); продавать; получать наличность; реализовывать; обналичивать; инкассировать; взимать; взыскивать (налоги, долги) / *n* наличные деньги; непосредственно доступные денежные средства; монеты и бумажные деньги (иногда чеки и векселя, по которым наступил срок платежа)

cash advance *n* выдача наличных денег по банковской карточке (в банкоматах или в пунктах выдачи наличных);

аванс наличностью; кредит в налично-денежной форме; денежный аванс

cash cow *n* (*business or venture serving mainly to produce a cash flow*) «денежная корова» - предприятие или товар, создающие больше денежных средств, чем может быть производительно реинвестировано; стабильно доходная компания (предприятие); бизнес, дающий непрерывный приток наличных денег

cash crunch *n* денежный дефицит, нехватка; ограничение кредита

cash flow *n* оплата наличными; движение денежной наличности; денежный поток, поток денежных средств; финансовый поток

cashier's check *n* чек кассира (подписанный кассиром банка), кассирский чек; банковский чек; чек, выписанный банком на себя

cash machine *n* банкомат

Caveat emptor (*Lat.*) (**"Let the buyer beware"**) «продавец не несет ответственность за качество купленного товара»

central bank *n* центральный банк

certificate *n* сертификат

certificate of deposit (CD) *n* депозитный сертификат (*сокр.* DC)

certified check. *See* **check**

certified public accountant (CPA) *n* дипломированный бухгалтер высшей квалификации; дипломированный присяжный бухгалтер

chamber of commerce *n* торговая палата

Chapter 11 Bankruptcy *n* банкротство по статье 11 Федерального Закона о банкротстве

Chapter 7 Bankruptcy *n* банкротство по статье 7 Федерального Закона о банкротстве

Chapter 13 Bankruptcy *n* банкротство по статье 13 Федерального Закона о банкротстве

charge *v* взимать; взыскивать (налоги, долги); собирать (налоги); получать обратно (ссуженную сумму); инкассировать / *n* обязательство; залог; комиссионные; комиссионный сбор; комиссия; обеспечение

charges *npl* затраты, издержки

charitable contribution deduction *n* вычет взносов на благотворительные цели (для целей налогообложения)

chartered financial consultant (ChFC) *n* дипломированный финансовый консультант

check *n* чек; банковский чек

  certified check *n* удостоверенный чек (с надписью банка о принятии к платежу); акцептованный чек; банковский чек

checking account *n* текущий счёт в банке; чековый счёт

child and dependent care credit *n* налоговая льгота в связи с рзасходами по уходу за ребенком, инвалидом или престарелым

client *n* клиент; постоянный заказчик; комитент

collateral *n* обеспечение кредита; гарантия в форме залога, поручительства; заложенное в банке имущество; имущественное обеспечение; ценные бумаги, служащие обеспечением

collect *v* взыскивать, собирать

collection agency *n* агентство по взысканию просроченных платежей

commerce *n* коммерческая деятельность; коммерция; торговля

commercial bank *n* коммерческий банк; торговый банк

commercial dispute *n* торговый спор

commercial law *n* торговое право; коммерческое право

commercial litigation *n* коммерческая тяжба

commission *n* комиссия; комиссионное вознаграждение; комиссионный сбор; комиссионный договор; комиссионная продажа

commodity *n* продукт; товар; аграрно-сырьевой товар; промышленное изделие

commodity exchange *n* продовольственная биржа; товарная биржа

Commodity Exchange *n* Нью-Йоркская товарная биржа

common stock *n* акции первого выпуска; основные акции; обычные акции; простые акции

commuting expense *n* транспортные расходы работника; расходы на сезонный билет; расходы на проезд к месту работы и обратно

company *n* компания; общество

company law *n* законодательство о компаниях; закон о компаниях; законы, регулирующие деятельность акционерных компаний; закон о корпорациях

company report *n* финансовый отчёт компании

compensation *n* денежное возмещение, компенсация (*напр.* убытков); заработная плата

competition *n* состязание; соискательство; конкуренция

competitor *n* конкурент; соперник

compliance *n* исполнение; выполнение; окончание; соблюдение (правовых норм)

compound interest *n* норма прибыли с учётом реинвестирования; сложный процент, процент на проценты

concession *n* концессионный договор; концессия (договор, предприятие); сдача внаём части помещения (для буфета, киоска и т.п.)

condition precedent *n* предварительное условие

condition subsequent *n* последующее условие

consideration *n* материальное основание договора; нечто, имеющее ценность в силу того, что может быть предметом контракта; сумма вознаграждения, уплачиваемая одной стороной сделки другой

consignee *n* адресат (груза); комиссионер; консигнатор (лицо, принявшее товар на комиссию)

consignment *n* посылка грузов; отправка; партия товаров; консигнация (вид торговой комиссии)

consignor *n* грузоотправитель; консигнант; комитент

consolidated financial statement *n* сводный баланс; сводный финансовый отчёт

consumer *n* потребитель; заказчик; покупатель; клиент; пользователь

consumer credit *n* потребительский кредит

Consumer Credit Act *n* закон о потребительском кредите
> **Department of Consumer and Business Services (DCBS)** Департамент услуг потребителям и организациям

Consumer Credit Counseling Service (CCCS) *n* Служба юридической помощи по вопросам потребительского кредита

consumer debts *npl* задолженность по потребительскому кредиту

consumer demand *n* потребительский спрос

consumer goods *npl* товары широкого потребления

Consumer Protection Act *n* Закон о защите прав потребителей
> **Federal Consumer Credit Protection Act** *n* Федеральный закон о защите потребительского кредита

consumer reporting company *n* компания, поставляющая информацию о кредитоспособности потребителей

consumer reports *npl* Отчёты для потребителей (периодическое издание Союза потребителей США)

consumer rights *npl* права потребителей

contract *n* контракт; договор; соглашение; конвенция; сделка

contracting party *n* участник договора; контрагент; сторона договора; партнёр по договору; договаривающаяся сторона

contract law *n* договорное право; право договоров; закон контракта; контрактное право

contract of guarantee *n* договор поручительства

contract of indemnity *n* договор гарантии

contract of sale *n* договор продажи

contractor *n* подрядчик; контрагент; исполнитель работ; сторона в договоре

convertible *adj* конвертируемый

corner the market *v* монополизировать рынок, скупая товар

corporation *n* корпорация; юридическое лицо; объединение; акционерная компания; торговое товарищество

co-signor *n* гарант заемщика, соподписчик, второе лицо, подписавшее документ

counterclaim *n* встречный иск; возражение на исковое заявление

counteroffer *n* контрпредложение; ответное предложение; встречное предложение; контроферта

counterpart *n* копия (экземпляр) контракта

courier *n* курьер

credit *n* кредит; кредитование; кредитовая сторона счета; сумма, записанная на приход

    irrevocable letter of credit *n* безотзывный аккредитив

    letter of credit *n* аккредитив

credit bureau *n* бюро кредитной информации

credit card *n* кредитная карта; кредитная карточка (заменяет наличные деньги и чеки)

credit card agreement *n* кредитный договор

credit counselor *n* консультант по вопросам кредитования

credit history *n* кредитная история; кредитная информация; кредитное досье; сведения о кредитоспособности (клиента)

credit insurance *n* кредитная страховка; кредитное страхование; страхование кредитных операций; страхование от неуплаты долга

credit limit *n* предельная сумма кредита; кредитный лимит; ограничение кредита; кредитное ограничение; платёжный лимит; расходный лимит

credit line *n* кредитная линия; обязательство банка кредитовать клиента до определённого максимума; лимит кредита

creditor *n* кредитор; кредитующая организация; заимодавец; ссудодатель

credit profile *n* содержание кредитной истории (клиента)

credit rating *n* показатель кредитоспособности заёмщика; оценка кредитоспособности; рейтинг кредитоспособности

credit rating agency *n* агентство оценки кредитного риска; кредитно-рейтинговое агентство

credit report *n* сведения о кредитоспособности

credit reporting agency *n* агентство кредитной информации

credit score *n* показатель кредитоспособности заёмщика; оценка кредитоспособности; рейтинг кредитоспособности

credit union *n* кредитный союз (вид сберегательного учреждения) кредитный кооператив

current account *n* текущий банковский счёт; расчётный счёт

customer service *n* отдел обслуживания клиентов; услуги для потребителей; сервисное обслуживание клиентов; послепродажное обслуживание

customs *npl* таможня; таможенные пошлины

customs duties *npl* таможенный сбор

daily balance *n* дневной баланс; сальдо

daily periodic rate *n* среднесуточный процент

day care center *n* детский сад; центр по уходу за детьми; центр по уходу за престарелыми

dealer *n* брокер; коммерческий агент; представитель

death tax *n* налог на наследство; налог на передачу имущества по наследству; налог на недвижимость

debenture *n* заемное обязательство; долговая расписка; необеспеченный долгосрочный долг; облигация акционерной компании

debit *n* дебет, приход; расход; дебетовое сальдо, дебетовый остаток; дебетовая сторона счёта

debit card *n* дебетовая карточка (для безналичной оплаты путём списания со счета владельца); платёжная карточка

debt *n* долг, денежный долг, кредит; займ; заемные средства; иск о взыскании денежного долга

debtor *n* должник, дебетор, заёмщик; получатель кредита; получатель ссуды

deceptive *adj* дезориентирующий; вводящий в заблуждение

deductible *n* отчисления; удерживаемая сумма; франшиза

deduction *n* удержание; скидка; вычет; уступка; отчисление; зачёт (списание долга)

default *n* отказ от уплаты долга; неплатёж; неуплата; невыполнение денежных обязательств; нарушение обязательств по платежам; прекращение платежей

defraud *v* обманывать; вводить в заблуждение; обманом лишать (чего-либо); отнимать путём обмана; выманивать; мошенничать

delayed *adj* просроченный, отложенный (*напр.* платеж)

delinquency *n* задержка, просрочка (платежа); непогашение в срок кредита; непогашение в срок ссуды; неуплата по долговому обязательству; задолженность

delinquent *adj* неуплаченный (*напр.* налог); просроченный

dependent *adj* зависимый; подчинённый; подвластный / *n* иждивенец

deposit *n* вклад; депозит; обеспечение; задаток; залог вкладывание; внесение; депонирование (документов); первый взнос (при платеже в рассрочку); сберегательный счёт (процентный)

depositary receipt *n* депозитное свидетельство; охранная расписка; расписка в приеме на хранение; депозитарная расписка; депозитная расписка

depreciable property *n* имущество, изнашиваемое в процессе эксплуатации; активы, подлежащие амортизации

depreciation *n* обесценивание; снижение стоимости; начисление износа; амортизационные отчисления; снашивание; амортизация; моральный (физический) износ (основных средств); переоценка; списание

derivatives *npl* дериваты; вторичные инструменты; вторичные ценные бумаги; производные ценные бумаги; производные финансовые инструменты - деривативы (*разг.*)

discharge *n* выполнение обязательств; уплата; погашение долга

discharge in bankruptcy *n* освобождение от долговых обязательств при банкротстве; освобождение от уплаты долгов при банкротстве

discharge of contract *n* прекращение обязательств по договору; исполнение договора

discharge of debt *n* погашение долга

disclosure *n* раскрытие; разглашение; сообщение данных, не подлежащих разглашению; отражение информации в финансовых ведомостях

discount *n* скидка; уступка в цене; вычет; отчисление; учётные операции; учёт (векселей); дисконт; учётный банковский процент; учётная ставка; зачет требований

discounted *adj* со скидкой; дисконтированный; обесцененный

discount rate *n* учётная банковская ставка; учётный процент; льготный тариф

distressed debt purchaser *n* приобретатель проблемных долговых обязательств; приобретатель обязательств, на которые наложен арест

distressed prices *npl* убыточные цены

distributor *n* дистрибьютор; агент по продаже; поставщик; посредник; оптовая фирма; оптовый торговец; брокер, размещающий ценные бумаги среди клиентуры

distributorship *n* оптовое распределение; агентство; оптовая продажа

diversify *v* вкладывать капитал в различные предприятия; диверсифицировать

dividend *n* доля; дивиденд; пай; квота; часть; прибыль по акциям; оплата дивиденда

dot-com company *n* компания, продающая продукцию или услуги через интернет

double billing *n* двойная бухгалтерия

double counting *n* двойной счёт; двойная проверка (способ бухгалтерского контроля возможных ошибок)

double dipping *n* двойная оплата; двойной куш; получение денег дважды (пенсии, жалованья, гонорара за статьи и за сборник тех же статей)

draft *n* вексель; банковский переводной вексель; получение денег по чеку; платёжное поручение

draw *n* жеребьёвка; лотерея; розыгрыш; жребий; выигрыш

drawee *n* плательщик; трассат; лицо, на которое выставлена тратта (переводной вексель)

drawer *n* векселедатель; чекодатель

draw funds *v* брать средства; снимать деньги со счета

dual-status taxpayer *n* налогоплательщик с двойным статусом

due date *n* дата платежа; срок платежа; срок погашения кредитного обязательства

due diligence *n* финансовая благонадёжность, состоятельность (партнера/подрядчика)

duty *n* пошлина

dwelling *n* проживание; жилая площадь

early *adj* ранний; преждевременный; досрочный; предварительный; заблаговременный

early withdrawal penalty *n* штраф за досрочное снятие средств (со счёта); штраф за досрочное закрытие срочного счета

earned income *n* трудовой доход; зарплата; заработок; гонорар (в отличие от ренты и дохода от ценных бумаг); доход от производственной деятельности

earned income credit (EIC) *n* налоговая льгота по трудовому доходу; налоговые льготы

e-banking *n* электронные банковские услуги

e-commerce *n* совершение коммерческих операций с помощью сети Интернет; электронный бизнес

effective date *n* дата вступления в силу

e-filing (of income tax) *n* подача налоговой декларации электронным способом

electronic funds transfer (EFT) *n* электронный перевод денежных средств; перевод средств с помощью компьютера; электронные платежи

e-mail *n* электронная почта

embezzlement *n* растрата

employee stock plan *n* программа продажи акций служащим компании

employment tax *n* налог на заработную плату; взнос в фонд страхования по безработице

endorse *v* индоссировать; расписываться на обороте документа; подтверждать правильность

endorsement *n* индоссамент; передаточная надпись, подпись (на чеке, векселе *и т.п.*); подпись на обороте (документа)

enterprise *n* деятельность; предпринимательская деятельность; дело (предприятие); предпринимательская структура; компания; предприятие; отрасль

Equal Credit Opportunity Act (ECOA) *n* Закон о равном доступе к кредитам

estate tax *n* налог на наследство; налог на передачу имущества по наследству; налог на недвижимость

estimated tax *n* расчётный налог (квартальная выплата расчётной суммы налога)

evasion *n* уклонение (от уплаты, исполнения долга *и т.п.*); обход (закона); утайка (*напр.* дохода)

exchange rate *n* валютный курс; курс обмена валюты; биржевой курс

excise tax/duty *n* акциз; косвенный налог; акцизный налог; акцизный сбор; федеральный налог на розничную продажу (автомобилей, запасных частей, шин, бензина и т. п.)

exempt assets *npl* имущество, не подлежащее налогообложению; имущество, на которое не может быть обращено взыскание; изъятое имущество

expense account *n* счёт на оплату текущих расходов; расходный счёт; счёт служебных расходов

face value *n* номинал; стоимость по номиналу; номинальная стоимость ценной бумаги, облигации; паритет; официальный паритет валют

factoring *n* перепродажа права на взыскание долгов; фэкторинг

Fair Credit Billing Act (FCBA) *n* Закон о защите потребителя от неправильного формирования счетов кредиторами

Fair Credit Reporting Act (FCRA) *n* Закон об объективной кредитной отчетности

Fair Debt Collection Practices Act *n* Закон о добросовестной практике взимания долгов (принят в 1978 г.)

fair market value (FMV) *n* стоимость ценных бумаг или недвижимости в текущих ценах; текущая рыночная стоимость

false advertising *n* лживая реклама; фальшивая реклама

fax/facsimile *n* факс; телефакс; факсимильная связь; факсимильное устройство; аппарат факсимильной связи

Federal Deposit Insurance Corporation (FDIC) *n* Федеральная корпорация по страхованию депозитов

Federal Reserve Bank (FRB) *n* Федеральный резервный банк)

Federal Trade Commission (FTC) *n* федеральная торговая комиссия

fee *n* гонорар; вознаграждение; членский взнос; пошлина

fiduciary *n* доверенное лицо; фидуциарий

file *v* подавать (в суд); регистрировать, регистрировать и хранить в определённом порядке (документы); сдавать в архив

filing status *n* налоговый статус

finance *n* финансовое дело; наука о финансах; доходы; финансы; средства; денежные отношения; деньги; финансирование; покупка в кредит / *v* финансировать; заниматься финансовыми операциями; продавать в кредит

finance charge *n* комиссионный сбор; финансовый сбор за предоставление средств; стоимость всех элементов кредита

financial advisor *n* консультант по финансовым вопросам

financial affidavit *n* заверенный нотариусом перечень расходов и доходов семьи, требуемый судом при разводе

financial investigator *n* инспектор Федерального налогового управления США

financials *npl* финансовая ведомость; финансовая отчётность; бухгалтерская отчётность; баланс; финансовый отчёт за определённый период

financial statements *npl* финансовая ведомость; финансовая отчётность; бухгалтерская отчётность; баланс; финансовый отчёт за определённый период

    historic financial statements *npl* финансовая отчетность предприятия

financial transaction *n* финансовая операция; финансовая сделка; инвестиционная сделка

Commercial Law

first mortgage *n* первая ипотека

fiscal year *n* фискальный год; финансовый год; бюджетный год; отчётный год; налоговый год

flat rate *n* единая ставка (налога, расценок и т. п.); твёрдый тариф; фиксированная цена; цена без начисления процентов

flexible spending account (FSA) *n* план сбережений на случай непредвиденных расходов (оплачиваемых до вычета налогов)

float (*loan, bond, etc.*) *v* учреждать, размещать (заем, новый выпуск ценных бумаг, и т.д.); выпускать, распространять (заем); свободно колебаться (о курсах валют); обеспечивать финансовую поддержку; вводить плавающий курс

force majeure *n* форс мажор, непредвиденные обстоятельства

foreign earned income *n* доход, полученный за границей

form *n* формуляр; анкета; установленный образец; бланк (установленного образца); лист; проформа; карточка

Form W-2 *n* Форма W-4; принятая в США форма подачи сведений работодателем о зарплате его служащих и об удержании с нее налогов за календарный год

Form W-4 (Withholding Allowance Certificate) *n* Форма W-4; анкета отдела кадров

Fortune 500 *n* ежегодно публикуемый журналом «Форчун» список 500 крупнейших промышленных компаний США

401(k) Plan *n* накопительный пенсионный план 401(к)

franchise *n* «франшиза», привилегия на право использования торговой марки

franchisee *n* получатель франшизы

franchisor *n* предоставляющий франшизу

fraudulent conveyance *n* отчуждение имущества с целью обмана кредиторов

freeze (*assets, deposits, etc.*) *v* замораживать, блокировать (активы, депозиты)

freight *n* груз; товар; плата за провоз; фрахт; перевозка грузов (по воде,. по суше); груз

fringe benefit *n* дополнительная льгота (пенсия, оплаченный отпуск *и.m n.*); дополнительная выплата; доплата (к заработной плате)

fund *n* фонд; капитал; резерв; общественная или благотворительная организация; сберегательная или инвестиционная организация; государственные ценные бумаги; денежная сумма с целевым назначением

funding *n* финансирование; фондирование; рефинансирование; акционирование; консолидирование долга

funds *npl* фонды; средства; государственные процентные бумаги; финансовые ресурсы; капитал; состояние; резервы

General Anti-Avoidance Rule (GAAR) *n* закон о наказании за уклонение от уплаты налогов

General Fraud Program *n* Общая программа борьбы с уклонением от уплаты налогов и отмыванием денег

gift tax *n* налог на дарения

golden parachute *n* «золотой парашют» – договор найма с руководителями компании, предусматривающий выплату им крупной компенсации в случае изменения контроля над компанией и/или увольнения руководителей

good faith *n* добросовестность; честность

gratuity *n* наградные; чаевые

grievance *n* жалоба; недовольство

grieve *v* подавать жалобу; возбуждать иск

grieved *adj* потерпевший

gross *adj* оптовый; валовый

gross dividends *npl* брутто дивиденд; дивиденд до вычета налогов

gross income *n* общий доход (до вычета налогов); валовый доход; валовая прибыль; общий доход

gross sales *npl* валовая выручка от продажи; валовой оборот; валовой объём продаж (без учёта скидок и возвратов); валовая реализация

half-year report *n* отчет за полугодие

heading (*of document*) *n* шапка; заголовок (в документе); рубрика (напр. в отчётности)

head of household *n* глава семьи; лицо, содержащее на иждивении членов семьи

hedge *v* страховать (ограждать) от потерь

hedge fund *n* фонд хеджирования; взаимный инвестиционный фонд, использующий технику хеджирования в инвестировании; фонд комплексного рискового инвестирования; комплексный фонд венчурного инвестирования

high-risk investment *n* рискованные вложения в ценные бумаги

historic financial statements. *See* **financial statements**

home-based business *n* ведение бизнеса на дому

home equity loan *n* задолженность по кредитной линии, предоставленной домовладельцу под обеспечение недвижимостью

home office *n* главная контора фирмы; домашний офис; офис на дому

homeowner *n* домовладелец

HOPE scholarship credit *n* налоговая льгота, предоставляющая налогоплательщику безвозвратный кредит до $1,500 для оплаты обучения в колледже за первые два года

hostile takeover *n* агрессивное поглощение; насильственное поглощение компании; силовое поглощение; недружественное поглощение; враждебное поглощение

importation *n* ввоз

income tax *n* подоходный налог

incoming *adj* входящий (о документах, почте и т.д.)

incorporate *v* оформлять в качестве юридического лица; принимать; регистрировать как корпорацию; инкорпорировать

incur *v* нести (ответственность, обязанность, расходы, ущерб); принимать на себя; подвергаться

indemnification *n* возмещение (вреда, убытков, ущерба); компенсация; гарантия возмещения ущерба; возмещение убытков и освобождение от ответственности

indemnify *v* освобождать от материальной ответственности; защитить; застраховать; компенсировать ущерб; гарантировать (от потерь)

independent contractor *n* независимый контрагент; независимый подрядчик; фирма, выполняющая работу по договору; подрядчик

individual retirement account (IRA) *n* индивидуальный пенсионный счёт

initial public offering (IPO) *n* первоначальная подписка на акции (размещение/эмиссия); первоначальное публичное предложение акций; первый выпуск акций; пробный выпуск ценных бумаг

in kind *adv* в натуральном выражении; в материальной форме; в имущественной форме

insider trading *n* инсайдерские сделки; сделки с использованием служебной информации; торговля внутренней информацией; незаконные операции с ценными бумагами на основе конфиденциальной информации; несанкционированные операции биржевых посредников с использованием конфиденциальной информации

insolvency *n* банкротство; неплатёжеспособность; прекращение платежей; неплатёж

insolvent *adj* несостоятельный; неплатёжеспособный

installment *n* частичный платёж; взнос; долевой взнос; паевой взнос; очередной взнос при продаже в рассрочку; партия товара

instrument *n* кредитно-финансовый инструмент; документ, представляющий собой правовой акт; средство (платежа, обеспечения, обращения)

insurance *n* страхование; обеспечение; страховой полис; страховая премия

insurance premium *n* страховой платёж; страховая премия; страховой взнос

insured *adj* застрахованный; выгодоприобретатель

interest *n* доля; пай; процент; проценты; проценты на капитал; участие (в прибылях, гарантиях, инвестициях, кредитовании)

interest expenses *npl* затраты на выплату процентов или на вложенный капитал

interest income *n* доход от процентов; доход в виде процента; прибыль по процентам по предоставленным кредитам

interest rate *n* процентная ставка (по займу, кредиту); учётная ставка; ссудный процент; учётный процент; норма процента

Internal Revenue Code (IRC) *n* Закон о внутреннем налогообложении; налоговый кодекс

Internal Revenue Service (IRS) *n* Налоговое управление США

inventory *n* инвентаризация; опись имущества; переучёт; инвентаризационная ведомость; перечень; реестр; каталог; наличные товары; портфель ценных бумаг; оборотные фонды

invest *v* инвестировать; вкладывать денежные средства

investment *n* инвестиции; капиталовложение; вложение денег; покупка ценных бумаг; капитальные затраты; объект инвестиций

investment account *n* счёт для инвестиционных операций; счёт капиталовложений

investment committee *n* комитет по инвестициям

investment company *n* инвестиционная компания; инвестиционный трест

investment counselor *n* советник по инвестициям

investment strategy *n* инвестиционная политика

investment vehicle *n* механизм инвестирования; канал инвестирования; форма помещения капитала

investor *n* инвестор; вкладчик; вкладчик капитала; владелец ценных бумаг; непосредственная материнская компания

invoice *v* выставлять счёт; выписывать счёт, накладную / *n* счёт; фактура; накладная; товарно-транспортная накладная; счёт - фактура; инвойс

in witness whereof *adv* в подтверждение вышеизложенного

IRS (Internal Revenue Service) *n* налоговое управление США

IRS agent *n* инспектор Федерального налогового управления США

itemized deductions *npl* постатейные вычеты; постатейные удержания

joint account *n* объединённый счёт; общий счёт; общий счёт в банке; совместный счёт (двух и более лиц)

joint venture *n* совместное предприятие

kickback *n* комиссионные; возвращение части полученных денег (под нажимом); откат *(разг.)*

"know your client" (KYC) знание клиентуры; принцип индивидуального подхода к клиентам

late charge *n* неустойка; пени за задержку платежа

late-filing penalty *n* штраф за просрочку подачи декларации

late payment *n* просрочка платежа; несвоевременная выплата; просроченный платёж

layoff *n* временное увольнение работающих; приостановка или прекращение производства

lease *n* договор найма; сдача в аренду; жилищный наём; договор лизинга

ledger *n* главная книга; главная бухгалтерская книга; гроссбух; регистр бухгалтерского учёта

legal tender *n* законное платёжное средство; надлежаще сделанное предложение исполнения

lender *n* заимодавец; заимодатель; ссудодатель; займодержатель; кредитор; ростовщик

letterhead *n* печатный бланк (учреждения или частного лица); шапка на фирменном бланке; штамп фирмы на бланке письма; штамп (бланка, конверта)

letter of credit *n* аккредитив; аккредитивное письмо; кредитное письмо

letter ruling *n* запрос налогоплательщика

liability *n* долги; денежные обязательства; долговые обязательства; пассив

liability insurance *n* страхование гражданской ответственности; страхование финансовой ответственности; страхование ответственности работодателя; страхование обязательств

license *n* лицензия; разрешение; юридическое право на ведение производственной и хозяйственной деятельности

lien *n* арест на имущество должника; право удержания имущества до уплаты долга; залоговое право; залог; преимущественное требование

lienholder *n* обладатель залогового права; владелец закладной; лицо, воспользовавшееся правом удержания

life insurance *n* личное страхование; страхование жизни

Lifetime Learning Credit *n* федеральная налоговая льгота на образование

limited liability *n* ограниченная ответственность

liquid assets *npl* ликвидные активы; быстро реализуемые средства

liquidation *n* погашение задолженности; продажа ценных бумаг за наличные деньги; управление имуществом банкрота; роспуск компании

liquidity *n* ликвидность; способность своевременно обеспечить выполнение финансовых обязательств; ликвидные средства; наличность

listed company *n* зарегистрированная на бирже компания; компания, акции которой котируются на бирже

litigate *v* вести тяжбу; судиться (с кем-либо)

litigation *n* гражданский судебный спор

loan *n* ссуда; заём; кредит

loan consolidation *n* консолидация долгов; сведение различных долгов в единый долг

loan officer *n* работник банка, оформляющий ссуды

local taxes *npl* местные налоги

London Interbank Offered Rate (LIBOR) ставка продавца на лондонском межбанковском рынке депозитов (ЛИБОР); либор; ставка Лондонского рынка межбанковских кредитов; ставка лондонских банков по краткосрочным кредитам

loss *n* утрата; потеря; потери; ущерб; убыток; вред; невыгода

lump-sum payment *n* единовременный платёж; погашение нескольких платежей единовременной выплатой; аккордная оплата; паушальный платёж

luxury goods *npl* предметы роскоши

mail *n* почта; корреспонденция; почтовое отправление

mailbox *n* почтовый ящик

mail fraud *n* мошенничество с использованием почтовой службы

management *n* управление; заведование; администрация; руководство; дирекция; менеджмент; хозяйствование

manager *n* управляющий; заведующий; администратор; менеджер; распорядитель кредитов

manufacturer *n* промышленник; производитель; изготовитель (товара)

margin *n* наценка; маржа

market *n* рынок; биржа; рыночная конъюнктура; коммерческая активность; торговля

marketing *n* маркетинг; реализация, сбыт

market rate *n* рыночная ставка; рыночная ставка процента; рыночный курс

market value *n* биржевая цена; продажная стоимость; рыночная стоимость

married filing jointly *adj* супруги, подающие налоговую декларацию совместно

married filing separately *adj* супруги, подающие налоговую декларацию раздельно

matter *n* предмет; вопрос; тема

maturity *n* срок платежа; срок погашения (платежа, займа, векселя); наступивший срок исполнения обязательства

medicare tax *n* налоговые отчисления в фонд медицинского и социального страхования

meeting of the minds *n* деловая встреча для достижения согласия; согласие сторон при заключении контракта

merchandise *n* товары; товар

merchant *n* торговец; коммерсант; торговое/сервисное предприятие

merchantable *adj* коммерчески выгодный; пригодный для продажи

merchant bank *n* коммерческий банк

merger *n* поглощение, слияние компаний; объединение; новация

merger clause *n* положение в договоре о о его включении в последующий юридический документ (другой договор либо решение суда)

mergers and acquisitions *npl* операции слияния и поглощения компаний; операции слияния и приобретения компаний

minimum payment *n* минимальный взнос; минимальный платёж; минимальная выплата

monetary compensation *n* денежная компенсация

money laundering *n* «отмывание» денежных средств;
легализация незаконно полученных денег

moneylender *n* кредитор; ссудодатель; заимодатель; ростовщик

money market *n* кредитный рынок; валютный рынок; рынок
краткосрочных кредитов; рынок краткосрочных долговых
обязательств; рынок ликвидных средств

money market account *n* депозитный счёт денежного рынка

money order *n* платежное поручение; денежный ордер;
почтовый денежный перевод

money transfer *n* денежный перевод; безналичный денежный
перевод

mortgage *n* ипотека (с переходом права собственности к
залогодержателю); ипотечный кредит; заклад
недвижимого имущества; закладная; залог

mortgagee *n* кредитор по ипотечному залогу; залогодержатель

mortgagor *n* залогодатель; должник по ипотечному залогу

moving expenses *npl* расходы, связанные с
переездом/переводом работника

municipal bond *n* муниципальная облигация; муниципальный
бонд; облигация или другие ценные бумаги, выпускаемые
муниципалитетом

mutual fund *n* взаимный инвестиционный фонд; фонд
коллективного инвестирования; паевой инвестиционный
фонд (ПИФ)

National Taxpayer Advocate Service Служба защиты прав
налогоплательщиков

net *adj* нетто (о массе); чистый (о доходе)

net earnings *npl* чистый доход

net profit *n* валовая прибыль; чистая прибыль; чистый доход;
остаточная прибыль; прибыль нетто

net sales *npl* чистая выручка; нетто-реализация; сумма-нетто
продаж

net worth *n* стоимость имущества за вычетом обязательств;
чистая стоимость; разность между активами и пассивами;
чистая стоимость (имущества, активов, компании)

net worth statement *n* заверенный нотариусом перечень
расходов и доходов семьи, требуемый судом при разводе

night deposit *n* круглосуточное депозитное обслуживание
　　night deposit box *n* ночной депозитный сейф

no-competition clause *n* оговорка об исключении конкуренции;
оговорка об отсутствии конкуренции

nominal value *n* номинал; стоимость по номиналу; номинальная
стоимость ценной бумаги, облигации; паритет;
официальный паритет валют

nominee *n* получатель по доверенности; подставное лицо;
номинальный держатель акций

non-compliance *n* невыполнение; неисполнение (приказаний);
неисполнимость; несоблюдение (условия, соглашения)

nonprofit *adj* не ставящий себе целью извлечение прибыли; некоммерческий

non-taxable *adj* не облагаемый налогом

nonwage payments/benefits *npl* дополнительные выплаты (сверх заработной платы)

note *n* банкнота; банковый билет; вексель; авизо; аннотация; докладная записка; справка; счёт

offer *n* предложение; оферта, предложенная продавцом цена; заявка на торгах; тендер

offeree *n* адресат оферты; лицо, которому делается предложение

offering circular *n* брошюра с предложениями купить ценные бумаги; предложение подписки

offeror *n* лицо, вносящее предложение; лицо, предлагающее цену; продавец; дилер; оферент

offshore *adj* оффшорный (о финансовых учреждениях); не подпадающий под национальное регулирование (напр. о бизнесе)

online *adj* текущий; работающий в режиме онлайн; в реальном масштабе времени; режим онлайн

online banking *n* дистанционное совершение банковских операций (ведение банковских операций через Интернет в режиме реального времени с помощью компьютера)

oral contract *n* устное соглашение (контракт); устный договор; устная сделка

ordinary dividends *npl* обычные дивиденды; дивиденды по обыкновенным акциям

outstanding balance *n* непогашенный остаток; причитающийся остаток

overbilling *n* назначение завышенных цен; выставление завышенных счетов

overdraft *n* овердрафт; превышение кредита

overdraft checking *n* превышение кредитного лимита по текущему счёту

overdraw *v* превысить кредит (в банке); осуществить овердрафт; превысить остаток счета в банке

overlimit charge *n* комиссионные за превышение кредитного лимита

overpayment *n* переплата

overstate *v* преувеличивать; завышать; переоценивать

owe *v* иметь задолженность; быть в долгу; признавать

parent company *n* компания-учредитель; материнская компания; компания, владеющая контрольным пакетом акций другой компании; головная компания

partner *n* партнёр; пайщик; акционер; контрагент; член общества; член товарищества; компаньон

partnership *n* участие; сотрудничество; товарищество; компания; товарищество; партнёрство; долевое участие

par value *n* номинал; стоимость по номиналу; номинальная стоимость ценной бумаги, облигации; паритет; официальный паритет валют

passive activity *n* отсутствие экономической (финансовой) активности (на протяжении года)

password *n* кодовое слово; ключевое слово; пароль

payable *adj* подлежащий оплате; оплачиваемый; платёжеспособный

payable at sight *adj* с оплатой по предъявлении; сроком по предъявлении

paycheck *n* зарплата; выплата зарплаты чеком

payee *n* получатель (денег); предъявитель чека или векселя; получатель платежа (кредитор); ремитент

payment *n* оплата; выплата; расчёт; платёж; взнос; погашение задолженности

pay off *n* выплата; выплата (погашение) полной суммы долга

payor *n* плательщик; кассир

payroll tax *n* налог на зарплату; подоходный налог

penalty *n* штрафная санкция; штраф; неустойка; пеня; санкция

pension *n* пенсия; пособие; субсидия; аннуитет

pension fund *n* пенсионный фонд

personal check *n* персональный чек; именной чек; чек, выданный отдельным лицом (в отличие от чека компании)

personal exemptions *npl* персональные вычеты (установленная законом сумма, вычитаемая для целей налогообложения); необлагаемый минимум дохода

personal identification number (PIN) *n* личный идентификационный номер (владельца кредитной карточки); персональный код пользователя; личный номер клиента; личный идентификатор; пароль

pirated copyright goods *npl* товары, продаваемые с нарушением авторского права; пиратские копии

poison pill *n* «ядовитая пилюля» - меры по реорганизации компании, делающие невыгодным поглощение её другой компанией

preferred *adj* предпочтительный; первоочередной; привилегированный (об акциях)

premature withdrawal *n* преждевременное снятие вклада; досрочное изъятие

prepackaged *adj* заранее подготовленный (напр. пакет документов)

Prepackaged Bankruptcy *n* план реорганизации компании перед объявлением банкротства

previous balance *n* остаток на счёте в начале нового расчётного периода

price *n* цена; ценность; стоимость; тариф; уровень цен; курс ценных бумаг

price gouging *n* надувательство в ценах

prime rate *n* тарифная ставка; прайм-рейт; базисная ставка; учётная ставка для первоклассных денежных обязательств; учётная ставка первоклассного заёмщика

principal *n* номинал; стоимость по номиналу; номинальная стоимость ценной бумаги, облигации; паритет; официальный паритет валют; капитал (в отличие от доходов на капитал); основной капитал; основная сумма (в отличие от процентов); основная сумма кредита; основной должник

privacy policy *n* политика в отношении защиты конфиденциальности частной информации

private company *n* частная компания; частная акционерная компания; товарищество с ограниченной ответственностью; акционерное общество закрытого типа (АОЗТ)

private letter ruling *n* запрос налогоплательщика

proceeds *npl* доходы; выручка; прибыль; вырученные средства; мобилизованные средства; доход от продажи продукции кампании; поступления от продажи ценных бумаг

produce *v* приносить (доход) представлять, предоставлять (документ, доказательство и т. д.)

product *n* продукт; изделие; товар; предмет производства; финансовый инструмент

production *n* изготовление; выпуск продукции; продукция

productivity *n* производительность; продуктивность; доходность

product liability *n* ответственность за качество выпускаемой продукции

profit *n* заработок; прибыль; доход; барыш; выигрыш; выгодность; выгода; польза

profit and loss account *n* баланс прибылей и убытков

profit sharing *n* участие в прибылях; соглашение об участии работников компании в прибылях; раздел прибыли

pro forma *adv* «ради формы» (*лат.*) – для соблюдения формальности; условные данные в балансе, счёте прибылей и убытков

progressive tax *n* прогрессивный налог

promissory note *n* вексель; простой или прямой вексель; долговое обязательство; долговая расписка; долгосрочное обязательство

property tax *n* имущественный налог; налог на недвижимое имущество; налог на собственность; налог на движимое имущество

pro rata *n* в соответствии; в пропорции (*лат.*)

prorate *v* пропорционально распределять

prospectus *n* проспект (публикация об организации компании, корпорации для привлечения подписчиков на акции); объявление о новом выпуске акций; проспект предстоящей эмиссии

proxy statement *n* документ с информацией о предстоящем ежегодном собрании акционеров компании; удостоверение о передаче доверенности; удостоверение о передаче доверенности на право голосования

Commercial Law

publicity *n* публичность; гласность; реклама; огласка; известность; деловые связи; паблисити

publicly traded company *n* акционерная компания открытого типа (АООТ); компания, зарегистрированная на бирже; котируемая компания; открытое акционерное общество (ОАО); компания, акции которой свободно обращаются на открытом рынке ценных бумаг

purchase *n* покупка имущества; купля; приобретение (кроме случаев наследования); приобретение недвижимой собственности

purchase price *n* цена покупки; закупочная цена; цена фактической продажи

put option *n* пут-опцион; опцион на продажу; цена, определяемая на торгах

qualifications *npl* условия; оговорки; ограничения

qualified audit opinion *n* аудиторское мнение с оговорками (*ср.* unqualified audit opinion)

qualifying widow(-er) *n* налоговый статус вдовы (вдовца)

quarterly *n* квартальный дивиденд

Racketeer Influenced Corrupt Organizations Act (RICO) *n* Закон о пресечении деятельности коррумпированных организаций

rate of return *n* норма доходности; норма прибыли (рентабельности); коэффициент окупаемости капиталовложений; окупаемость; доход на капитал; ставка оборота; уровень доходности

raw material *n* сырьё; сырьевой материал; исходный материал; товары в виде необработанного сырья

realized *adj* превращенный в деньги, реализованный, полученный (о товаре)

realized gain or loss *n* реализованные прибыль или убыток

real time *adj* работающий в реальном масштабе времени; протекающий в истинном масштабе времени

receipt *n* письменное подтверждение уплаты долга; квитанция об оплате; платёжная квитанция; чек; денежное поступление

receivable *n* дебиторская задолженность; к получению; счета дебиторов; причитающиеся суммы

recipient *n* адресат; получатель; грузополучатель; потребитель

recovery *n* оздоровление экономики, экономический подъём, подъём рыночной конъюнктуры; возмещение; получение списанного долга; погашение; взыскание в судебном порядке

refund *n* компенсация; обратная выплата; возмещение расходов; правительственная компенсация переплаты подоходного налога; возмещение НДС

registration *n* регистрация ценных бумаг; регистрационная запись; внесение в список; учёт; реестр, регистр

reimburse *v* возвращать сумму; рамбусцировать; возмещать (расходы, убытки); погашать; компенсировать

reimbursement *n* возвращение суммы; компенсирование; рамбусцирование; погашение

release note *n* извещение о полной выплате задолженности по ипотеке

renewal of contract *n* продление срока действия договора, контракта; пролонгация; возобновление договора

rent *v* брать, сдавать в аренду; нанимать; снимать; абонировать; брать; давать напрокат / *n* доход с недвижимости; рентные бумаги; рента; арендная плата; квартирная плата; прокат

repay *v* возмещать ущерб; возвращать долг

repayment *n* возврат (денег); погашение, выплата (долга); возмещение (ущерба); вознаграждение (за услугу)

repayment period *n* срок погашения; срок выплаты; период погашения

replenish *v* восполнять; пополнять (запасы, ресурсы); добавлять; дополнять; компенсировать

repossess *v* восстановить в правах собственности; снова вступать во владение (чем-л.); восстанавливать во владении (чем-л.); изымать за неплатёж (вещь, взятую в кредит или напрокат)

rescind *v* расторгнуть; прекращать; отменять; аннулировать (закон, договор и т. п.)

rescission *n* аннулирование; кассация; отмена; прекращение; расторжение

restructuring *n* финансовая реструктуризация; реструктуризация (задолженности); структурная перестройка (предприятий или экономики); финансовое оздоровление

retail *n* продажа в розницу; розничная торговля

retire a debt *v* погашать ссуду

retirement plan *n* план пенсионного обеспечения; пенсионная программа; порядок выхода на пенсию

return *n* возврат; доходы; оборот; выручка; подача сведений; декларация; банковский баланс

return on investment *n* прибыль на капиталовложение; доходность капиталовложений; окупаемость/рентабельность капиталовложений

return preparer fraud *n* подготовка получения налоговых льгот и возврата налога на доходы путем подачи в налоговой декларации ложных сведений о расходах клиента и его праве на налоговые льготы

revenue expenditure *n* текущие расходы

reverse annuity mortgage *n* закладная с обратным аннуитетом

reverse mortgage *n* обратная ипотека

revolving account *n* текущий счет по предоставленному кредиту

Roth IRA *n* индивидуальный пенсионный счёт РОТ

royalty *n* роялти (плата за использование собственности; гонорар); авторское вознаграждение; пошлина

royalty income *n* лицензионные поступления

sale *n* продажа; сбыт; реализация; торговая сделка; торговля; распродажа по сниженным ценам; продажа с торгов

sale price *n* продажная цена; отпускная цена; цена со скидкой; цена распродажи

sales tax *n* налог с оборота; налог на продажи; торговый сбор

save *v* сберегать; экономить; накоплять; делать сбережения

savings *npl* экономия; накопления; сбережения; свободный капитал

savings account *n* сберегательный счёт; счёт сбережений; счёт в сберегательном банке

savings bond *n* сберегательная облигация

scam (*slang*) *n* мошенничество; обман; жульничество; афера; кидалово (*жарг.*)

schedule *n* график погашения (кредита); прейскурант тарифов; ведомость; комплект рабочих документов аудитора; прейскурант; реестр

scholarship *n* стипендия

school tax *n* налог на финансирование школ

secured party *n* гарантированная сторона; лицо, которому дано поручительство, лицо, принимающее поручительство

secured transaction *n* документально обеспеченная сделка; сделка с использованием залога

securities (*stocks, bonds, etc.*) *npl* ценные бумаги (акции и облигации)

securitization *n* секьюритизация; фондирование; обмен долговых обязательств на акции

security *n* страхование (от риска); фондовые ценности; фонды; ценные бумаги (ЦБ); обеспечение кредита; гарантия (гарантийный фонд)

self-employment tax *n* налог на индивидуальную предпринимательскую деятельность

sell *v* продавать; торговать

seller *n* торговец; продавец/продавщица

sender *n* отправитель; ремитент; адресант; экспедитор

service contract *n* сервис-контракт; договор найма; контракт на оказание услуг; договор на техобслуживание; договор личного найма; трудовой договор

severability *n* делимость соглашения

share *n* акция, паевой взнос; пай; доля участия; доля в совместном капитале/ предприятии

ship *v* грузить; быть пригодным для транспортировки (о товаре) перевозить (груз) любым видом транспорта

shipment *n* отправка грузов морским путём; перевозка грузов; погрузка на судно; партия отправленного груза; партия товаров; консигнация (вид торговой комиссии)

short selling *n, also* **shorting** *n* продажа ценных бумаг/товаров без покрытия; короткая продажа

single (*filing status*) *adj* лицо, не состоящее в браке

small business *n* мелкий бизнес; мелкое предпринимательство; малое предприятие

Small Business Administration (SBA) *n* Управление по делам малых предприятий

small claim *n* мелкая претензия; исковое требование на небольшую сумму

Small Claims Court *n* суд малых тяжб

Social Security *n* соцобеспечение за счёт государственных налогов

Social Security benefits *npl* пенсия; выплата по системе социального обеспечения; пособие по социальному обеспечению

Social Security Income (SSI) *n* государственная пенсия; пенсия по инвалидности

Social Security Number (SSN) *n* личный номер в системе социального страхования

Social Security tax *n* налог в фонд социального обеспечения

solicitation *n* объявление конкурса на получение контракта

solvent *adj* кредитоспособный; платёжеспособный; состоятельный; свободный от долгов

standard deductions *npl* нормативные вычеты (для целей налогообложения); стандартные суммы дохода, не облагаемые индивидуальным подоходным налогом

state tax *n* налог, взимаемый властями штата

stock *n* акции; облигации; обязательства; фондовые ценности; ценные бумаги; пай; имущество; материалы, материальная база; перечень продаваемого имущества

stock exchange *n* Биржа ценных бумаг; фондовая биржа

stock market *n* рынок ценных бумаг; рынок акций; фондовый рынок; фондовая биржа; уровень цен на бирже

stop payment *v* прекращать оплату; приостановить платеж (по чеку, по векселю)

streamline *v* ускорять; модернизировать; совершенствовать; рационализировать

street name *n* ценные бумаги, зарегистрированные на имя брокера; регистрация ценных бумаг на имя брокера или другого доверенного лица (но с указанием имени конечного владельца в документах брокера)

street name security *n* ценные бумаги, зарегистрированные на имя брокера; регистрация ценных бумаг на имя брокера или другого доверенного лица (без указания имени конечного владельца, который сохраняет анонимность)

strict products liability *n* строгая ответственность производителя

subsidiary *n* дочерняя компания; дочерняя фирма; дочернее предприятие

Commercial Law

supplier *n* поставщик; снабженец
supply *n* поставка; снабжение; обеспечение; получение; поступление; расходная часть бюджета / *v* поставлять; доставлять; снабжать; обеспечить; брать на себя поставки
surcharge *n* доплата; дополнительный сбор; дополнительный налог; штраф, пеня; дополнительный расход
take over *v* брать на баланс; поглощать (напр., другую компанию)
takeover *n* слияние компаний; приобретение пакета акций; поглощение (другой компании)
tax *n* налог; налогообложение; акциз; пошлина; сбор; членские взносы
    use tax *n* эксплуатационный налог; налог на пользование
    value added tax (VAT) *n* налог на добавленную стоимость (НДС)
taxable *adj* облагаемый налогом; подлежащий обложению налогом; налогоспособный
tax assessment *n* определение налогооблагаемой базы; оценка дохода с целью налогообложения; установление налоговых ставок,исчисление налога; сбор налогов; налоговое обложение
tax bracket *n* налоговая группа; налоговая категория; налоговый класс; разряд налогообложения
tax credit *n* налоговый зачёт; налоговый кредит; отсрочка уплаты налога
    HOPE scholarship credit *n* стипендиальный кредит
tax deductible *adj* расходы, разрешенные налоговым кодексом к вычету из общего дохода для определения суммы налогооблагаемого дохода
tax deduction *n* налоговое списание; налоговая скидка; освобождение от налогообложения определенных расходов
tax deferred *adj* отсроченный; отложенный (о налоге)
tax evasion *n* незаконное уклонение от уплаты налогов
tax exempt *adj* свободный от налога; не облагаемый налогом; освобождённый от налогообложения
tax exemption *n* освобождение от уплаты налога; налоговая скидка; налоговая льгота
tax law *n* закон о налогообложении; налоговое законодательство; налоговое право
tax liability *n* налоговые обязательства; фискальные обязательства; задолженность по налоговым платежам; налогообложение
taxpayer *n* налогоплательщик
taxpayer advocate *n* юридическая помощь налогоплательщикам
    National Taxpayer Advocate *n* Государственный консультант по налогам
Taxpayer Advocate Service *n* служба юридической помощи налогоплательщикам
tax preparer *n* составитель налоговой декларации

tax rate *n* ставка налогообложения: норма налогового обложения; размер налога

tax refund *n* возврат переплаченных налогов; скидка с налога; налоговая премия; возврат суммы налога

tax relief *n* скидка с налога; налоговая льгота; освобождение от уплаты налога; кредитование на сумму налога

tax return *n* налоговая декларация (подаваемая налогоплательщиком для исчисления причитающегося с него налога); налоговый отчёт

tax shelter *n* «налоговое убежище» (приём, позволяющий уменьшить налог или уклониться от налога); налоговое прикрытие (законодательно предусмотренные льготы по налогообложению); налоговое убежище, налоговый оазис (территория с льготным режимом налогообложения)

tax treaty *n* договор по вопросам налогообложения; соглашение об избежании двойного налогообложения

teller's check *n* чек кассира

tender *n* оферта; заявка на торгах; аукцион; участник торгов

term life insurance *n* страхование жизни на определённый срок

termination of contract *n* аннулирование контракта; расторжение контракта; прекращение действия контракта

thrift institution *n* депозитное учреждение; сберегательная ассоциация; сберегательная касса; сберегательное учреждение

time deposit *n* вклад на определённый срок; срочный вклад; срочный депозит

tip *n* наградные; чаевые

trader *n* трейдер; коммерсант; оптовый торговец; биржевой маклер, биржевой брокер

trades *n* отрасли экономики (торговли, производства); торговые круги; розничная торговля; операции с ценными бумагами

trade secret *n* секрет фирмы; коммерческая тайна; производственная тайна; профессиональная тайна

trading volume *n* торговый оборот; объём торговли; объём биржевых сделок

traditional IRA *n* обычный (типовой) индивидуальный пенсионный счёт

transaction *n* сделка; операция (деловая); ведение деловых операций

transaction fee *n* операционный сбор; комиссионные; комиссия

transfer agent *n* трансфертный агент (агент по передаче ценных бумаг)

traveler's check *n* дорожный чек; чек туриста

treasury bill *n* казначейский вексель (государственная краткосрочная ценная бумага)

trust fund *n* доверительная собственность; доверительный фонд; целевой фонд

Truth in Lending Act (TILA) *n* Закон о справедливом кредитовании; Закон об отражении истины в предложениях о предоставлении займов (*принят в 1968 г.*)

turn-around *n* срок; оборот

unauthorized withdrawal *n* незаконное изъятие (вклада, денежных средств)

underpayment *n* низкая оплата труда; слишком низкая оплата; оплата труда по ставкам ниже официально установленного минимума; недоплата

underpayment penalty *n* штраф за оплату труда по ставкам ниже официально установленного минимума

underreport *v* занижать данные, сведения; занижать цифры

underreporting income *n* занижение сведений о доходе; сокрытие сведений о доходе

underwriter *n* андеррайтер; страховщик; гарант размещения ценных бумаг; гарант размещения займа

unemployment benefits *npl* пособие по безработице

unfair competition *n* недобросовестная конкуренция

Uniform Commercial Code (UCC) *n* Единый коммерческий кодекс США; Унифицированный коммерческий кодекс

Uniform Fraudulent Transfers Act (UFTA) *n* Единый закон о запрете незаконных денежных переводов

United States Tax Court *n* налоговый суд США

unlawful gains *npl* незаконные доходы; незаконно полученная прибыль; выгода, приобретенная незаконным путем

unqualified audit opinion *n* чистое аудиторское заключение; аудиторское заключение без оговорок (*см.* qualified audit opinion)

unrealized loss *n* нереализованный убыток

unrealized profit *n* нереализованная прибыль

upload *v* загружать

use tax. *See* **tax**

value *n* сумма; цена; ценность; стоимость; оценочная стоимость; сумма векселя; валюта векселя; эквивалент суммы векселя

value added tax (VAT). *See* **tax**

vending machine *n* торговый аппарат; автомат для продажи закусок, напитков, газет, спичек и т.п.

vendor *n* торговец; продавец; торговец вразнос; оптовая фирма, предлагающая товар; вендор; субпоставщик

verbal contract *n* простой договор; устный договор; договор не в форме документа за печатью; устное соглашение; устная сделка

voice mail *n* голосовая почта; речевая почта

void *adj* не имеющий юридической силы; ничтожный

warranty *n* разрешение; санкция; договорная гарантия

wholesale *adj* оптовый; по оптовой цене

wireless *adj* реализованный с помощью радиосвязи

wire transfer *n* международный банковский перевод; телеграфный денежный перевод; электронный денежный перевод

withdraw *v* снимать со счета; отменять; прекращать; выходить из состава; брать обратно (предложение)

withdrawal *n* отозвание; взятие назад; выход (из дела); увольнение с работы; снятие со счета; изъятие вклада

withholding *n* удержание денежной суммы из заработной платы; вычет (налога, платежей); оставление организаторами эмиссии в своем распоряжении части новых акций в надежде получить повышенную прибыль

worth *n* цена; стоимость; ценность

write-off *v* списать в убыток; ликвидировать / *n* списанные со счёта суммы; списанные фонды

write-off account *n* счёт списания

written contract *n* письменный договор; договор в письменной форме; простая сделка

written notice *n* письменное извещение; уведомление

Criminal Law
Уголовное право

Criminal law, also known as penal law, deals with acts which society treats as punishable offenses. According to an ancient principle, *nulla poena sine lege* ("there is no crime without a law"), acts are not punishable until a law has been passed making them such. Given the provisions against double jeopardy, a person who has been acquitted (found innocent) cannot be tried again for the same crime. The accused facing prosecution generally enjoys certain safeguards in mounting his defense under criminal procedure codes, and if convicted (found guilty) will be punished according to the seriousness of the crime, with penalties ranging from fines for misdemeanors (minor offenses) to sentences of imprisonment or even death for felonies (serious offenses). (In the U.S., criminal matters are governed by both federal and state laws.)

abduct *v* похищать; незаконно лишать свободы
abduction *n* похищение другого лица
abductor *n* похититель
abstract of judgment *n* выписка из судебного решения
acceptance of responsibility *n* согласие отвечать за содеянное; принятие ответственности
accessory *n* пособник/ соучастник преступления
accomplice *n* пособник (преступлению); соисполнитель; соучастник
accused *n* обвиняемый (в преступлении)
acquit *v* оправдать подсудимого; признать (объявлять) невиновным в совершении преступления
acquittal *n* оправдательный вердикт; судебное решение об оправдании; освобождение от ответственности
acquitted *adj* оправданный; освобождённый от ответственности/ обязательства; признанный невиновным в совершении преступления
adjusted offense level. *See* **offense**
admission *n* признание вины/факта/, утверждения; поступление в пенитенциарное учреждение
adverse witness *n* свидетель противной стороны
affidavit *n* письменное показание, подтверждённое присягой или торжественным заявлением; аффидавит
affirmance (*of a decision*) *n* утверждение решения судом высшей инстанции
affirmative defense *n* заявление о фактах, опровергающих иск или обвинение; положительное основание для защиты; заявление в защиту

aggravate *v* отягчать/ усугублять (вину, преступление); усиливать (наказание)

aggravated *adj* отягчённый; увеличенный

aggravated felony *n* особо тяжкое преступление

aggravating circumstances *n* отягчающие обстоятельства

aiding and abetting *n* пособничество в совершении преступления

alibi *n* алиби

allocution *n* речь, обращение

alternate juror *n* запасной присяжный заседатель

amnesty *n* амнистия

armed career criminal *n* вооруженный профессиональный преступник (*в соответствии с американскими законами, человек, имеющий в прошлом три судимости за особо тяжкие уголовные преступления или торговлю наркотиками, при обнаружении у него оружия получает приговор от пятнадцати лет до пожизненного заключения*)

arraign *v* привлекать к суду (по уголовному делу)

arraignment *n* официальное предъявление обвинения в суде

arrest *v* арестовать; накладывать арест / *n* арест; наложение ареста

arrest history *n* досье приводов (задержанного)

arresting officer *n* должностное лицо, осуществляющее задержание

arrest warrant *n* ордер на арест

arson *n* умышленный (злонамеренный) поджог

assault *n* нападение; угроза физическим насилием

assault and battery *n* нападение с нанесением побоев; нанесение телесных повреждений

assault with a deadly weapon *n* нападение со смертоносным оружием

attempt *v* покушаться на совершение преступления / *n* покушение; попытка совершения преступления

bail *n* денежный или имущественный залог; передача на поруки; освобождение под залог; поручительство
  jump bail *v* нарушить условия выпуска под залог
  post bail *v* вносить залог

bail bondsman *n* поручитель под залог

bail hearing *n* заседание суда для решения вопроса о возможности освобождения арестованного под залог

bail package *n* документы для выпуска арестованного под залог

base offense level *n* базовый уровень преступления

bargain *v* заключать сделку
  plea bargain *n* договорённость о добровольном признании вины (с цеью смягчения наказания)

battery *n* оскорбление действием; нанесение побоев; избиение

bench conference *n* совещание у судьи без присяжных заседателей (во время суда)

bench trial *n* судебный процесс без присяжных

beyond a reasonable doubt *adv* критерий доказанности при отсутствии обоснованного сомнения (в уголовном процессе)

bill of particulars *n* обвинительное заключение; недостающая в обвинительном акте или в заявлении об обвинении информация; информация о конкретных подробностях вменяемого преступления

binding *adj* имеющий обязательную силу

binding decision *n* решение, обязательное для всех

blackmail *n* вымогательство

Blood Alcohol Level (BAC) *n* уровень алкоголя в крови

bodily injury *n* телесное повреждение

book *v* составить протокол

booking *n* регистрация арестованного

bootleg *v* нелегально производить спиртные напитки или что-то иное

Brady material *n* материал Брейди (*Данные, которые являются существенными для подтверждения невиновности либо виновности обвиняемого. Закон запрещает непредъявление каких-либо материалов суду, если они запрошены ответчиком. Обвинитель также обязан предъявить все материалы, которые могут смягчить наказание обвиняемому. Название появилось после того как во время слушаний в суде штата Мэрилэнд дела Брейди Верховный суд постановил, что непредъявление такого рода материалов является нарушением судопроизводства.*)

breach *v* нарушать, порывать, не выполнять

bribe *v* предлагать, давать взятку / *n* взятка; подкуп

bribery *n* дача или получение взятки; дача или получение взяток; взяточничество

brief *n* сводка; резюме (краткое письменное изложение); записка по делу, представляемая адвокатом в апелляционный суд

bug/bugging *n* жучок (*разг*)

burden of proof *n* бремя доказательства; бремя доказывания

burglar *n* грабитель; вор; взломщик

burglar's tools *npl* совокупность инструментов взломщика, грабителя

burglary *n* кража со взломом

calendar *n* (*юрид.*) судебный список дел; реестр дел

can *n* (*jarg.*) тюрьма

capital offense. *See* **offense**

capital punishment *n* смертный прговор; высшая мера наказания

case *n* судебное дело

    civil case *n* гражданское дело

    criminal case *n* уголовное дело

cause *n* судебное дело; тяжба; соображения стороны по делу

    probable cause *n* вероятная причина; наличие достаточного основания; правдоподобное основание

Уголовное право

cell *n* тюремная камера

certified translation *n* заверенный перевод

certify *v* засвидетельствовать

challenge (a decision) *v* оспаривать решение; давать отвод
(присяжным, свидетелю)

chamber *n* суд; кабинет судьи

charge *n* обвинение; пункт обвинения; наказ судьи присяжным
    general charge *n* заключительное обращение судьи к
        присяжным

charged *adj* обвиняемый; обвинённый

circumstantial evidence *n* косвенные улики; косвенное
доказательство

claim *v* заявлять / *n* иск, заявление
    file a claim *v* подать иск

clemency *n* смягчение наказания; амнистия; помилование

co-conspirator *n* соучастник; лицо, вступившее в сговор;
участник сговора

code *n* свод законов; кодекс

co-defendant *n* подельник, проходящий по одному делу

Code of criminal procedure *n* кодекс судопроизводства по
уголовным делам
    Penal Code *n* уголовный кодекс
    United States Code *n* Кодекс законов США

coercion *n* принуждение

collateral for bail *n* залог при выпуске задержанного или
арестованного до суда

commission of crime *n* совершение преступления

commit a crime *v* совершить преступление

commitment order *n* приказ о заключении в тюрьму

community service *n* привлечение к общественным работам

commute a sentence *v* снизить меру наказания (приговор)

complaint (*criminal*) *n* обвинение в совершении преступления

concurrent sentence *n* приговор о поглощении более короткого
срока заключения более долгим; наказания, отбываемые
одновременно

conditional sentence *n* условный приговор

conditional plea of guilty *n* условное признание вины

conditional release *n* условное освобождение; условно-досрочное
освобождение

conditions of release *npl* условия освобождения из-под стражи

confess *v* признавать себя виновным; давать признательные
показания

confession *n* признание в совершении преступления;
признание вины

confine *v* лишать свободы; заключать в тюрьму

confinement *n* заключение в тюрьму; заключение под стражу;
лишение свободы

confiscate *v* арестовывать; конфисковать

consecutive sentences *npl* наказания, отбываемые последовательно

conspiracy *n* соучастие; сговор (о совершении преступления)

conspirator *n* соучастник; участник сговора

conspire *v* войти в сговор о совершении преступления

contempt of court *n* неуважение к суду

contraband *n* контрабандные товары

contract murder *n* убийство по контракту; заказное убийство

convict *v* признать виновным; объявлять виновным / *n* преступник, отбывающий наказание, связанное с тюремным заключением

convicted *adj* осужденный

conviction *n* признание виновным; обвинительный приговор; судимость

cooperation agreement *n* соглашение о сотрудничестве

cooperation with the prosecution *n* сотрудничество с обвинением

correctional facility *n* исправительное заведение

counsel *n* адвокат, сторона в судебном деле, участник судебного процесса

counterfeit *adj* поддельный; подложный; фальшивый; контрафактный

counterfeiter *n* фальшивомонетчик

counterfeiting *n* контрафакция; фальшивомонетчество; подделывание

count of indictment *n* пункт обвинительного акта

court register *n* журнал в суде

court reporter *n* стенографист/стенографистка суда

credibility of a witness *n* правдивость свидетеля

crime *n* преступление; преступность

    hate crime *n* преступление на почве нетерпимости (расовой, религиозной); преступление, вызванное ненавистью

    organized crime *n* организованная преступность

crime of moral turpitude *n* преступление, включающее элемент моральной нечистоплотности

crime of passion *n* преступление, совершенное в состоянии аффекта

crime of violence *n* преступление, сопровождающееся насилием

criminal *adj* преступный; уголовный; криминально-правовой / *n* преступник; уголовник

criminal history *n* досье преступника

criminal law *n* уголовное право

criminal negligence *n* преступная небрежность; преступная халатность

criminal record *n* досье преступника; криминалистический учёт; судимость

criminal responsibility *n* уголовная ответственность

criminal trespass *n* преступное нарушение владения (территории)

cross-examination *n* перекрестный допрос
culprit *n* виновник
cumulative *n* совокупный; кумулятивный; суммарный
cumulative sentence *n* приговор по совокупности преступлений;
    совокупность приговоров; совокупность сроков наказаний
custody *n* охрана; задержание,тюремное заключение; контроль
    take into custody *v* арестовать
custody of person *n* лишение свободы; тюремное заключение
damages *npl* ущерб
date rape *n* изнасилование на свидании
deadly force *n* смертоносное насилие
deadly weapon *n* смертоносное оружие
death penalty *n* смертная казнь
defendant *n* подсудимый; подзащитный
defender *n* защитник
    public defender *n* государственный защитник (по
    назначению суда в случае бедности подсудимого)
defense *n* обстоятельство, освобождающее от ответственности;
    защита; защита в суде
defense attorney *n* защитник
defraud *v* мошенничать; обманом лишать (чего-л.); выманивать
deliberation *n* обсуждение дела (присяжными)
delinquency *n* правонарушение; делинквентность; преступность
    (преимущественно, несовершеннолетних)
    juvenile delinquency *n* делинквентность несовершеннолетних;
    правонарушения несовершеннолетних
delinquency offense *n* преступление, совершаемое малолетним
delinquent *n* правонарушитель; преступник
Department of Homeland Security *n* Министерство
    национальной безопасности
deport *v* насильственно переселять; высылать; ссылать;
    депортировать
deportable *adj* лицо, подлежащее депортации
deportation *n* насильственное переселение; высылка;
    депортация
deportation hearing *n* слушание дела о высылке из страны
detain *v* задерживать
detective *n* сотрудник сыскной, уголовной полиции; детектив
detention *n* задержание; арест; содержание под арестом;
    предварительное заключение; содержание под стражей
    home detention *n* домашний арест
    pretrial detention *n* заключение под стражу до начала
    судебного процесса
discharge *v* отпускать
disciplinary proceedings *n* дисциплинарное производство
dismissal *n* отказ (в иске); отклонение (иска); прекращение
    (дела); отказ в иске в силу непредставления истцом
    доказательств

dismissal of charges *n* отказ в обвинении; отклонение иска; отклонение обвинения; решение в пользу ответчика ввиду необоснованности исковых требований

disorder *n* болезнь; нездоровье

mental disorder *n* психическое заболевание; душевное расстройство

physical disorder *n* телесное (физическое) нарушение; физический недостаток

disorderly conduct *n* плохое поведение

disturbance *n* нарушение общественного порядка

disturbing the peace *n* нарушение общественного порядка

docket *n* регистрация в суде

docket number *n* регистрационный номер

double jeopardy *n* двукратное привлечение к ответственности за одно и то же преступление

driving while intoxicated (DWI) *n* управление автотранспортным средством в состоянии опьянения или наркотической интоксикации

drop charges *v* снять обвинения

drug dealer *n* наркоделец

drug trafficking *n* незаконный оборот наркотиков

drug trafficking offense *n* правонарушение, связанное с незаконной торговлей наркотиками

duress *n* принуждение

electronic monitoring *n* электронный мониторинг

electronic surveillance *n* наблюдение с использованием электронных средств; тайное подслушивание с помощью технических средств; *жарг.* прослушка

embezzlement *n* присвоение или растрата имущества, хищение

enforcement *n* полицейское правоприменение; полиция (патрульная)

law enforcement *n* правоохранение

enter a plea *v* предъявлять в суд объяснения

entrapment *n* провокация преступления с целью его изобличения

escape *v* бежать из-под стражи; освободиться / *n* бегство из-под стражи; побег

evidence *n* свидетельские показания, доказательства, следственные материалы

circumstantial evidence *n* косвенные улики

corroborating evidence *n* подкреплённое доказательство

exculpatory evidence *n* оправдательное доказательство, доказательство невиновности, оправдывающее доказательство

hearsay evidence *n* показания, основанные на слухах; показания со слов другого лица

inadmissible evidence *n* недопустимое доказательство; доказательство, не принимаемое судом

independent evidence *n* показание с самостоятельным доказательственным значением

insufficient evidence *n* недостаточное доказательство

evidentiary hearing *n* рассмотрение судом доказательств, показаний; судебное слушание показаний

examination *n* допрос (в суде); расследование (судебное)
    cross examination *n* перекрестный допрос
    direct examination *n* прямой допрос
    re-cross examination *n* повторный перекрёстный допрос
    redirect examination *n* повторный прямой допрос

excessive bail *n* завышенная сумма залога

exhibit *n* вещественное доказательство

exonerate *v* оправдать; реабилитировать; освобождать от ответственности/обременения

expertise *n* опыт; знания

expert testimony *n* показания эксперта

extenuate *v* смягчать вину

extenuating circumstances *npl* смягчающие вину обстоятельства

extortion *n* вымогательство

extradition *n* экстрадиция; выдача преступника

eyewitness *n* очевидец; свидетель

face charges *v* представать перед судом

fair *adj* беспристрастный; справедливый: непредвзятый

fair trial *n* справедливый суд

fake ID *n* фальшивое удостоверение личности

false imprisonment *n* неправомерное лишение свободы; незаконное лишение свободы

false pretences *npl* мошенничество; мошеннический обман; ложь; создание заведомо неправильного представления о факте с намерением обмануть

false testimony *n* лжесвидетельствование

Federal Bureau of Prisons *n* Федеральное бюро тюрем

federal offense *n* правонарушение по федеральному уголовному праву

Federal Rules of Evidence *n* Федеральные правила предоставления доказательств

felon *n* уголовный преступник; преступник, совершивший тяжкое преступление

felony *n* уголовное преступление

Fifth Amendment right against self-incrimination *n* право на защиту обвиняемого от самооговора согласно Пятой поправке к Конституции США

file *v* подавать/регистрировать (документ)

file a motion *v* подать ходатайство

file an appeal *v* подать апелляцию

finding *n* выводы (суда), заключение

fine *n* штраф

fingerprints *npl* отпечатки пальцев

first degree murder. *See* **murder**

first offense *n* впервые совершенное преступление; первое преступление, правонарушение

flee *v* скрываться от уголовного преследования; укрываться от правосудия; бежать; спасаться бегством

flight *n* побег арестованного; бегство

foreman *n* старший присяжный

forensic *adj* судебный

forfeit bail *v* не явиться в суд (*об отпущенном под залог*)

forfeiture *n* лишение, потеря (прав, имущества, должности); переход в казну; конфискация; штраф

forgery *n* подлог или подделка документа; фальшивка

frame up *v* подставить кого-либо

fraud *n* мошенничество; подделка; обманщик; мошенник; афера

fraudulent *adj* обманный; мошеннический; жульнический; сфальсифицированный

frisk *v* производить обыск (в помещении); обыскивать (человека)

fugitive *n* лицо, скрывающееся от правосудия; беглец; дезертир

gang *n* гангстерская банда; шайка

good behavior time *n* часть срока заключения, отменяемая за примерное поведение

grand larceny *n* похищение имущества в крупных размерах

guilty *adj* виновен

guilty verdict *n* вердикт о виновности

habeas corpus *n* приказ хабеас корпус; предписание о представлении арестованного в суд (*для рассмотрения законности ареста*)

habitual offender *n* закоренелый преступник

half-way house *n* исправительноеучреждение ослабленного режима

handcuffs *npl* наручники

harassment *n* домогательство; назойливое ухаживание; преследование; приставание; причинение беспокойства (телефонными звонками *и пр.*)
    sexual harassment *n* сексуальные домогательства

harsh sentence. *See* **sentence**

hate crime. *See* **crime**

hearing *n* слушание
    bail hearing *n* слушание о залоге
    pretrial hearing *n* досудебное слушание
    status hearing *n* слушание о положении дела
    suppression hearing *n* закрытое слушание дела

hearsay *n* свидетельство, основанное на слухах; показание, данное со слов другого лица

holding cell *n* камера предварительного заключения (КПЗ)

home detention. *See* **detention**

homicide *n* убийство; лишение жизни

hostage *n* заложник; заложница
hostage taking *n* взятие заложника
house arrest *n* домашний арест
hung jury *n* состав присяжных, не достигший согласия
identity theft *n* хищение персональных данных
illegal possession *n* незаконное владение
immunity *n* иммунитет
impartial *adj* непредвзятый; объективный
impeach *v* обвинять в совершении тяжелого преступления;
    вести расследование в порядке импичмента
impose *v* налагать
imprisonment *n* лишение свободы; тюремное заключение
in absentia (*Lat.*) *adv* в отсутствие; заочно
inadmissible *adj* не принимаемый судом
incarceration *n* заключение под стражу
incriminate *v* вменять что-либо
indecent exposure *n* непристойное обнажение
indict *v* обвинять
indictment *n* обвинительное заключение; обвинительный акт
inference *n* умозаключение
inflict *v* причинять
informant *n* осведомитель, доносчик; информатор
information *n* заявление об обвинении; изложение фактических
    обстоятельств дела; сообщения; обвинительное заключение
infraction *n* правонарушение
injunction *n* запрет (суда)
inmate *n* лицо, содержащееся под стражей
innocence *n* невиновность
innocent *adj* невиновный; дозволенный законом
instrument *n* документ
insufficient evidence. *See* **evidence**
intent *n* умысел; замысел
intentionally *adv* умышленно; преднамеренно
intercept *n* перехват (информации, телефонных разговоров,
    и т. п.) / *v* перехватывать; задерживать; препятствовать;
    переадресовать
interrogate *v* допрашивать
intoxication *n* отравление организма; состояние опьянения;
    интоксикация (наркотическая)
investigate *v* рассматривать (дело); производить расследование;
    выслеживать
investigation *n* расследование; следствие; сыск (*search procedure*)
investigator *n* сотрудник сыскной/уголовной полиции; детектив
isolation cell *n* тюремная камера
jail *n* тюрьма
Jane Doe *n* Джейн Доу (имярек, нарицательное имя для
    женщины)
John Doe *n* Джон Доу (имярек, нарицательное имя для мужчины)

judge *n* судья
    administrative judge *n* административный судья
    circuit judge *n* апелляционный судья
    federal judge *n* федеральный судья
judgment *n* решение суда
judicial *adj* судебный
judicial branch *n* судебная власть
judicial order *n* судебный приказ
jurisdiction *n* юрисдикция
juror *n* присяжный заседатель
    alternate juror *n* запасной присяжный заседатель
jury *n* присяжные
    grand jury *n* Большое Жюри
    hung jury *n* присяжные, не пришедшие к единогласному
       решению
    Petit jury *n* Малое Жюри
    select the jury *v* отбирать присяжных
jury instructions *n* наказ присяжным
jury panel *n* состав присяжных; присяжные заседатели
justice *n* правосудие
    bring somebody to justice *v* призвать кого-либо к
       правосудию
    Department of Justice *n* министерство юстиции
    Supreme Court Justice *n* судья Верховного суда
juvenile delinquency *n* детская преступность
juvenile offender *n* несовершеннолетний правонарушитель;
    несовершеннолетний преступник
kidnap *v* похитить человека; похитить ребёнка
kidnapping *n* похищение человека; похищение ребёнка
kill *v* лишить жизни; убить
killing *n* лишение жизни; убийство
knowingly *adv* сознательно
larceny *n* кража; хищение; похищение имущества; воровство
launder money *v* отмывать деньги
law *n* право, закон
    civil law *n* гражданское право
    common law *n* общее право
    criminal law *n* уголовное право
    statutory law *n* статутное право; право, основанное на
       законодательных актах
law enforcement methods *npl* принудительное обеспечение
    соблюдения уголовного законодательства
law enforcement official (officer) *n* сотрудник правоохранительных
    органов
leniency *n* терпимость; снисхождение к подсудимому
lenient *adj* смягчающий; снисходительный (к подсудимому);
    мягкий (приговор)
life sentence. *See* **sentence**

light sentence. *See* **sentence**
lineup *n* опознание преступника из группы лиц
loan sharking *n* гангстерское ростовщичество
lockup *n* камера предварительного заключения (КПЗ)
looting *n* ограбление; грабеж; мародёрство
maintain a case *v* поддерживать иск; удовлетворить иск
malice *n* преступное намерение; злой умысел
malicious *adj* умышленный; злонамеренный
maliciously *adv* с преступным намерением; злоумышленно
mandatory minimum sentence. *See* **sentence**
manslaughter *n* непреднамеренное убийство
marshal *n* судебный исполнитель; судебный пристав;
    пристав-исполнитель
mastermind *n* вдохновитель; руководитель; тайный
    организатор преступления
mayhem *n* изувечение; искалечение
menace *n* угроза
minor *n* младший; несовершеннолетний; малолетний
Miranda warning *n* «Предупреждение Миранды» (*см.*
    Приложение II)
mischief *n* проступок, дурное поведение
misconduct *n* неправомерное поведение; проступок;
    неправильный образ действий; супружеская неверность,
    адюльтер; должностное преступление
misdemeanor *n* мелкое уголовное преступление
mistrial *n* судебное разбирательство с нарушениями процедуры
money laundering *n* «отмывание» денег
morgue *n* морг
motion *n* ходатайство; заявление
motion to suppress evidence *n* ходатайство против допуска к
    рассмотрению судом доказательств
motive *n* мотив; мотивировка
move *v* заявлять ходатайство; предлагать
mugger *n* уличный грабитель
mugging *n* грабеж в публичном месте
murder *n* убийство; преднамеренное убийство; умышленное
    убийство
    attempted murder *n* попытка убийства
    first degree murder *n* умышленное убийство при
        отягчающих обстоятельствах; тяжкое убийство первой
        степени
murder weapon *n* орудие убийства
negligence *n* принебрежение; недосмотр
no contest *adv* без опровержений
non-jail sentence. *See* **sentence**
notary public *n* государственный нотариус
not-guilty *adj* невиновный; отсутствие вины
notice *n* уведомление

oath *n* присяга: клятва
    under oath *adv* под присягой
    take an oath *v* принять присягу
object *v* возражать
objection *n* возражение
obstruction of justice *n* препятствование отправлению
    правосудия
offender *n* правонарушитель; преступник
offense *n* правонарушение; преступление
    capital offense *n* преступление, караемое смертной казнью;
        тяжкое преступление
    federal offense *n* федеральное преступление
offense level *n* квалификация преступления (по степени его
    тяжести)
    adjusted offense level *n* итоговая квалификация степени
        тяжести преступления
    base offense level *n* отправная точка при определении
        степени тяжести преступления
officer of the court *n* служащий суда
opening statement *n* вступительная речь (на суде)
order *n* предписание; распоряжение; приказ
    court order *n* судебный приказ
    gag order *n* подписка о неразглашении информации
    restraining order *n* приказ об аресте
order of protection *n* приказ о защите (жертвы, свидетеля)
organized crime *n* организованная преступность
outcry testimony *n* «показание со слов потерпевшего» (*недавно*
    введенное в США исключение к правилу о неиспользовании
    показаний со слов другого лица, позволяющее давать
    показания о травмирующих ребенка событиях, чтобы
    избавить его от непосредственного участия в даче
    показаний в качестве свидетеля)
overrule *v* отклонять
panel *n* состав присяжных; присяжные заседатели
panel of judges *n* группа судей
pardon *n* помилование; прошение
parole *n* условно-досрочное освобождение
    on parole *adv* под наблюдением
    without parole *adv* без досрочного освобождения
party *n* сторона (процесса)
PATRIOT Act *n* Закон о борьбе с терроризмом в США
penal *adj* пенитенциарный; уголовный; карательный
penalty *n* карательная мера; санкция; штраф; наказание
    death penalty *n* высшая мера наказания; смертная казнь
pending *adj* находящийся в процессе рассмотрения
pending case *n* текущее дело
penitentiary *n* тюрьма; место заключения; пенитенциарий
    (*исправительное учреждение тюремного типа*)

peremptory challenge (of juror) *n* отвод присяжного заседателя без указания причины; немотивированный отвод

perjury *n* лжесвидетельство

    under the penalty of perjury *adv* под угрозой наказания за лжесвидетельство

perpetrator *n* нарушитель уголовного закона; нарушитель; преступник

petition *v* возбудить ходатайство; подавать заявление, подавать исковое заявление в суд; подавать петицию/ ходатайство; подавать в суд

phony *adj* фальшивый; поддельный; «липовый» (*разг.*)

physical harm *n* физический ущерб

physical restraint *n* физическое ограничение

pickpocket *n* вор-карманник; карманный вор

pimping *n* сводничество

plant (*jarg.*) *v* прятать (краденое); спрятать; подстраивать (махинацию)

plant evidence *v* подсунуть доказательства/улики (кому-либо)

plea *n* прошение; иск; аргумент; иск по суду; заявление

plea agreement *n* сделка между сторонами о признании подсудимым своей вины

plea bargain *n* сделка о признании вины

plea bargaining *n* переговоры между обвинением и защитой, между обвинением и подсудимым о заключении сделки о признании вины

plea of guilty *n* заявление подсудимого о признании вины

post bail *v* внести денежный или имущественный залог

precedent *n* судебный прецедент

prejudicial *adj*, *also* **harmful** *adj* предвзятый; предубеждённый; причиняющий вред

premeditated *adj* преднамеренный; предумышленный; умышленный

premeditated murder *n* преднамеренное убийство

preponderance of the evidence *n* наличие более веских доказательств

pre-sentence investigation report *n* изучение дела и доклад по делу перед вынесением приговора

presiding judge *n* председательствующий судья

presumption *n* допущение; презумпция

presumption of innocence *n* презумпция невиновности

pretrial *n* совещание суда с адвокатами сторон

pretrial detention. *See* **detention**

pretrial services department *n* судебная служба по осуществлению необходимых мер до начала слушания дела

pretrial statements *n* свидетельские показания, данные до начала судебного разбирательства

prior conviction *n* судимость

prison *n* тюрьма

prisoner *n* лицо, находящееся под стражей
prison guard *n* тюремный надзиратель; тюремная охрана; тюремный охранник
pro bono *(Lat.) adv.* бесплатно (защищать кого-то)
probable cause *n* наличие достаточного основания
probation *n* пробация; передача под надзор; условное освобождение с испытательным сроком
probation department *n* отдел пробации
probation hearing *n* заседание суда для рассмотрения вопроса об условном освобождении подсудимого
probation officer *n* пробационный работник; лицо, осуществляющее надзор за условно осужденным
procedure *n* процедура
proffer session *n* подготовительная беседа (у прокурора)
proof *n* доказательство
   burden of proof *n* бремя доказывания
prosecute *v* обвинять; поддерживать обвинение; преследовать в судебном порядке
prosecuting officer *n* должностное лицо, осуществляющее уголовное преследование; обвинитель
prosecution *n* обвинение; обвинитель; уголовное преследование
prosecution witness *n* свидетель обвинения
prosecutor *n* обвинитель; прокурор
public defender *n* защитник по назначению суда; государственный защитник
punitive *adj* карательный; связанный с применением наказания; штрафной
racketeering *n* рэкетирская деятельность; шантаж; вымогательство; мошенничество; организованный преступный захват собственности
ransom *n* выкуп; денежный штраф
rape *v* изнасиловать; *n* изнасилование
   date rape *n* изнасилование на свидании
   statutory rape *n* половая связь с лицом, не достигшим совершеннолетия
rap sheet *n* данные полиции о судимости, приводах в полицию; полицейский протокол
reasonable basis *n* разумное основание
reasonable doubt *n* разумное, обоснованное сомнение
rebuttal *n* опровержение; предоставление контрдоказательств
recess *n* перерыв (в суде)
recidivist *n* преступник, повторно совершивший преступление; рецидивист
reckless endangerment *n* угроза, вызванная неосторожностью, небрежностью; неосторожное подвержение опасности
recklessly *adv* опрометчиво; по грубой неосторожности
recklessness *n* безрассудство; грубая неосторожность; опрометчивость; безрассудность; дерзость

recognizance *n* обязательство, данное в суде

release on one's own recognizance *v* отпустить под собственную расписку

record *n* досье преступника

record of convictions *n* судимость

record of questioning *n* протокол допроса

record on appeal *n* протокол дела для пересмотра его в апелляционном порядке

redirect examination *n* повторный прямой допрос

rehabilitation program *n* курс лечения

released *n* освобождённый (из-под стражи)

release on bail *v* освобождать на поруки; выпускать из тюрьмы под залог / *n* освобождение на поруки; освобождение под залог

relevant conduct *n* действия обвиняемого, имеющие отношение к совершенному им преступлению

remanding order *n* распоряжение о возвращении под стражу

remove an alien from the country *v* высылать иностранца из страны

renunciation *n* отказ (от чего-л.)

reparation *n* возмещение вреда; компенсация; предоставление удовлетворения; репарация

repeat offender *n* преступник, повторно совершивший преступлкние; рецидивист

report *n* доклад, отчёт

    police report *n* доклад полицейского

    probation report *n* доклад работника пробационного отдела

represent *v* представлять

re-sentencing *n* пересмотр вынесенного приговора, назначенного наказания

restitution *n* восстановление первоначального правового положения; возмещение; реституция

restraining order *n* приказ (судьи) об аресте

retain a lawyer *n* нанять адвоката

retainer *n* контракт с адвокатом

reversal *n* отмена; аннулирование; кассация; реверсаль

review *n* пересмотр дела

revoke *v* отменять, отнимать (права на вождение)

right to trial *n* право на судебное разбирательство

robbery *n* грабеж; ограбление

    armed robbery *n* разбой; вооруженное нападение

robbery with violence *n* ограбление с насилием

ruling *n* решение (судьи)

sanction *v* предусмотреть меру наказания; применять санкции / *n* предусмотренная законом мера наказания; взыскание; правовая санкция;

sealed indictment *n* обвинительный акт за печатью (секретный)

search *v* производить обыск; производить расследование / *n* обыск; досмотр; расследование

search and seizure *n* право представителей государственной власти производить обыски и выемки

search warrant *n* ордер на обыск

seize *v* захватывать; задерживать; конфисковывать; производить выемку; изъять; вводить во владение

seizure *n* захват; конфискация; наложение ареста; выемка; изъятие

select the jury *v* отбирать присяжных

self-defence *n* самозащита; самооборона

self-incrimination *n* самообвинение; самооговор; дача невыгодных для себя показаний

self-surrender *n* явка с повинной

sentence *n* приговор

  alternative sentence *n* альтернативное наказание, приговор к наказанию без тюремного заключения

  conditional sentence *n* условный приговор, отсроченный приговор

  deferred sentence *n* отсроченный приговор

  harsh sentence *n* суровый приговор

  life sentence *n* приговор к пожизненному заключению

  light sentence *n* мягкий приговор

  mandatory minimum sentence *n* обязательная минимальная мера наказания

  non-jail sentence альтернативное наказание, приговор к наказанию без тюремного заключения

  suspended sentence *n* приговор с отсрочкой исполнения

sentence above the guideline range *n* приговор, превышающий рамки основополагающих рекомендаций вынесения приговоров

sentence below the guideline range *n* приговор в рамках основополагающих рекомендаций вынесения приговоров

sentencing guidelines *npl* основополагающие рекомендации вынесения приговоров

sentencing hearing *n* судебное заседание, на котором выносится приговор

sexual predator *n* сексуальный маньяк

sheriff *n* шериф

shoplifter *n* магазинный вор

shoplifting *n* мелкое воровство в магазинах

sidebar conference *n* совещание у судьи (без присяжных)

smuggle *v* заниматься контрабандой; провозить контрабандным путём

smuggler *n* контрабандист; контрабандистское судно

smuggling *n* незаконный ввоз или вывоз; контрабанда

snitch *n* стукач (*слэнг*)

solicitation *n* ходатайство; просьба; навязывание услуг; подстрекательство; домогательство

speedy trial *n* ускоренный процесс

statement *n* заявление; утверждение; формулировка; дача
      показаний
    sworn statement *n* заявление под присягой
state of mind *n* намерения
    guilty state of mind *n* умысел
status hearing *n* слушание в суде о положении дела
statute of limitations *n* давность (преступления *и т. п.)*
statutory assessment *n* штраф по закону
sting operation *n* операция захвата (ареста)
subpoena *v* вызывать в суд / *n* вызов в суд; повестка о явке в суд
substantial assistance to the government *n* оказание
      существенной помощи государству
summary judgment *n* решение, вынесенное в порядке
      упрощенного, суммарного судопроизводства
summons *n* вызов в суд; судебная повестка
suppression hearing. *See* **hearing**
suppression of evidence *n* сокрытие доказательств; сокрытие
      улик
surrender *v* выдавать (преступников); капитулировать;
      отказываться (от права) / *n* выдача (преступников); явка с
      повинной
surveillance *n* надзор; слежка; наблюдение
surveillance tape *n* магнитофонная или видео- запись, сделанная
      службой наблюдения
suspect *v* заподозрить; сомневаться в истинности (чего-л.);
      подозревать / *n* подозреваемый; подозрительное лицо
suspended sentence *n* приговор с отсрочкой исполнения
sustain an objection *v* принять возражение
swear *v* принимать присягу; утверждать; заявлять под присягой;
      обещать под присягой
sworn *adj* принёсший присягу; скреплённый присягой;
      удостоверенный в своей подлинности (о документе)
tamper *v* манипулировать; оказывать тайное влияние;
      фальсифицировать; подделывать
tampering (with jury) *n* манипулирование жюри, тайное
      влияние на жюри; подкуп присяжных
tap telephones *n* прослушивать телефоны
tax evasion *n* уклонение от уплаты налогов
terrorism *n* терроризм
testify *v* заявлять; утверждать; давать свидетельские показания
testimony *n* свидетельские показания; показание, данное под
      присягой
theft *n* воровство; кража; похищение имущества
time in prison *n* срок (тюремного заключения)
time off for good behavior *n* сокращение срока заключения за
      лримерное поведение
time served *n* время, проведенное в тюремном заключении;
      срок отсидки

tip off *v* разглашать секретную информацию; информировать; предупреждать

traffic infraction *n* нарушение правил дорожного движения

trafficking *n* нелегальная перевозка наркотиков

traffic ticket *n* штраф за нарушение правил дорожного движения

transcript *n* стенограмма (разговора, процесса, слушания)

transfer of proceedings *n* передача материалов уголовного разбирательства

trial *n* суд, судебный процесс

    bench trial *n* суд без присяжных

    go on trial *v* идти на суд

    jury trial *n* суд присяжных

    on trial *adv* на суде; на судебном процессе

    speedy trial *n* ускоренный процесс

try *v* судить, привлекать к судебной ответственности; расследовать

uncorroborated *adj* неподтверждённый

undercover *adj* секретный

undercover operation *n* секретная операция; скрытая операция

undercover police officer *n* тайный полицейский агент

underworld *n* преступный мир: «дно» *(разг.)*

undocumented *n* не подкреплённый документами; лицо без документов

undocumented immigration *n* нелегальная иммиграция

United States Code *n* Кодекс законов США

United States Sentencing Commission *n* Федеральная комиссия по приговорам

unpunished *adj* безнаказанный

usury *n* гангстерское ростовщичество

victim *n* потерпевший; жертва

voluntary deposition *n* добровольная дача показаний

voluntary surrender *n* явка с повинной

voluntary testimony *n* добровольные показания

vulnerable victim *n* уязвимый потерпевший (жертва насилия с пониженной способностью к сопротивлению)

warden (of prison) *n* тюремный надзиратель; тюремный охранник

warrant *n* ордер (на обыск, арест и т. д.); полномочие; основание; приказ

warrantless *adj* без приказа суда

warrantless arrest *n* арест без решения суда

willfully *adv* добровольно; сознательно

wiretap *v* прослушивать телефонные разговоры / *n* прослушка *(жарг.)*; устройство для перехвата телефонных разговоров

wiretapping *n* тайное подслушивание с помощью технических средств; прослушка *(жарг.)*; жучок *(разг.)*

wiretap recording *n* запись перехвата телефонных разговоров

withdraw from a conspiracy *v* отказ от преступного сговора

without prejudice *adv* без ущерба; беспристрастно; «без преюдиции»

with prejudice *adv* без права пересмотра дела; «с преюдицией»

witness *n* очевидец; свидетель

witness for prosecution *n* свидетель обвинения

witness protection plan *n* план защиты свидетелей

Family Law
Семейное право

Family law deals with family events and relationships such as birth and marriage, or its dissolution (separation or divorce), laying down rules to ensure support for dependents and protecting the interests of children. A judgment of divorce may contain provisions on custody and visitation regulating the divorced parents' duties and rights with respect to minor children. Laws may also exist defining requirements for marriage, such as reaching marriageable age, or setting conditions under which a marriage may be annulled or under which a pre-nuptial agreement between spouses may be enforced.

abandonment of marital domicile *n* отказ от супружеского домициля

abortion *n* прекращение беременности; аборт

absolute divorce *n* расторжение брака по суду; окончательный развод; полный развод

abuse *n* дурное обращение; изнасилование; жестокое обращение; противоправное половое сношение с несовершеннолетним или с психически неполноценным лицом

    drug abuse *n* злоупотребление наркотиками

abuse of power *n* злоупотребление властью

actual separation *n* раздельное проживание супругов (по соглашению или решению суда)

administrator of estate *n* распорядитель имущества; исполнитель суда по вопросам раздела наследства; администратор наследства

adolescent *n* подросток

adopt *v* усыновлять, удочерять; принимать (закон, резолюцию); принимать (решение)

adoption *n* удочерение/усыновление

adoption tax credit *n* налоговая льгота при удочерении/усыновлении

adoptive *adj* приёмный (о ребёнке); приёмный (о родителе)

adult *adj/n* совершеннолетний

adulterer *n* участник прелюбодеяния; прелюбодей

adultery *n* адюльтер; супружеская измена

Aid to Families With Dependent Children *n* Социальная программа помощи семьям с малолетними детьми и детьми-инвалидами

alimony *n* сумма, выплачиваемая на содержание бывшей супруге после развода; алименты бывшей супруге (алименты на ребенка *см.* child support)

annulment of marriage *n* аннулирование брака; признание брака недействительным

Семейное право

artificial insemination *n* искусственное оплодотворение

assault *n* домашнее насилие; оскорбление действием супруги (супруга); конфликт между супругами с применением насилия

assignment of support rights *n* передача права получения алиментов на ребенка

aunt *n* тётя; тётка

beneficiary *n* бенефициарий; обладатель привилегии, права или льготы; лицо, в пользу которого будут производиться выплаты

best interests of the child *n* «в интересах ребенка»

bigamist *n* двоежёнец; имеющий двух жён или имеющая двух мужей

bigamy *n* бигамия; двоежёнство; двоемужие; двоебрачие; двубрачие

biological parent *n* биологический родитель

birth *n* рождение; роды; происхождение; род

birth certificate *n* метрическое свидетельство, метрика; свидетельство о рождении

birth control *n* регулирование рождаемости; контроль рождаемости; противозачаточные меры

born *adj* родившийся; рождённый

brother *n* брат

brother-in-law *n* деверь (брат мужа); шурин (брат жены); зять (муж сестры; свояк (муж свояченицы)

caregiver *n* воспитатель; работник по уходу на дому

caretaker *n* опекун

child *n* ребёнок; младенец; малолетний

child care center *n* детский сад

child support *n* содержание ребёнка (как обязанность родителей); алименты на ребёнка

child support enforcement agency/office *n* служба взыскания алиментов на ребёнка в судебном порядке

childbirth *n* роды; рождаемость

child support guidelines *npl* рекомендации по содержанию ребёнка

common-law husband *n* незарегистрированный супруг; сожитель

common-law marriage *n* незарегистрированный брак; гражданский брак

common-law wife *n* незарегистрированная супруга; сожительница

community property *n* общее имущество супругов; совместно нажитая собственность

competency (*of persons*) *n* правомочность; дееспособность (лиц)

competency hearing *n* слушание дела в суде о дееспособности (напрмер, ответчика)

condom *n* презерватив; кондом

condonation *n* прощение одним из супругов прелюбодеяния, совершенного другим супругом

consanguinity *n* кровное родство; единокровность; генетическое родство

consent *n* согласие; разрешение; соглашение

contraception *n* контрацепция (предохранение от зачатия); противозачаточные средства

contraceptive *n* противозачаточное средство; презерватив

counseling *n* психологическое консультирование

couple *n* жених и невеста; супруги; супружеская пара
  married couple *n* супружеская пара

cousin *n* двоюродный брат, кузен; двоюродная сестра, кузина; родственник

cruelty *n* жестокость; безжалостность; жестокое обращение

custodial abduction *n* похищение ребёнка одним из разведенных родителей у другого, имеющего право опекунства над ребёнком

custodial care *n* патронаж

custodial parent *n* родитель-опекун; родитель, на чьем попечении находится ребёнок после развода

custody *n* опека (над ребёнком); право опеки; попечительство
  alternating custody *n* поочередная опека (разделение попечения над ребёнком между разведёнными родителями)
  joint custody *n* совместная юридическая опека при фактическом проживании одного из родителей; совместное попечение
  legal custody *n* юридическая опека
  physical custody *n* фактическая опека (совместное проживание опекуна и ребёнка)
  shared custody *n* совместная опека разведенных родителей над несовершеннолетними детьми
  sole custody *n* единоличная опека (опека над несовершеннолетними детьми одним из супругов)
  temporary custody *n* временная опека до окончательного решения суда

daughter *n* дочь

daughter-in-law *n* невестка; сноха; жена сына

deadbeat dad (*slang*) *n* никчёмный отец; отец, не платящий алименты на ребёнка

death certificate *n* свидетельство о смерти

deceased *adj* покойный; умерший

decedent *n* покойник

Department of Social Services *n* департамент социального обслуживания населения

dependent *adj* иждивенец; зависимый; подчиненный находящийся а иждивении / *n* иждивенец; находящийся на иждивении; получающий помощь (от кого-л.); живущий за счёт (кого-л.)

dissolution of marriage *n* аннулирование; расторжение; прекращение брака

distributee *n* лицо, имеющее по закону право на долю в наследстве; наследник по закону

divorce *v* разводиться; расторгать брак / *n* развод; расторжение брака

    uncontested divorce *n* развод по обоюдному согласию; развод по общему согласию

divorced *adj* разведённый

divorcee *n* разведённая жена; разведённый муж

DNA *n* дезоксирибонуклеиновая кислота; ДНК

domestic *adj* бытовой; семейный; ручной; домашний (о животных)

domestic partner *n* сожитель

domestic relations *n* семейные отношения; семейное право

domestic violence *n* насилие в семье; бытовое насилие

duty to support *n* обязанность выплачивать алименты жене и ребёнку; обязанность оказания материальной поддержки

earnings assignment *n* переадресовка зарплаты; передача прав на получение зарплаты другому лицу (кредитору)

earnings withholding order *n* приказ об удержании заработной платы (для уплаты алиментов)

emancipate *v* достигнуть совершеннолетия; освободиться от родительской опеки

emancipated minor *n* несовершеннолетний (не достигший 18 лет), свободный от родительской опеки (по решению суда)

engagement (*to marry*) *n* помолвка; обручение

estate (*real estate property*) *n* имущество, оставленное в наследство

estate (*all kinds of property making up an inheritance*) *n* наследство (включает детей, деньги, недвижимое и личное имущество)

estate tax *n* налог на имущество, оставленное в наследство

executor *n* исполнитель завещания, назначенный по завещанию или судом; душеприказчик

ex-husband *n* бывший супруг

ex-wife *n* бывшая супруга

faithful *adj* верный (о супруге), добросовестный, честный, надежный

false pretenses *n* обман, притворство

family *n* семья; семейство

family court *n* суд по семейным делам

family court judge *n* судья, заседающий в суде по семейным делам

family law *n* семейное право

family planning *n* планирование семьи; внутрисемейное регулирование рождаемости

family reunification *n* воссоединение семьи

father *n* отец; родитель

Семейное право

father-in-law *n* свёкор (отец мужа); тесть (отец жены)

Federal Case Registry of Child Support *n* Федеральное бюро регистрации дел по запросам алиментов на ребёнка

Federal Parent Locator Service *n* Федеральная служба поиска родителей

fertile *adj* способный к зачатию

fiancé *n* жених

fiancée *n* невеста

fidelity *n* верность; преданность; лояльность

final decree of divorce *n* вошедшее в законную силу судебное решение о разводе

foreign marriage *n* брак, заключённый за границей (по законам другой страны)

foster care *n* передача на воспитание в приемную семью; воспитание приёмного ребёнка

foster parent *n* приёмный родитель (воспитывающий неусыновленных детей)

garnishment *n* наложение ареста на имущество должника у третьего лица или на суммы, причитающиеся должнику с третьего лица

gay marriage *n* брак гомосексуалистов или лесбиянок

gift tax *n* налог на дарение

grandchild *n* внук; внучка

granddaughter *n* внучка

grandfather *n* дедушка; дед

grandmother *n* бабушка; бабка

grandparents *n* бабушка и дедушка

grandson *n* внук

grounds for divorce *n* основания для развода, необходимые для бракоразводного процесса

guardian *n* опекун; попечитель

guardian ad litem (GAL) *n* опекун ad litem; опекун-представитель в судебном деле

guardianship *n* опека; попечительство

guidance *n* уведомление; указание; руководство (ребёнком)

guidance counselor *n* школьный методист

guidelines *npl* методические рекомендации; руководство; методические указания

habitation *n* жилище, место пребывания

harassment *n* приставание, запугивание, преследование

harbor *v* приютить кого-либо, держать (например, животное в квартире)

hazardous materials *npl* опасные для здоровья материалы

head of household *n* глава семьи; лицо, содержащее на иждивении членов семьи

heir *n* наследник

home *n* дом

homestead *n* поместье

Семейное право

homosexual *adj* гомосексуальный; однополый / *n* гомосексуалист

hotel divorce *n* развод по договорённости, при котором один из супругов инсцинирует адюльтер

household *n* семья (людей, живущих совместно)

husband *n* муж; супруг

husband-wife privilege *n* сохранность конфиденциальной информации между мужем и женой

illegitimate *adj* неузаконенный; внебрачный; противозаконный

impediment to marriage *n* препятствие к браку

impotence *n* мужская половая слабость; импотенция

impotent *adj* не способный к половому акту; импотент

incapacitated *adj* нетрудоспособный

income withholding *n* удержание из заработной платы

incompetent (*person*) *n* не имеющий права; недееспособный; неправомочный

infertile *adj* бесплодный

infertility *n* бесплодие

infidelity *n* супружеская неверность; прелюбодеяние

injunction *n* судебный запрет на ограничение действий (например, должника)

injunction against molestation *n* постановление суда о пресечении растлевающих действий (в т. ч. малолетнего)

in-laws *n* родня со стороны мужа или жены, брата или сестры

intestate *n* лицо, умершее, не оставив завещания; без завещания; *adj* не оформленный завещанием; переходящий к наследникам по закону, из-за отсутствия завещания

in vitro fertilization *n* экстракорпоральное оплодотворение; оплодотворение in vitro

irreconcilable differences *npl* психологическая несовместимость, ведущая к разводу

joint account *n* совместный счёт

joint custody. *See* **custody**

joint ownership *n* совместное владение

juvenile *adj* несовершеннолетний, подростковый

kinship *n* родство (кровное); родственная связь

legal *adj* юридический; судебный; правовой; основанный на законе; основанный на общем праве; относящийся к области общего права; регулируемый общим правом

legal separation *n* раздельное жительство супругов по договору или по решению суда

legitimate *adj* законный родитель; законнорожденный; законное рождение; законнорожденное потомство; основанный на праве прямого наследства

lesbian *n* лесбиянка

litigation *n* гражданский судебный процесс

living separate and apart *n* раздельное проживание

lover *n* любовник/любовница; возлюбленный/возлюбленная
maintenance *n* выплаты на содержание супруги (супруга) алименты на супругу
marital asset *n* имущество, нажитое в браке
marital/matrimonial property *n* общая собственность супругов
marital settlement agreement *n* договор об условиях развода
marriage *n* брак
marriageable age *n* брачный возраст
marriage ceremony *n* обряд бракосочетания; брачная церемония
marriage certificate *n* свидетельство о браке
marriage counseling *n* консультирование психологом супружеских пар по их брачно-семейным отношениям
marriage counselor *n* консультант по брачно-семейным отношениям; брачный советник
married *adj* женатый; замужняя; состоящий в браке
marry *v* сочетать(-ся) браком; жениться на; выйти замуж за
maternity leave *n* отпуск по беременности и родам, декретный отпуск
maternity ward *n* родильное отделение
matrimonial *adj* супружеский; матримониальный; брачный
matrimonial property *n* общая собственность супругов
matrimony *n* супружество; брак; брачный союз; семейный союз
mediation *n* «семейное консультирование» (*процесс, в котором лицензированный специалист помогает конфликтующим сторонам решить спорные вопросы, чтобы избежать суда*)
medical certificate *n* врачебный сертификат; врачебное свидетельство
midwife *n* акушерка
minor *n* несовершеннолетний
miscarriage *n* преждевременные роды; выкидыш
mother *n* мать; мама
motherhood *n* материнство
mother-in-law *n* свекровь (мать мужа); тёща (мать жены)
neglect (*of a child*) *n* дурное обращение с ребёнком, которое может повлечь за собой угрозу его жизни или здоровью; неисполнение обязанностей (по отношению к ребёнку)
neglected child *n* заброшенный ребёнок
nephew *n* племянник
nepotism *n* семейственность; кумовство; протекция родне
next of kin *n* ближайший по крови
niece *n* племянница
no-fault divorce *n* «без вины»; расторжение брака без предоставления юридических оснований для развода
nursery *n* палата новорожденных; детская
offspring *n* отпрыск; потомок; потомство
orphan *v* лишать родителей; делать сиротой; осиротить / *n* сирота
paramour *n* любовник; любовница

parent *n* родитель; мать; отец

parental *adj* родительский; отцовский; материнский (о чувстве)

parental rights *n* родительские права

parents *n* родители

paternity *n* отцовство; происхождение по отцу

paternity proceeding *n* установление отцовства (судебное разбирательство с целью установления отцовства)

paternity suit *n* иск об установлении отцовства; процесс установления отцовства

physical custody *n* прямое попечительство

pregnancy *n* беременность

pregnant *adj* беременная

premature birth *n* преждевременные роды

pre-nuptial agreement *n* добрачный договор

probate *n* процесс официального распоряжения имуществом умершего судом, по завещанию или без оного, в соответствии с законом

puberty *n* период полового созревания; пубертатный период

putative father *n* предполагаемый отец

putative marriage *n* "мнимый брак" (незаконный брак, о недействительности которого ещё не было вынесено решения); добросовестно заключенный незаконный брак

putative spouse *n* предполагаемый супруг

rape *n* изнасилование / *v* насиловать; изнасиловать

recognize (*a child*) *v* признать (ребёнка)

reconciliation *n* примирение; урегулирование (разногласий *и т. п.*)

relief *n* удовлетворение запроса истца или ответчика судом

re-marry *v* вступить в брак вторично

retirement *n* выход на пенсию; отставка; уход в отставку

right of election by surviving spouse *n* автоматическое право пережившего супруга на часть наследства

Safe Child and Families Act *n* Закон об охране семьи и ребёнка

same-sex marriage *n* однополый брак

separated (*spouse*) *adj* раздельно жительствующий (супруг); отдельно проживающий (супруг)

separate property *n* раздельная собственность супругов, нажитая вне брака

separation *n* раздельное жительство супругов

separation agreement *n* соглашение между супругами о раздельном проживании

settlement *n* прекращение судебного разбирательства путем договора между сторонами

settlement agreement *n* договор (которым разрешился конфликт, например, договор о разводе)

shared custody. *See* **custody**

sibling *n* родной брат (*m*) *или* родная сестра (*f*)

single *adj* лицо, не состоящее в браке (*n*); неженатый (*m*); незамужняя (*f*); холостяк (*m*)

sister *n* сестра

sister-in-law *n* золовка; невестка (жена брата); свояченица; жена брата; сестра мужа; сестра жены

sole custody. *See* **custody**

solemnize marriage *v* совершать торжественный обряд (брачной церемонии); освятить брачный союз; оформить брак

son *n* сын

son-in-law *n* зять; муж дочери

spousal abuse *n* бытовое насилие; оскорбление действием супруги (*f*) (супруга (*m*); конфликт между супругами с применением насилия

spousal support. *See* **support**

spouse *n* супруг (*m*); супруга (*f*)

stepfather *n* отчим

stepmother *n* мачеха

sterility *n* бесплодие

stillborn *adj* мертворождённый

support *n* алименты

    child support *n* алименты на ребёнка

    spousal support *n* алименты супруге

surrogate mother *n* суррогатная мать (*женщина, выносившая ребёнка для другой женщины, которая не может родить по состоянию здоровья*)

teenage *adj* подростковый; юношеский; находящийся в возрасте от двенадцати до девятнадцати лет

temporary aid for needy families *n* временная помощь нуждающимся семьям

temporary custody. *See* **custody**

temporary order *n* временный указ; временное решение суда

temporary restraining order (TRO) *n* судебный приказ о временном запрещении каких-либо действий (*см.* **injunction**)

twins *npl* близнецы

uncle *n* дядя

uncontested divorce. *See* **divorce**

underage *adj* несовершеннолетний; малолетний

unfaithful *adj* неверный (о супруге); вероломный

use and possession of the marital domicile *n* проживание на общей супружеской площади

visitation *n* посещение ребёнка, оставленного судом у одного из супругов, другим супругом

visitation rights *npl* право на общение с ребёнком после развода; право на посещение ребёнка, оставленного по решению суда у одного из родителей, другим родителем (при разводе)

waiting period (*for divorce*) *n* срок ожидания (перед разводом)

wellbeing *n* благополучие

wet nurse *n* кормилица

Family Law

widow *n* вдова
widower *n* вдовец
wife *n* жена; супруга

Health-Care Law
Правовая терминология в здравоохранении

Health-care law deals with injuries, diseases, and other medical conditions that require medical treatment, how insurance coverage is obtained and provided for such treatment under public and private plans, and how the practice of medicine and the sale of medicines are regulated to protect the public against risks to health and against malpractice.

access *n* доступ; право доступа

accident *n* несчастный случай

accidental death and dismemberment *n* смерть или увечье в результате несчастного случая

acute *adj* острый (о боли); неотложный, экстренный (*о медицинской помощи*)

acute care *n* неотложная помощь- лечение острых (не хронических) заболеваний, требующее нахождения в больнице

addiction *n* привыкание (к лекарству, наркотику); наркотизм; физическая зависимость от наркотика или алкоголя; наркомания

additional coverage *n* дополнительное покрытие (к основному объёму страхового покрытия)

adequate care. *See* **care**

adult day services *n* культурно-развлекательный центр для инвалидов и престарелых

affidavit *n* доверенность на право оплачивать счет за медицинские услуги по медицинской страховке больного

after-care *n* долечивание

Alcoholics Anonymous (AA) *n* Общество анонимных алкоголиков

allowance *n* денежное пособие (месячное, годовое *и т. п.*)

ambulatory *adj* амбулаторный (*о больном*)

appeal process *n* процесс рассмотрения жалобы; апелляция

appendicitis *n* аппендицит

appointment *n* назначенное время приема (у врача)

asbestos *n* асбест

assisted living *n* дом для престарелых гостиничного типа

at home nursing care. *See* **care**

behavioral health *n* охрана психического здоровья

beneficiary *n* обладатель льготы; бенефициарий; лицо, в пользу которого будут производиться выплаты

beneficiary designation *n* назначение бенефициария

benefit *n* льгота

brain contusion *n* ушиб головного мозга
brain damage *n* травма мозга; повреждение головного мозга
cancer care *n* рак
cancer care. *See* **care**
capitation *n* «потолок страховых выплат» (максимальное
    количество страховых выплат, разрешаемое тем или иным
    планом медицинского страхования)
cardiac care. *See* **care**
care *n* наблюдение (врача *и т. п.*); уход за больным; медицинское
    обслуживание
 acute care *n* неотложная медицинская помощь
 adequate care *n* надлежащий уход
 at home nursing care *n* услуги медицинской сестры на
  дому; услуги патронажной медсестры
 cancer care *n* лечение онкологических заболеваний
 cardiac care *n* кардиологическое лечение
 critical care *n* интенсивная терапия и реанимация
 domiciliary care *n* медицинская помощь на дому
 emergency care *n* неотложная медицинская помощь
 health care *n* здравоохранение; медицинская помощь;
  медицинское обеспечение; медико-санитарная помощь
 home care *n* медицинская помощь на дому; уход на дому
 immediate care *n* скорая помощь; неотложная медицинская
  помощь
 intensive care *n* интенсивная терапия; реанимация
 outpatient care *n* амбулаторное лечение
 pre-natal care *n* гигиена беременности
 substandard care *n* некачественное медицинское
  обслуживание
caregiver *n* работник по уходу за клиентом на дому
care management *n* управление медицинским обслуживанием
caretaker *n* больничная няня; уборщица
child care facility *n* детский дневной стационар
childhood disease *n* детская болезнь
chronic *adj* хронический
chronic disease *n* хроническое заболевание
claim *n* претензия; требование; иск о возмещении убытков/
    ущерба (в связи с увечьем и т. п.)
clinic *n* клиника (*медицинское учреждение*); поликлиника
collect unemployment compensation *v* получать пособие по
    безработице
common carrier coverage *n* основная страховка
compensation *n* компенсация; возмещение
compensation system *n* система компенсации
concussion *n* сотрясение головного мозга
consent to treatment *n* согласие на лечение
contact lenses *n* контактные линзы
controlled substance *n* учётный препарат; не подлежащее

свободному обращению вещество (препарат),
распространение которого регулируется законом

co-payment *n* доплата за медицинское обслуживание, не
покрываемая медицинской страховкой

coverage *n* страховое покрытие медицинского обслуживания;
стоимость лечения, покрытая договором страхования;
медицинская страховка

>   **comprehensive coverage** *n* медицинская страховка,
>   полностью покрывающая возможные расходы на лечение

>   **medical coverage** *n* охват медицинским обслуживанием

covered benefit *n* денежное покрытие льготы

cure *v* вылечивать; излечивать; исцелять / *n* излечение; лечение;
курс лечения; терапия; метод лечения; выздоровление;
лекарство; средство

deductible *adj* сумма, удерживаемая у держателя медицинской
страховки при возмещении его/ее медицинских расходов

denial *n* отказ

denied necessary treatment *n* отказ в необходимом лечении

deny *v* отказать

dependable *adj* надёжный; заслуживающий доверия

diabetes *n* диабет

disability *n* нетрудоспособность; инвалидность; недееспособность

disability benefit *n* пособие по инвалидности,
нетрудоспособности; пенсия по инвалидности

disabled *adj* лишенный трудоспособности; инвалид

disease *n* заболевание; болезнь

disease control *n* санитарно-эпидемиологический надзор

disease prevention *n* профилактика заболеваний

DOA (dead on arrival) *adj* доставлен в больницу мертвым

doctor *n* врач

domestic violence *n* насилие в семье; бытовое насилие

domiciliary care. *See* **care**

drug *n* лекарство; средство; медикамент; наркотик

drug-resistant *adj* резистентный к лекарственным средствам;
лекарственно-устойчивый

easy access (to) *n* лёгкий доступ; удобный доступ

elder *n* старый; старший; старейшина; старец

elder care *n* уход за престарелыми

elder law *n* закон о здравоохранении престарелых

elderly *adj* пожилой; преклонного возраста; престарелый

eligible *adj* имеющий право

emergency care. *See* **care**

emergency room *n* пункт скорой (неотложной) помощи;
реанимационное отделение

entitled to benefits *adj* имеющий право на льготы

excluded risk *n* исключённый риск

exclusion (*in a policy*) *n* пункты в страховом договоре,
исключающие определённые виды страхового покрытия

expertise *n* компетенция; компетентность; экспертные знания; экспертный анализ; экспертиза; заключение специалистов

exposure and disappearance benefit *n* страховка от несчастного случая

eyeglasses *npl* очки

family *n* семья

Family Health Law *n* семейное здравоохранительное право

fertility services *npl* служба обеспечения полового оплодотворения

first-aid kit *n* аптечка; аптечка первой помощи; медицинская аптечка

fitness *n* хорошее состояние здоровья; хорошее физическое состояние

fracture *n* перелом (кости)

free *adj* свободный от оплаты расходов; бесплатный; безвозмездный

free access *n* свободный доступ

general practitioner *n* врач общего профиля; участковый врач

grievance *n* вред; жалоба; основание для жалобы; ущерб

guardian *n* опекун

handicap *n* физический или умственный недостаток

handicapped *adj* инвалид

healer *n* целитель

health *n* здоровье

health care *n* здравоохранение; медицинское обслуживание

health-care management *n* управление медицинским обеспечением

health-care power of attorney *n* доверенность на принятие решений о лечении

health-care professional *n* медицинский работник

health-care provider *n* поставщик медицинских услуг

health-care proxy *n* письменная доверенность, дающая право представителю пациента принимать решения, связанные с лечением в случае недееспособности пациента

health maintenance organization (HMO) *n* организация медицинского обеспечения

healthy *adj* целебный; полезный для здоровья; здоровый; жизнеспособный

home attendant *n* приходящий работник по уходу на дому

hospital *n* больница; госпиталь

hospitalize *v* госпитализировать; помещать в больницу

ill *adj* больной; нездоровый

illness *n* заболевание

impotence *n* импотенция; половое бессилие

incapacity *n* нетрудоспособность

infection *n* инфекция (болезнетворный возбудитель)

infectious disease *n* инфекционное заболевание

informed consent *n* информированное согласие

injury *n* рана; ушиб; телесное повреждение; увечье
insurance *n* страховка
    annuity insurance *n* страхование с ежегодными выплатами (на установленный период времени или пожизненно)
insurance carrier *n* страховая компания
insurance policy *n* страховой полис
insurance provider *n* поставщик медицинской страховки
insured *adj* застрахованный
insurer *n* страховщик; страховая компания
intensive care. *See* **care**
lead paint *n* краска, содержащая свинец
legal access *n* законный доступ
legally blind *adj* юридически признанный незрячим
legally incapacitated *adj* законно ограниченный в право- и/или дееспособности
life-sustaining medical treatment *n* искусственное поддержание жизненно важных функций больного
    withdraw life-sustaining medical treatment *v* прекратить искусственное поддержание жизненно важных функций больного
    withhold life-sustaining medical treatment *v* приостановить искусственное поддержание жизненно важных функций больного
life-threatening *adj* опасный для жизни (*напр.* о кровотечении)
living will *n* волеизъявление; юридически оформленный, нотариально заверенный документ, которым тяжелобольной либо дает распоряжения относительно применения медицинского лечения, продлевающего его жизнь, либо передает право принимать за него решения другому лицу
loss *n* потеря
loss of both hands and feet *n* потеря обеих рук и ног
loss of entire sight *n* полная потеря зрения
loss of hearing *n* потеря слуха
loss of life *n* потеря жизни
loss of speech *n* потеря речи
loss of thumb and index finger of the same hand *n* потеря большого и указательного пальцев на одной руке
malpractice *n* профессиональная ошибка специалиста (врача, юриста, учителя и т.д.)
    medical malpractice профессиональная ошибка врача
malpractice case *n* уголовное дело, возбужденное в связи с профессиональной ошибкой специалиста (врача, юриста и.т.д.)
malpractice claim *n* иск, причиной которого является профессиональная ошибка специалиста (врача, юриста и других профессионалов)
maltreatment *n* неквалифицированное лечение больного

managed care *n* управляемое медицинское обеспечение
managed care organization (MCO) *n* организация,
    организующая медобслуживание
Medicaid *n* государственная программа бесплатной или
    льготной медицинской помощи малоимущим
medical *adj* медицинский
medically necessary treatment *n* лечение, необходимое по
    медицинским показаниям
medical orderly *n* n санитар; санитарка
medical services *npl* медицинское обслуживание; медицинская
    помощь; обслуживание больных
Medicare *n* федеральная программа медицинской помощи
    престарелым
medicine *n* медицина; терапия; лекарство
meet the standard of care *v* соответствовать лечебным стандартам
mental *adj* умственный; психический
mental handicap *n* слабоумие; умственная неполноценность
mental health *n* умственное здоровье
mental retardation *n* умственная отсталость
minimum standards *npl* минимальные стандарты
neglect *n* халатное отношение к своим обязанностям
non-traditional medicine *n* нетрадиционная медицина
notice of claim *n* уведомление о предъявлении претензии;
    исковое заявление
nurse *n* медсестра
nurse's aide *n* санитарка
nursing care *n* сестринский уход (за больным)
nursing home *n* дом престарелых
obesity *n* ожирение
occupational health *n* гигиена труда; профессиональная гигиена
operating room *n* операционная
optometrist *n* оптик (специалист по коррекции зрения)
orderly *n* санитар; санитарка
out-patient *adj* амбулаторный / *n* амбулаторный больной
over-the-counter drug *n* лекарство, не требующее рецепта при
    покупке
overweight *adj* избыточный вес; человек, страдающий
    ожирением
payment of claim *n* платёж по иску (претензии)
pending claim *n* неудовлетворённый иск (претензия);
    находящийся на рассмотрении иск (претензия)
permanent disability *n* постоянная нетрудоспособность
permanent total disability *n* постоянная полная нетрудоспособность
permanent total disability benefit *n* выплаты при постоянной
    полной нетрудоспособности
physical handicap *n* физический недостаток
physical injury *n* телесное повреждение
physical therapy *n* лечебная физкультура; физиотерапия

physician *n* врач (любого профиля)

plan *n* программа (медицинского страхования)

plan allowance *n* допустимое (разрешённое медицинской страховкой) количество визитов к врачу и медицинских процедур

policy *n* полис (страховой)

policy benefit *n* компенсационные выплаты (льготы) по медицинской страховке

policyholder *n* полисодержатель

policy limit *n* лимит по страховому полису

practitioner *n* практикующий врач; практикующая медсестра (и другие практикующие специалисты)

preferred provider organization (PPO) *n* список рекомендованных специалистов и лечебных учреждений

premium (*insurance*) *n* ежемесячная (годовая, полугодовая) выплата для поддержания действия страхового контракта.

pre-natal care. *See* **care**

prescription *n* медицинский рецепт

prescription drug *n* лекарство, отпускаемое по рецепту

prescription drug benefit *n* льгота на лекарство, отпускаемое по рецепту

prescription drug coverage *n* страховое покрытие стоимости лекарств по рецептам

prevent *v* предотвращать

prevention *n* профилактика

preventive *adj* превентивный; предохранительный; профилактический

preventive medicine *n* превентивная медицина

preventive screening *n* профилактический осмотр (*проверка, обследование рентгеном, анализами, осмотром, опросом и т. п.*)

preventive services *n* профилактическое медицинское обслуживание

primary care physician *n* участковый терапевт; врач первичной медицинской помощи

primary care providers *n* медработники, оказывающие первичную медицинскую помощь

private insurance *n* частное страхование

professional *adj* профессиональный

proof of loss *n* доказательство ущерба; заявление о выплате страховки; официальное заявление держателя страхового полиса об убытках

provider *n* поставщик медицинской страховки; поставщик медицинских услуг

provider-patient relationship *n* взаимоотношения больного и поставщика медицинских услуг

psychiatrist *n* психиатр

psychiatry *n* психиатрия

quality of life *n* качество жизни
recovery room *n* послеоперационная палата
referral *n* направление к врачу-специалисту; пациент, направленный к врачу
referral line *n* централизованная система предоставления медицинских услуг
referral service *n* служба предоставления пациентам информации о медицинских и гуманитарных учреждениях и направлений на лечение и помощь
rehabilitation *n* восстановление здоровья; медицинская реабилитация
root canal therapy *n* обработка корневого канала зуба
senior citizen *n* пожилой человек; человек пенсионного возраста
senior services *npl* медицинские услуги для граждан пенсионного возраста
sexually transmitted disease *n* болезнь, передающаяся половым путем
sick *adj* больной
standards *npl* стандарты
stroke *n* инсульт
subscriber *n* подписчик, обладатель (медицинской страховки)
substandard care *n* некачественное медицинское обслуживание
surgeon *n* хирург
surgery *n* хирургия; хирургическая операция
survivor *n* выживший; переживший кормильца иждивенец; член семьи умершего
temporary disability *n* временная нетрудоспособность
terminate *v* прекращать (действие)
terminations and denials *npl* отказ от предоставления финансовой помощи и медицинских услуг
test *n* анализ; тест; исследование; проверка
therapy *n* лечение; терапия; лекарственное действие
tonsillitis *n* ангина; воспаление миндалин; тонзиллит
tonsils *n* миндалины; миндалевидные железы; миндалины
toxic *adj* токсичный; ядовитый
traditional medicine *n* традиционная медицина
treat *v* лечить
treatment *n* терапия; курс лечения; обработка (раны)
treatment plan *n* программа (медицинского страхования)
unemployment *n* незанятость (рабочей силы); безработица
utilization review *n* проверка правильности применения
venereal disease *v* венерическая болезнь
waive *v* отказываться (от права и т. п.)
weight *n* вес
weight loss *n* потеря веса
weight management *n* оптимизация веса
welfare *n* государственное пособие (по безработице и т. п.)

will *n* завещание
workers' compensation *n* пособие по нетрудоспособности
    после производственной травмы или болезни.
written notice of claim *n* письменное уведомление о
    предъявлении претензии; исковое заявление

Housing Law
Жилищное право

Housing law deals with the rules that govern real property, how housing units such as apartments must be used and maintained, rental agreements, leases, mortgages, and the rights and duties of landlords and tenants. In the U.S., state and local laws govern most housing-law issues.

abandon *v* оставлять; покидать; отказываться (от права, собственности и т.п.); абондировать

abandonment *n* абондирование; добровольный отказ от права на собственность

abandonment of premises *n* отказ от права на площадь; отказ от права на помещение; оставление помещения

acceleration clause *n* оговорка о досрочном погашении; условие ускоренного погашения ссуды

accessory *adj* дополнительный; вспомогательный; акцессорный

accessory apartment *n* вторая квартира (*помимо квартиры, служащей постоянным местом проживания*)

accessory use *n* акцессорное пользование

access to premises *n* доступ в помещения

adjustable rate mortgage (ARM). *See* **mortgage**

administrator's deed. *See* **deed**

adverse possession *n* захват недвижимости; незаконное овладение недвижимой собственностью

appraisal *n* оценка стоимости объекта недвижимости; экспертиза

assessed value *n* оценочная стоимость

assignment of lease *n* переуступка прав по договору аренды

balloon mortgage. *See* **mortgage**

bargain and sale deed. *See* **deed**

base rent. *See* **rent**

blockbusting *n* спекуляция недвижимостью за счет насаждения паники среди домовладельцев

breach of covenant. *See* **covenant**

builder *n* строитель; строительный рабочий; подрядчик

building *n* здание; дом; постройка

building contractor *n* строительный подрядчик

buydown *n* байдаун (*разовый платеж по кредиту, снижающий процент с займа*)

cession deed. *See* **deed**

clause *n* статья/пункт договора; условие

    acceleration clause *n* статья в договоре, предусматривающая ускоренное погашение ссуды

    prepayment clause *n* условие о предварительной оплате

prepayment of loan clause *n* статья в договоре о штрафе за досрочную выплату займа

commercial lease. *See* **lease**

common elements *npl* места общего пользования

constructive eviction. *See* **eviction**

convey *v* передавать правовой титул на недвижимое имущество

conveyance *n* передача правового титула на недвижимое имущество; акт о передаче правового титула

cost approach *n* затратный подход

court-ordered eviction. *See* **eviction**

covenant *n* акт за печатью; условие или статья договора; статья в договоре; обязательство по договору

breach of covenant *n* нарушение договора или статьи договора

negative covenant *n* договорное обязательство о воздержании от действия

restrictive covenant *n* рестриктивное (ограничительное) условие; ограничительная статья договора

covenant against encumbrances *n* гарантия отсутствия обременений

covenant of quiet enjoyment *n* гарантия спокойного пользования правовым титулом

deed *n* документ за печатью; документ, передающий титул (право) на владение недвижимым имуществом

administrator's deed *n* административный акт; акт передачи недвижимого имущества наследникам по завещанию умершего

bargain and sale deed *n* договор купли-продажи (недвижимости)

cession deed *n* акт о передаче (переуступке) прав, имущества

defeasible deed *n* акт, который можетт потерять силу (ввиду определенных обстоятельств)

executor's deed *n* акт о передаче права на недвижимое имущество умершего, подписанный исполнителем завещания

full covenant and warranty deed *n* документ о передаче недвижимости, содержащий условия гарантии безупречного правового титула

judicial deed *n* акт судебной власти; административный акт; акт, являющийся результатом судебного решения

property deed *n* свидетельство о собственности

quitclaim deed *n* акт отказа от права; документ за печатью о формальном отказе от права

referee's deed *n*, *also* **sheriff's deed** *n* акт, подписанный третейским судьей, о передаче покупателю недвижимого имущества, проданного на аукционе по решению суда за невыполнение заемщиком финансовых обязательств перед заимодателем

tax deed *n* купчая на недвижимость при продаже за неуплату налогов

title deed *n* документ, подтверждающий право собственности на недвижимое имущество

warranty deed *n* гарантийный акт; акт передачи недвижимого имущества, гарантирующий отсутствие на него обременений и иных юридических притязаний

deed in fee *n* документ о передаче безусловного права собственности на недвижимость

deed in lieu of foreclosure *n* акт добровольной передачи права на собственность

deed of correction *n* акт коррекции

deed of gift *n* дарственная; договор дарения

deed of reconveyance *n* акт обратной передачи правового титула

deed of trust *n* трастовый договор; трехстороннее соглашение об учреждении доверительной собственности

deposit *n* залог; залоговая сумма; задаток

direct costs *npl* прямые затраты

easement *n* сервитут (*право пользования землёй для проезда или прохода*)

eminent domain *n* принудительное отчуждение частной собственности (в пользу государства)

equity *n* чистая стоимость недвижимости; доля собственника в стоимости недвижимого имущества

home equity *n* собственный капитал домовладельца, обеспеченный принадлежащей ему недвижимостью

home equity line of credit *n* кредитная линия, предоставляемая домовладельцу под обеспечение недвижимостью

home equity loan *n* займ под залог недвижимости

encumbrance *n* обременение (лежащее на имуществе); долг (с обеспечением имуществом)

estate *n* имущество; земельное владение; собственность (вся собственность, которой человек владеет на момент смерти)

lease-hold estate *n* вещное право арендатора; арендуемое недвижимое имущество

life estate *n* пожизненное владение; пожизненное право на недвижимое имущество

real estate *n* недвижимое имущество; недвижимость

estate at sufferance *n* владение с молчаливого согласия собственника

estate at will *n* бессрочная аренда; бессрочное арендное право

estate for years *n* аренда недвижимости на определенный срок; срочное арендное право

evict *v* выселять

eviction *n* выселение; эвикция

constructive eviction *n* "конструктивная эвикция;" (*принцип, согласно которому действия арендодателя,*

*препятствующие нормальному использованию
арендованного имущества, рассматриваются как
действия, направленные на выселение арендатора*)
court-ordered eviction *n* выселение по решению суда
executor's deed. *See* **deed**
expiration of lease term *n* истечение срока договора аренды
fair housing *n* запрещение расовой и религиозной
дискриминации при продаже домов и сдаче квартир
Federal Home Loan Mortgage Corporation (Freddie Mac) *n*
Федеральная компания по кредитованию жилищного
строительства
Federal Housing Administration (FHA) *n* Федеральное
управление жилищного строительства
fee *n* абсолютное право собственности; земельная
собственность; недвижимость, полученная по наследству
defeasible fee *n* право в недвижимости, подчинённое
резолютивному условию); право на недвижимость,
которое может быть аннулировано
fee simple *n* абсолютное право собственности; право
наследования без ограничений
fee simple absolute *n* безусловное право собственности
fence *n* забор; ограда; ограждение
fixed-date estate *n* аренда недвижимости на определенный
срок; срочное арендное право
fixture *n* движимое имущество, соединенное с недвижимым;
постоянная принадлежность недвижимости
foreclose *v* лишать права пользования; лишать права выкупа
заложенного имущества
foreclosure *n* потеря права выкупа заложенного имущества;
обращение взыскания на заложенную недвижимость;
переход заложенной недвижимости в собственность
залогодержателя
freehold *n* фригольд; безусловное право собственности на
недвижимость
full covenant and warranty deed. *See* **deed**
graduated lease. *See* **lease**
grant *n* подтвержденная документально передача титула на
недвижимое имущество
grantee *n* получатель правового титула; лицо, к которому
переходит право собственности; лицо, получающее
дотацию, субсидию
grantor *n* лицо, передающее права на имущество; учредитель
траста; доверитель; лицо, предоставляющее дотацию
(субсидию)
ground lease. *See* **lease**
habitable *adj* пригодный для проживания
heating *n* отопление
holding period *n* период владения/проживания

holdover tenant *n* арендатор, не освободивший помещение по истечении срока контракта
home equity. *See* **equity**
home equity line of credit. *See* **equity**
home equity loan. *See* **equity**
house *n* жилой дом
housing *n* квартира; жилище; жилищный фонд
    multi-family housing *n* многоквартирный дом
housing court *n* суд по жилищным вопросам; суд, имеющий юрисдикцию над спорами между владельцами и съемщиками
housing project *n* жилой комплекс, строительство которого финансируется правительством; субсидированное жилье
hypothecate *v* закладывать недвижимость; обременять ипотечным залогом
inhabitable *adj* жилой; пригодный для жилья
insured value *n* страховая (застрахованная) стоимость
involuntary lien. *See* **lien**
joint tenancy. *See* **tenancy**
judicial deed. *See* **deed**
junior mortgage. *See* **mortgage**
landlord *n* хозяин; собственник недвижимости; арендодатель
lease *v* сдавать в аренду; брать в наём; брать в аренду / *n* аренда; договор аренды; сдача в наём
    assignment of lease *n* переуступка прав по договору аренды
    commercial lease *n* договор коммерческой аренды; аренда с целью получения дохода
    graduated lease *n* аренда с изменяющейся суммой арендной платы
    ground lease *n* аренда земли; сдача земли в аренду
    proprietary lease *n* вещно-правовая аренда
lease agreement *n* арендный договор
lease expiration *n* истечение срока аренды
leaseholder *n* арендатор; съемщик
lease-hold estate. *See* **estate**
lease term *n* условия аренды; срок аренды
lessee *n* съёмщик; квартиросъемщик; арендатор
lessor *n* арендодатель
lien *n* право ареста имущества за долги; залоговое право; право удержания имущества до уплаты долга
    involuntary lien *n* установленное законом право удержания недвижимого имущества без согласия владельца
    materialman's lien *n*, *also* **mechanics' lien** *n* установленное законом право удержания имущества за долги лицам, предоставляющим свой труд и свои материалы для строительных или ремонтных работ на территории недвижимого имущества, если их труд и материалы не были оплачены, в качестве обеспечения выплаты долга

tax lien *n* залоговое право на имущество в обеспечение уплаты налога

life estate. *See* **estate**

lis pendens (*Lat.*) *n* иск, находящийся на рассмотрении

lis pendens notice *n* официальное уведомление о существовании иска, оспаривающего право собственника на владение недвижимым имуществом

littoral rights. *See* **right**

loan-to value ratio *n* соотношение размера кредита на недвижимое имущество и его залоговой стоимости, по оценке кредитора

lot *n* земельный участок

low-income housing *n* субсидированное жилье; жилье для малоимущих

maintain *v* содержать; обслуживать (поддерживать в рабочем состоянии)

maintenance *n* текущее обслуживание

maintenance fee *n* плата за коммунальные услуги (содержание и эксплуатацию недвижимого имущества)

market value *n* рыночная стоимость

metes and bounds *npl* границы; пределы

mortgage *v* закладывать; получать ссуду под залог недвижимости / *n* ипотека/ипотечный кредит; заклад недвижимого имущества; ипотечный залог

    adjustable rate mortgage (ARM) *n* ипотечный кредит под плавающий процент

    balloon mortgage *n* ипотека «воздушный шар»

    blanket mortgage *n* полная (единая) ипотека (или иное обременение) на собственность заемщика (в случае, если он владеет более чем одним объектом недвижимости)

    junior mortgage *n* последующая, «младшая» ипотека (ипотека, которая по правам уступает первой); вторая или третья закладная

    open-end mortgage *n* «открытая» закладная (по которой сумма долга против заложенного имущества может быть увеличена)

    straight term mortgage *n* «прямая» ипотека

    purchase money mortgage *n* ипотечный залог для целей приобретения недвижимого имущества

    retirement of mortgage *n* полное погашение ипотеки

    wraparound mortgage *n* вторичная ипотека

mortgagee *n* кредитор по ипотечному залогу

mortgage lien *n* обременение, лежащее на имуществе, которое обеспечивает долговое обязательство

mortgage loan *n* ипотечная ссуда

mortgagor *n* должник по ипотечному залогу; заёмщик по ипотечному кредиту

negative covenant. *See* **covenant**

notice to quit *n* уведомление о выселении; предупреждение съёмщику о расторжении договора найма жилого помещения

occupancy *n* временное владение; срок аренды

open-listing agreement *n* договор между владельцем недвижимости и брокером, позволяющий последнему публиковать сведения о продаже недвижимости

option to renew *n* возможность продления договора

owner *n* владелец; собственник

partition *n* раздел (имущества, территории)

party wall *n* межевая стена; стена, разделяющая два помещения, здания или владения, принадлежащая обоим владельцам

permit *n* разрешение (письменное); разрешительный документ; лицензия

plat/plot *n* кадастровый план; план местности; планшет кадастровой съемки

plottage *n* общий размер (участка)

points *npl* дополнительные комиссионные сборы по ипотечным и другим кредитам

possession *n* владение; обладание; объект владения; имущество

premises *npl* помещение (с прилегающими пристройками и участком); дом; владение

prepayment clause. *See* **clause**

principal residence. *See* **residence**

promissory note *n* расписка; долговая расписка

property *n* собственность; право собствености; объект права собственности

property interest *n* право собственности; имущественное право; имущественный интерес

property tax *n* налог на собственность

proprietary lease. *See* **lease**

purchase money mortgage. *See* **mortgage**

quiet enjoyment *n* спокойное владение; спокойное пользование правом

quitclaim deed. *See* **deed**

ratification *n* ратификация, подтверждение

real estate. *See* **estate**

realtor *n* агент по операциям с недвижимостью (продаже, покупке)

redeem *v* выкупать (заложенное имущество); освобождать имущество от залогового обременения

redemption *n* выкуп (заложенного имущества); освобождение от залогового обременения (имущества)

redlining *n* практика «красной черты» (*отказ в выдаче ссуды по закладной на дома в старых или трущобных районах, часто по расовым соображениям*)

referee's deed. *See* **deed**

rent *v* брать, сдавать в аренду / *n* рента (доход с недвижимости); квартплата; арендная плата

    base rent *n* базисная рента; базовый доход от недвижимости

rent control *n* регулирование арендной платы

rent stabilization *n* стабилизация (замораживание) квартирной платы

repossess *v* восстановить в правах собственности

residence *n* место жительства; место пребывания

    principal residence *n* основное место жительства

resident *n* человек, проживающий по указанному адресу; житель; резидент

residential *adj* жилой (о районе города); жилищный; населённый

residential density *n* плотность жилищной застройки

residential market *n* рынок жилой площади

residential market analysis *n* анализ рынка жилой площади

residential property *n* жилищная собственность

restrictive covenant. *See* **covenant**

reversion *n* поворот прав; обратный переход имущественных прав к первоначальному собственнику или его наследнику; право на возврат; право выкупа недвижимости, заложенной или отчуждённой по суду за долги

revocation *n* аннулирование; отмена; отзыв

rider *n* добавление; новая дополнительная статья (в соглашении *и т.п.*); дополнительный пункт (к документу); аллонж (дополнительный лист бумаги к векселю)

right *n* право; правопритязание

    littoral rights *npl* право владения недвижимостью на прибрежной полосе океана, моря, озера

    riparian rights *npl* право собственника прибрежной полосы пользоваться водой и ее недрами (занятие рыбным промыслом, устройство парома и пр.); право собственника пользоваться водными источниками, если они находятся на его земле

right of eminent domain *n* право государства на принудительное отчуждение частной собственности

right of entry *n* право на вхождение во владение недвижимостью

right of first refusal *n* право преимущественной покупки; право первой руки

right of survivorship *n* право одного из совладельцев на собственность после смерти партнёра

Rural Housing Service (RHS) *n* жилищная служба в сельской местности

secondary mortgage *n* вторая ипотека; второй ипотечный займ

secondary mortgage market *n* рынок вторичных ипотечных займов

security deposit *n* обеспечительный платеж; гарантийный депозит

shelter *n* приют; укрытие; убежище

sheriff's deed. *See* **deed**

single-family home *n* дом для одной семьи

special-use permit *n* разрешение, выданное городской администрацией, на совершение определенных операций в той или иной территориальной зоне

squatter *n* «сквоттер»; незаконный жилец; самовольный поселенец

steering *n* незаконная практика выборочного предложения объектов недвижимости клиентам, с учетом их расовой, религиозной или национальной принадлежности

straight term mortgage. *See* **mortgage**

sublease *v* заключить договор субаренды; сдать на правах субаренды; брать в субаренду

sublessee *n* субарендатор; поднаниматель; квартирант

sublet *v* заключить договор субаренды; сдать на правах субаренды; брать в субаренду

subsidized housing *n* субсидированное жилье; жилье для малоимущих

subtenant *n* субарендатор; поднаниматель; квартирант

suit to quiet title *n* иск о признании неограниченного правововового титула

tax deed. *See* **deed**

tax lien. *See* **lien**

tenancy *n* право на владение недвижимостью; аренда; владение на правах аренды (имущественного найма); срок имущественного найма; имущество, взятое в аренду

    estate in joint tenancy *n* право совладельца на собственность при совместном владении недвижимостью

    freehold tenancy *n* владение на основе фригольда (безусловного права собственности на недвижимость)

    joint tenancy *n* совместное владение недвижимостью; совместное проживание; соаренда

tenancy at sufferance *n* владение с молчаливого согласия собственника; проживание жильца на арендуемой площади после истечения срока контракта (как правило, без согласия владельца)

tenancy at will *n* разрешение (владельца недвижимости) на временное проживание (на неопределенный период времени, без контракта); бессрочная аренда

tenancy by the entirety *n* супружеская общность имущества

tenancy in common *n* долевое право собственности на имущество

tenant *n* жилец; квартиросъёмщик; квартирант; арендатор

title *n* титул (правовый документ, подтверждающий право на владение недвижимым имуществом); свидетельство о собственности; право собственности

trespass *v* нарушать чужое право владения; нарушать границы частной собственности

trust deed *n* трастовый договор; трехстороннее соглашение об учреждении доверительной собственности

trustee *n* доверенное лицо (в трастовом договоре)

trustor *n* кредитор по трастовому договору

uninhabitable *adj* необитаемый; непригодный для проживания

utilities *npl* коммунальные услуги

vacate premises *v* освободить помещение

valuation *n* определение стоимости; оценка стоимости

wall *n* перегородка; стена

warranty *n* гарантийный срок пользования предметами, находящимися в купленном доме

waste *n* порча имущества; повреждение и обесценивание имущества

wear and tear *n* износ; износ основных средств

wraparound mortgage. *See* **mortgage**

zoning *n* зонирование; районирование

Immigration Law
Иммиграционные законы

Immigration law deals with the conditions under which foreign persons are admitted to the United States as temporary visitors or permanent residents and with how they become U.S. citizens.

Note: Numbers in parentheses refer to U.S. immigration forms.

A-1 Visa *n* виза А-1
A-2 Visa *n* виза А-2
A-3 Visa *n* виза А-3
abused alien *n* иностранный гражданин –жертва жестокого обращения
abused immigrant spouse *n* жертва супружеского произвола, насилия
accompanying person *n* сопровождающее лицо
accompanying relative *n* сопровождающий родственник
accompanying visa *n* виза сопровождающего лица
acquired citizenship *n* обретенное гражданство
adjustment of status *n* оформление документов на право постоянного проживания в стране
adjust status *v* получить статус постоянного жителя США
admission (*of alien*) *n* разрешение (предоставленное иностранному гражданину) на въезд в страну
advance parole *n* вторичный условный статус
advisal of rights *n* уведомление обвиняемого о его правах
affidavit *n* нотаризованное заявление
affidavit of support (I-864) *n* письменная гарантия оказания материальной поддержки (Форма I-864); аффидевит поддержки
affidavit of support contract between sponsor and household member (I-864A) *n* договор между основным спонсором будущего иммигранта и членом его семьи о предоставлении спонсору дополнительных материальных ресурсов для финансовой поддержки будущего иммигранта (Форма I-864A)
affiliation *n* аффилиация; родственные отношения между компаниями
affirmation *n* заявление (подтверждение) официального лица (не требующее нотаризации)
affirmative asylum application *n* ходатайство о предоставлении политического убежища на административном уровне
agricultural worker *n* сельскохозяйственный рабочий
alien *adj* иностранный / *n* иностранный гражданин (*человек, рожденный за пределами США*)

Иммиграционные законы

alien registration number *n* регистрационный номер иностранного гражданина (*восьмизначный регистрационный номер, который присваивается иностранному гражданину, подавшему петицию в иммиграционную службу, либо если прошв него возбуждено дело о депортации*)

alien resident *n* иностранный гражданин с видом на жительство в США

alternate chargeability *n* указание страны принадлежности по выбору

annual limit *n* ежегодное допустимое количество

Antiterrorism and Effective Death Penalty Act *n* Закон о борьбе с терроризмом и смертной казни за террористическую деятельность

applicant *n* заявитель

applicant for admission *n* заявитель, просящий о предоставлении права въезда в США

applicant for asylum *n* заявитель, просящий о предоставлении убежища

application *n* прошение; заявление; письменное ходатайство

application for adjustment of status *n* прошение о предоставлении статуса постоянного жителя США

application for admission *n* прошение о разрешении на въезд в страну

application for advance processing of orphan petition (I-600A) *n* заявление на право ввоза в США усыновленного ребенка (обычно подается перед усыновлением)

application for cancellation of removal *n* прошение об отмене депортации

application for certification of citizenship (N-600) *n* прошение о выдаче сертификата о гражданстве США (для детей до 18 лет)

application for employment authorization (I-765) *n* прошение о предоставлении временного разрешения на работу

application for replacement of naturalization citizenship document (N-565) *n* Прошение о восстановлении сертификата о натурализации

application to register permanent residence or to adjust status (I-485) *n* Прошение о предоставлении статуса постоянного жителя США (Форма I-485) (*подается только на территории США*)

apply for a visa *v* обращаться за визой

appointment package *n* пакет документов, необходимых для прохождения интервью в службе иммиграции

approval notice *n* уведомление о положительном решении

arrival category *n* статус прибывшего в страну иностранного гражданина

arrival date *n* дата въезда в страну

Arrival-Departure Card/Record (I-94) *n* Белая карта; Форма I-194

arriving alien *n* прибывающий в страну иностранный гражданин

asylee *n* невозвращенец; лицо, получившее убежище на территории чужой страны

asylee status *n* статус невозвращенца

asylum *n* убежище; политическое убежище

asylum officer *n* сотрудник иммиграционной службы, занимающийся проблемами невозвращенцев

asylum seeker *n* проситель убежища; человек, попросивший о предоставлении ему убежища; претендент на предоставление ему политического убежища

asylum supporting documents *npl* документы, прилагаемые к заявлению о предоставлении политического убежища

attestation *n* письменное обязательство

automated nationwide system for immigration review *n* государственная автоматизированная система учета иммиграционных дел

B-1 Visa *n* Виза B-1

B-1/B-2 Visa *n* Виза B-1/B-2

B-2 Visa *n* Виза B-2

bar to asylum *n* запрет на предоставление убежища

bar to readmission *n* запрет на повторный въезд в страну

battered *adj* избитый, травмированный

battered alien *n* иностранный гражданин – жертва жестокого обращения

battered child *n* избитый, травмированный ребёнок

battered spouse *n* жертва супружеской жестокости

battered spouse/child relief *n* защита жертвы супружеского/родительского произвола

battered spouse waiver *n* отказ жертвы супружеского произвола от супружеских обязательств

beneficiary *n* бенефициарий, получатель

biographic(al) information *n* личные (персональные) данные; биографические сведения

border control *n* пограничный дозор

border crosser *n* нарушитель

Border Patrol *n* Охрана безопасности границ США

Border Patrol Sector *n* участок наблюдения пограничного дозора

business non-immigrant *n* иностранный гражданин, находящийся в США в командировке по делам свой фирмы

cancellation of removal *n* отмена высылки из страны

cancellation without prejudice *adj* отмена (решения, разрешения, визы *и пр.*), не предопределяющая окончательного решения вопроса

case number *n* номер дела

certificate of citizenship *n* свидетельство о гражданстве

certificate of naturalization *n* свидетельство о натурализации

changed circumstances *npl* изменившиеся обстоятельства

Immigration Law

change of status *n* изменение статуса иностранного гражданина

chargeability (*as to country of origin*) *n* приписывание места рождения

citizenship *n* гражданство

clear and convincing evidence *n* явное и убедительное доказательство

clear, convincing, and unequivocal evidence *n* ясное, убедительное и недвусмысленное доказательство

clearly and beyond a doubt *adv* однозначно, вне всякого сомнения

co-applicant *n* созаявитель

conditional grant *n* субсидия, предусматривающая выполнение получателем определённых условий

conditional residence visa *n* условный вид на жительство

conditional resident *n* житель США с условным статусом

consular officer *n* консульский чиновник; консульское должностное лицо

consulate *n* консульство

continuous physical presence *n* постоянное физическое присутствие

continuous residence *n* непрерывное пребывание

country of birth *n* страна рождения

country of chargeability *n* страна принадлежности

crewman *n* член экипажа

criminal removal *n* депортация за совершение уголовного преступления

current *adj* текущий

current status *n* статус (иммигранта) на текущий момент

custody redetermination hearing *n* пересмотр меры пресечения

cut-off date *n* крайний срок, до которого разрешены определенные действия, например, подача петиции

danger to the community *n* опасность для общества

declarant *n* иностранный гражданин, подавший документы о предоставлении ему американского гражданства

defensive asylum process *n* прошение о политическом убежище как защита от высылки

deferred inspection *n* отложенная иммиграционная проверка

Department of Homeland Security (DHS) *n* Департамент внутренней безопасности

Department of Labor (DOL) *n* Департамент труда

departure bond *n* денежный залог, гарантирующий отъезд иностранца из США

departure under safeguards *n* контролируемая высылка

dependent *n* иждивенец

deport *v* депортировать; выслать из страны

deportable alien *n* иностранныц гражданин, подлежащий депортации

deportation *n* высылка, депортация

deportation order (I-851) *n* приказ о депортации
derivative beneficiary *n* производный бенефициарий
derivative citizenship *n* производное гражданство
derivative status *n* производный статус
discretion *n* дискреционное усмотрение; право усмотрения; компетенция
   at the discretion of *adv* по усмотрению (*некоторые виды виз и статусы присваиваются по усмотрению консульских работников*)
discretionary relief *n* освобождение от депортации
diversity country *n* страна, участвующая в розыгрыше гринкарт
Diversity Visa (DV) Lottery *n* лотерея на розыгрыш гринкарт
Diversity Visa Program *n* программа предоставления иммиграционной визы по результатам лотереи на розыгрыш гринкарт
documentarily qualified *n* обладающий надлежащими документами
domicile *n* домициль; постоянное место жительства
domiciled *adj* домицилированный; имеющий домициль; имеющий постоянное место жительства; проживающий постоянно
duration of status *n* период действия статуса
education level *n* уровень образования
eligibility *n* обладание правом
   prima facie eligibility *n* наличие основных элементов, предоставляющих определенное право
emigrant *n* эмигрант, переселенец
employment authorization *n* разрешение на работу
English proficiency *n* степень владения английским языком
entitled to be admitted *adj* имеющий право на въезд в страну
establish eligibility as a refugee *v* документально подтвердить право на статус беженца
exceptional circumstances *npl* исключительные обстоятельства
exchange alien *n, also* **exchange visitor** *n* иностранный гражданин, находящийся в стране по культурному, научному или экономическому обмену
exclusion *n* запрет на въезд в страну
expedited hearing *n* ускоренное рассмотрение дела
expedited removal proceeding *n* ускоренное производство по делу о высылке из страны
expiration date *n* дата истечения срока; прекращение действия с истечением срока
expulsion *n* высылка; выдворение из страны
extension of stay *n* продление срока пребывания в стране (по неиммигрантской визе)
extreme cruelty *n* крайняя жестокость; чрезвычайная жестокость
extreme hardship *n* тяжёлое испытание
Family First, Second, Third or Fourth Preference *n* право преференции *(см. Preference System)*

Иммиграционные законы

Family Unity Program *n* Программа воссоединения семей
Federal Poverty Guidelines *npl* Федеральные нормы уровня
  бедности (согласно форме I-864p)
Fiancée Visa *n* виза невесты; виза K-1
filing fee *n* регистрационный сбор; регистрационная пошлина
final order of removal *n* окончательный приказ о депортации,
  не подлежащий обжалованию
firmly resettled *adj* «прочно осевший» (*о беженцах из стран
  постоянного проживания в поисках спасения от
  преследования, получивших либо гражданство, либо вид на
  жительство в другой стране. Эти лица не имеют права
  на получение статуса беженца в США*)
Following to Join *adj* ближайшие члены семьи иностранного
  гражданина/гражданки, получившего/получившей вид на
  жительство в США (иммигрирующие вслед за ним/ней)
Foreign National *n* иностранный гражданин (человек,
  рожденный за пределами *США*)
frivolous application *n* необоснованное ходатайство
gender-related persecution *n* преследование по половому
  признаку
genuine fear *n* обоснованный страх преследования
green card *n* грин-карта; карта постоянного резидента;
  регистрационная карточка въехавшего в страну
  иностранного гражданина; Форма –I-551
habeas corpus *n* Хабеас корпус; право неприкосновенности
  личности; распоряжение о представлении арестованного в
  суд
habeas corpus act *n* закон о неприкосновенности личности
habeas corpus petition *n* ходатайство о рассмотрении дела
  Верховным Судом США при обвинении в тяжком
  преступлении
hold for immigration *n* содержание нелегального иммигранта
  под стражей для последующей депортации
  иммиграционными властями
homeless *adj* бездомный
household income *n* семейный доход
I-551 *n* грин-карта; карта постоянного резидента;
  регистрационная карточка въехавшего в страну
  иностранца; Форма –I-551
identification card *n* удостоверение личности
Illegal Immigration Reform and Immigrant Responsibility Act
  n Закон о реформе иммиграционной системы
immediate family *n* члены семьи
immediate relative *n* ближайший родственник
  гражданина/гражданки США
immigrant *n* иммигрант
  non-profit immigrant *n* иммигрант сверх квоты
  special immigrant *n* специальный иммигрант

immigrant petition *n* ходатайство о предоставлении вида на жительство

immigrant visa *n* виза иммигранта; вид на жительство

immigration *n* иммиграция / *adj* иммиграционный

Immigration and Customs Enforcement (ICE) *n* Охрана безопасности границ США

Immigration and Nationality Act (INA) *n* Основной Закон США об иммиграции

Immigration and Naturalization Service (INS) *n* Служба иммиграции и натурализации США

immigration arrival record *n* иммиграционное досье

immigration examination *n* паспортный контроль

immigration hold *n* содержание нелегального иммигранта под стражей для последующей депортации иммиграционными властями

immigration judge (IJ) *n* судья по иммиграционным вопросам

immigration lawyer/attorney *n* адвокат по иммиграционным вопросам

immigration officer *n* сотрудник иммиграционной службы

immigration record *n* данные о количестве иммигрантов

inadmissible alien *n* иностранный гражданин, не имеющий права въезда в страну

ineligible *adj* не соответствующий требованиям

instruction package *n* пакет с инструкциями

interview *n* интервью

intra-company transfer *n* перевод на работу из зарубежной аффилированной компании в американскую

intra-company transferee *n* иностранный сотрудник, переводимый из зарубежной аффилированной компании в американскую

joint sponsor *n* совместное, коллективное поручительство

K-1 Visa *n* виза невесты; виза К-1

labor certification *n* сертификация Министерства труда

Labor Condition Application (LCA) *n* заявка на приглашение иностранного специалиста

last residence *n* место проживания; последнее место проживания; место постоянного проживания

lawfully admitted *adj* иностранный гражданин, прибывший в страну на законных основаниях

lawful permanent residence *n* постоянное проживание в чужой стране на законных основаниях

lawful permanent resident (LPR) *n* иностранный гражданин с видом на постоянное жительство в чужой стране

lawful permanent resident alien (LPRA) *n* иностранный гражданин с временным видом на жительство в чужой стране

lay worker *n* непрофессиональный работник; неквалифицированный рабочий

Legal Immigration Family Equity (LIFE) Act *n* Закон о
   воссоединении нелегально проживающих в США членов
   семей постоянных жителей США
legalized alien *n* легализованный иностранный гражданин
legitimated *adj* узаконенный
level of education *n* уровень образования
lottery *n* лотерея
Lottery *n* лотерея розыгрыша гринкарт
machine-readable passport (MRP) *n* распознаваемый
   компьютером паспорт
machine-readable visa (MRV) *n* распознаваемая компьютером
   виза
maintenance of status *n* поддержание статуса
mandatory detention *n* принудительное задержание
marital status *n* семейное положение
marriage certificate *n* свидетельство о браке
marriage fraud *n* фиктивный брак
medical waiver *n* медицинская справка
migrant *n* мигрант
moral turpitude *n* моральная нечистоплотность
motion for termination *n* решение о прекращении срока пребывания
national interests *npl* национальные интересы
nationality *n* национальность
naturalization *n* натурализация
naturalization application *n* прошение о натурализации
naturalization ceremony *n* процедура (церемония)
   натурализации, включающая принятие присяги
naturalization papers *npl* документы, подтверждающие факт
   натурализации
naturalized citizen *n* гражданин, прошедший натурализацию
negative factor *n* негативный фактор
non-academic student *n* стажер
non-current *adj* долгосрочный
non-disclosure *n* неразглашение (секретной информации)
   сокрытие; умолчание; утайка (фактов, сведений, данных)
non-immigrant *n* неиммигрант; временно проживающий в
   США иностранный гражданин
non-immigrant resident *n* временно проживающий;
   иностранный гражданин, не имеющий статуса
   постоянного жителя
non-immigrant temporary worker *n* временный сотрудник
non-immigrant visa *n* виза на временное проживание в стране
North American Free Trade Agreement (NAFTA) *n*
   Североамериканское торговое соглашение
notice of consequences for failure to appear *n* уведомление о
   последствиях неявки по вызову
notice of consequences for failure to depart *n* уведомление о
   последствиях невыезда из страны

notice of consequences for failure to surrender to the Immigration and Naturalization Service for removal from the United States *n* уведомление о последствиях неподчинения Службе иммиграции и натурализации относительно высылки из США

notice of consequences for knowingly filing a frivolous asylum application *n* уведомление о последствиях подачи заявления об убежище с заведомо неточными сведениями

notice of deportation hearing *n* уведомление о рассмотрении (слушании) вопроса о высылке (депортации)

notice of intent to issue a final administrative deportation order (form I-851) *n* уведомление о намерении принятия окончательного решения об административной депортации (форма I-851)

notice of intent to rescind *n* уведомление о намерении аннулирования (статуса)

notice of privilege of counsel *n* уведомление о праве иностранного гражданина на юридическую помощь

notice of referral to immigration judge *n* уведомление о необходимости предстать перед судьей по иммиграционным делам

notice of removal hearing *n* уведомление о депортационном слушании

notice of review of claimed status *n* уведомление о пересмотре заявленного статуса

notice to alien detained for inadmissibility (Form I-122) *n* уведомление иностранному гражданину, задержанному в связи с запретом на въезд (Форма I-122)

notice to appear for removal proceedings *n* уведомление о начале депортационного процесса и необходимости присутствовать на нем

numerical limit *n* квоты, определяемые законом для различных категорий иммигрантов

oath *n* присяга, клятва

occupation *n* род занятий

one-year rule *n* «правило одного года» (*срок, в течение которого человек имеет право подать на политическое убежище после въезда в США*)

    exception to "one-year rule" *n* исключение из «правила одного года» (*если человек физически был не в состоянии подать на политическое убежище в течение одного года, или если более чем через год его отсутствия в стране гражданства там произоизошли резкие изменения*)

out-of-status *adj* без статуса

overstay *v* превысить срок пребывания

panel physician *n* врач-эксперт

parole *n* условный статус

parole board *n* комиссия по предоставлению условного статуса

paroled alien *n* иностранный гражданин, получивший условный статус временного проживания в США

parolee *n* лицо, получившее условный статус постоянного проживания в США

parole someone into the U.S. *v* разрешить въезд в США на основании поручительства лица, проживающего в США

passport *n* паспорт

per-country limit *n* годовая квота грин-карт на конкретную страну

permanent resident card (PRC) *n* грин-карта; карта постоянного резидента; регистрационная карточка въехавшего в страну иностранного гражданина; Форма –I-551

petition *n* петиция; ходатайство

petitioner *n* проситель

petition for alien fiancé (-e) (I-129F) *n* ходатайство о въезде жениха-иностранного гражданина, невесты-иностранной гражданки (Форма I- 29F)

petition for alien relative (I-130) *n* ходатайство о воссоединении с родственником-иностранным гражданином (Форма I-130)

petition for review *n* апелляционное ходатайство о пересмотре решения, вынесенного нижней инстанцией

petition to classify orphan as an immediate relative (I-600) *n* ходатайство о классификации сироты как ближайшего родственника (Форма - I-600) (*see* immediate relative)

petition to remove condition (Form 1751) *v* петиция о снятии условного статуса постоянного жителя США – форма1751 (*подается за 90 дней до истечения срока условного статуса*)

place of last entry *n* место последнего въезда в страну

political asylum *n* политическое убежище

port of entry *n* пункт въезда в страну

preclude *v* пресекать

preference category *n* категория иммиграционных преференций

preference immigrant *n* иммигрант с правом внеочередного получения гринкарты

Preference System *n* система преференций

pre-inspection *n* досмотр перед вылетом

prima facie eligibility. *See* **eligibility**

principal alien *n*, *also* **principal beneficiary** *n* основной бенефициарий

priority date *n* дата постановки на учет

public charge *n* лицо, находящееся на государственном попечении (по причине бедности или болезни)

"qualified" immigrant *n* «правомочный» иммигрант

qualifying family relationship *n* родственная связь, дающая право на иммиграцию

quota *n* квота

record of proceeding (ROP) *n* протоколы судопроизводства по делу

records check *n* проверка личного дела

re-entry permission *n* разрешение на повторный (многократный) въезд

refugee *n* беженец

refugee approvals *npl* количество иностранных граждан, получивших статус беженца

refugee arrivals *npl* количество вновь прибывших в США беженцев

refugee authorized admissions *npl* норма допуска беженцев в США

refugee status *n* статус беженца

regional office *n* региональное отделение Иммиграционной службы.

registry date *n* дата регистрации

removable *adj* подлежащий депортации

removable alien *n* иностранный гражданин, подлежащий депортации

removal *n* высылка; депортация

removal hearing *n* слушание по вопросу о высылке из страны

removal of inadmissible and deportable aliens *n* высылка нежелательных иностранцев, подлежащих депортации

removal proceeding *n* производство по вопросу о высылке из страны

removal process *n* процесс высылки из страны

remove *v* выслать; депортировать

remove at government expense *v* депортировать за счет государственных средств

remove from a vessel or aircraft *v* депортировать с борта самолета или судна

remove undocumented aliens *v* депортировать иностранных граждан, не имеющих документов

renewal application *n* заявление о продлении срока пребывания

required departure *n* обязательный выезд из страны

reserved decision *n* отложенное судебное решение

resettlement *n* переселение беженцев на постоянное место жительства за пределами своей страны

residence *n* место проживания; место постоянного проживания

resident alien *n* постоянно проживающий в стране иностранный гражданин

resident alien card *n* грин-карта; карта постоянного резидента; регистрационная карточка въехавшего в страну иностранного гражданина; Форма –I-551

returning resident *n* постоянный житель США, возвращающийся в США для продолжения постоянного жительства

review (*immigration*) *n* пересмотр решений иммиграционных судов федеральными судами

safe haven *n* надёжное убежище
safe third country *n* третья страна убежища (первая страна за пределами родины, кроме США, в которой иностранный гражданин может получить убежище)
sanctions for contemptuous conduct *npl* санкции за нарушение норм поведения
service center *n* сервисный центр Иммиграционной службы
Social Security number (#) *n* номер карточки социального страхования
special agricultural worker (SAW) *n* лицо, регулярно приезжающее в США на сезонные сельскохозяйственные работы
special immigrant *n* специальный иммигрант
special naturalization provisions *npl* особые условия для натурализации
specialty occupation *n* специалист высокого класса
sponsor *n* спонсор; лицо, содействующее иммиграции иностранного гражданина
State Department response *n* ответ Госдепартамента
stateless *adj* не имеющий гражданства
status review *n* пересмотр статуса
stowaway *n* «заяц»
student's visa *n* виза учащегося; студенческая виза
sub-office *n* подотдел; филиал
supporting document *n* подтверждающий документ
surrender for removal *n* явка для депортации
swear in citizens *n* лица, приводимые к присяге на гражданство
swearing-in ceremony *n* церемония приведения к присяге
Temporary Protected Status (TPS) *n* статус временной защиты законом
temporary resident *n* неиммигрант; временно проживающий в США иностранный гражданин
temporary worker *n* временный сотрудник
transit alien *n* иностранный гражданин, следующий через страну транзитом
transitional period custody rules *npl* правила временного пребывания под стражей перед высылкой
Transit Without Visa (TWOV) *n* безвизовый транзит
treaty investor *n, also* **treaty trader** *n* торговый инвестор
treaty trader visa *n* виза торгового инвестора
unaccompanied minor *n* несовершеннолетний, путешествующий без сопровождения взрослых
United Nations Convention against Torture *n* Принятая ООН Конвенция против пыток
unlawfully present *adj* незаконно проживающий в стране
unlawful stay *n* незаконное пребывание в стране
visa *n* виза
    diversity visa *n* иммиграционная виза (лотерея Green card)
    make a request for a visa *v* обращаться за визой

visa waiver pilot program *n* программа безвизового пребывания

Visa Waiver (Pilot) Program (VWP) *n* Программа безвизового посещения

voluntary departure *n* добровольный выезд (из страны)

voluntary departure at the conclusion of proceedings *n* добровольный выезд (из страны) по завершению юридической процедуры высылки

voluntary departure bond *n* денежный залог, гарантирующий добровольный выезд из страны

voluntary departure order *n* постановление о добровольном выезде из страны

voluntary departure prior to completion of proceedings *n* добровольный выезд (из страны) до завершения процедуры высылки

voluntary removal *n* добровольное согласие на выезд из страны

well-founded fear of persecution *n* обоснованный страх преследования

withholding of deportation *n* приостановление депортации

withholding of removal *n* приостановление высылки

Traffic Law
Правовая терминология дорожного движения

Traffic law deals with the rules governing the use of motor vehicles on public highways, the requirements for obtaining a driver's license, requirements concerning insurance, penalties for breaking traffic rules, and methods of enforcing safety measures such as seat-belt requirements and the ban against driving while intoxicated. In the U.S., state law governs most traffic law matters.

accident *n* несчастный случай; катастрофа; авария; дорожно-транспортное происшествие (ДТП)

accident report *n* акт об аварии, акт о несчастном случае

accumulation of points *n* накопление штрафных баллов

aggravated unlicensed operation (AUO) *n* вождение автомобиля после лишения или временного ареста водительского удостоверения

aggressive driver program *n* программа борьбы с лихачеством (в некоторых штатах США)

airbages, driver and front passenger *npl* воздушные подушки для водителя и пассажира на переднем сидении

alcoholic beverage *n* алкогольный напиток

alternate-side parking *n* переменное место парковки по разные стороны улицы (*в связи с необходимостью уборки улиц*)

ambulance *n* автомобиль скорой помощи; машина скорой помощи

answer a ticket. *See* **ticket**

avenue *n* магистральная улица

back-seat driver *n slang* пассажир, дающий водителю указание, как вести машину

blood alcohol concentration (BAC) *n* концентрация алкоголя в крови

brakes *npl* тормоза

braking distance *n* тормозной путь

breathalyzer *n* детектор алкоголя

breath test *n* анализ для определения степени опьянения

bridge *n* мост (сооружение)

buckle up *v* пристегнуть ремень безопасности

careen *v* крениться; накрениться

careless driving *n* неосторожное вождение транспортного средства

Caution *n* Осторожно!

cell phone law *n* закон, запрещающий вести разговоры по сотовому телефону за рулем

Правовая терминология дорожного движения

challenge a ticket. *See* **ticket**

child restraint law *n* закон, требующий использования дополнительных средств безопасности для детей в салоне автомобиля

child safety seat *n* детское сиденье безопасности

citation *n* вызов в суд; повестка о вызове в суд (без предварительного ареста)

clean driving record *n* вождение без нарушений (*аналог русского* «чистый талон предупреждений»)

collision *n* авария, столкновение; наезд

conditional license *n* водительское удостоверение с ограничениями

confiscated license *n* конфискованное водительское удостоверение

contest a ticket. *See* **ticket**

contributory negligence *n* неосторожность потерпевшего, приведшая к несчастному случаю

corner *n* угол (улицы, дома)

court appearance date *n* дата явки в суд

court appearance violation *n* нарушение правил дорожного движения, требующее явки в суд

courtesy notice *n* уведомление, извещение о штрафе

crash *n* авария; столкновение

crossroad *n* перекресток; пересечение дорог; поперечная дорога

crosswalk *n* пешеходный переход (через улицу, дорогу)

curb *n* бровка (тротуара); бордюр (дороги)

curve *n* вираж; крутой поворот

cut off *v* подрезать

Danger знак «Осторожно, впереди опасная или аварийная ситуация»

Dangerous Curve знак «опасный поворот»

dead end *n* тупик

default conviction *n* приговор по умолчанию

defensive driving *n* внимательное, осторожное вождение; контраварийное вождение

defensive driving course *n* курсы по безопасности дорожного движения

Department of Motor Vehicles (DMV) *n* Управление транспортных средств

Department of Transportation (DOT) *n* Министерство транспорта США

designated driver *n* «дежурный водитель» (*водитель, чья обязанность развозить выпивших людей, не имея права при этом пить самому*)

detour *n* объезд

digital driver's license (DDL) *n* цифровое водительское удостоверение

double parking *n* парковка автомобиля во втором ряду (нарушение)

drag race *n* лихачество

drinking and driving offense *n* вождение автообиля в нетрезвом виде

drinking driver program (DDP) *n* курс переподготовки водителей, лишившихся водительского удостоверения из-за вождения в состоянии алкогольного опьянения

driver *n* водитель; шофер

driver improvement program *n* курс повторного обучения

driver record *n* личное дело водителя автомобиля

driver's license *n* удостоверение водителя автомобиля; водительские права

drivers' rules *npl* правила дорожного движения

driving privilege *n* привилегия вождения (*вождение автомобиля рассматривается не как право, а как привилегия, которая при необходимости может быть отобрана*)

driving school *n* автошкола

driving through safety zone *n* проезд через зону безопасности

driving under the influence of alcohol or drugs (DUI) *n, also* **driving while ability impaired (DWAI)** *n* вождение автомобиля в состоянии алкогольного или наркотического опьянения

driving while intoxicated (DWI) *n* вождение автомобиля в нетрезвом состоянии

driving while license suspended *n* вождение автомобиля после того как у водителя изъято водительское удостоверение

driving with an expired license *n* вождение автомобиля с просроченным водительским удостоверением

drunk driving *n* вождение автомобиля в состоянии алкогольного опьянения

emergency brake *n* тормоз экстренного торможения

emergency stop *n* аварийная остановка

emergency vehicle *n* спецмашина (полицейская, пожарная и, т. п.); транспортное средство аварийной службы

exceeding maximum speed limit *n* превышение предельной допустимой скорости движения транспортного средства на определенном участке дороги

fail to yield to pedestrian in crosswalk *v* не пропустить пешехода на пешеходном переходе

failure to appear (FTP) *n* неявка

failure to obey a traffic control device *n* игнорирование знаков, контролирующих скорость движения на дороге

failure to pay fine (FTP) *n* неуплата штрафа за нарушение правил дорожного движения

failure to stop at traffic light *n* проезд на красный свет (светофора)

failure to use turn signals *n* невключение поворотных огней

failure to yield right of way *n* отказ уступить дорогу водителю с правом преимущественного проезда

fake driver's license *n* фальшивые водительские права; поддельные водительские права

fatal accident *n* несчастный случай со смертельным исходом; авария с человеческими жертвами

fatality *n* несчастный случай с летальным исходом

Federal Motor Carrier Safety Administration (FMCSA) *n* Управление безопасности дорожного движения при Министерстве транспорта США

fender-bender (*slang*) *n* легкое дорожно-транспортное происшествие

financial responsibility *n* финансовая ответственность виновной стороны (при аварии)

fix-it ticket *n* акт о наличии неисправности (*напр* неисправный задний габаритный фонарь), обязывающий водителя устранить неисправность

flashing light *n* мигающий свет (светофора); проблесковый световой сигнал; мигалка (проблесковый маячок)

flat tire *n* спустившаяся шина

following distance *n* соблюдение дистанции

following too closely *n* несоблюдение дистанции (следование на слишком коротком расстоянии)

front-seat occupants *npl* пассажиры, сидящие на переднем сиденье

garage *n* гараж, парковка; автомастерская; автосервис

gasoline *n* автомобильный бензин; бензин; топливо

gore zone/point *n* треугольный островок при раздвоении дороги

green light *n* зеленый свет (светофора); разрешение на беспрепятственный проезд

hazard *n* опасность; опасная ситуация; непредвиденное обстоятельство; факторы риска

head-on collision *n* лобовое столкновение (автомобилей); столкновение автомобилей, движущихся навстречу друг другу

hearing *n* слушание дела в суде; разбор дела

high occupancy vehicle (HOV) lane *n* полоса автодороги для автомашин с большим числом пассажиров

highway *n* шоссе; автомагистраль

highway interchange *n* транспортная развязка; транспортная развязка в разных уровнях

highway patrol *n* дорожный патруль

hijacking *n* угон/захват транспортного средства вооруженным преступником/ вооруженными преступниками

hit and run *n* наезд (дорожно-транспортное происшествие), сопровождаемый бегством водителя с места дорожного происшествия

honk *v* нажимать на гудок; гудеть; сигналить; подавать звуковой сигнал

horn *n* клаксон; гудок; звуковой сигнал

impact *n* удар; столкновение

impede traffic *v* создавать помехи уличному движению

impound a vehicle *v* собирать и содержать на штрафной стоянке транспортные средства, арестованные за парковку в неразрешенном месте, до их востребования владельцами

impounded vehicle *n* автомобиль, увезенный на штраф-стоянку за парковку в неразрешенном месте

improper *adj* ненадлежащий; неправомерный

improper passing *n* неправильный обгон

improper turn at traffic light *n* неправильный поворот на перекрестке со светофором

in excess of *adv* превышающий

infraction *n* несоблюдение правил движения; протокол о нарушении правил дорожного движения

injury *n* телесное повреждение; травма

inspection sticker *n* талон техосмотра на лобовом стекле автомобиля

insurance identification card *n* автомобильное страховое удостоверение

insurance settlement *n* выплата страховой компенсации

insurance violation *n* неправильно оформленная страховка автомобиля; отсутствие страховки

intersection *n* перекресток

intoxication *n* интоксикация (наркотическая, алкогольная); состояние опьянения

issuing officer *n* полицейский, выписывающий квитанцию о штрафе за нарушение

jaywalk *v* переходить улицу в неположенном месте; переходить улицу на красный свет

Keep Right/Left держись правой/левой стороны

lane violation *n* нарушение правил проезда по полосам движения

learner's permit *n* водительское удостоверение ученика

leaving the scene of an accident *n* бегство водителя с места дорожного происшествия

left *adj* левый

liability insurance *n* обязательная страховка, возмещающая ущерб пострадавшему во время аварии

license plate *n* номерной знак (транспортного средства)

loss of driving privileges *n* лишение водительского удостоверения/водительских прав

making unsafe lane changes *n* нарушение правил безопасности при смене полосы движения

mandatory appearance violation *n* нарушения правил дорожного движения, требующие явки в суд

mechanical violation *n* автомобиль с техническими неисправностями

median strip *n* разделительная полоса; осевая линия на шоссе

Traffic Law

miles per hour (mph) *n* количество миль в час

motor *n* двигатель; автотранспорт

motorist *n* водитель транспортного средства

moving against traffic *n* езда во встречной полосе движения

moving violation *n* нарушение правил дорожного движения

National Highway Traffic Safety Administration (NHTSA) *n* Национальное управление по безопасности движения автотранспорта

No Parking парковка запрещена

No Standing стоянка запрещена

No Stopping остановка запрещена

no-fault *adj* об иске, по которому принимается решение об ответстенности без установления факта вины

non-mandatory appearance violations *npl* нарушения правил дорожного движения, наказуемые только штрафом и не требующие явки в суд

non-moving violation *n* штраф за нарушения, не связанные с движением автомобиля

notice of suspension or revocation *n* извещение о временном или постоянном лишении водительского удостоверения

off-ramp *n* съезд (с пересечения дорог в разных уровнях)

one-way *adj* одностороннее движение

onramp *n* въезд (на дорогу, на ремонтную эстакаду, и пр.)

open container law *n* «Закон об открытой таре» (*В большинстве штатов законом запрещено употреблять алкоголь в общественых местах, а также иметь при себе откупоренную тару, содержащую алкоголь.*)

overpass *n* переход (над проезжей частью улицы; пешеходный); эстакада (путепровод); верхний уровень транспортной развязки

overtaking and passing *n* обгон

overturn *v* опрокидывать; переворачивать; опрокидываться; переворачиваться

paid parking permit *n* платная парковка

parallel parking *n* параллельное размещение автомобилей на стоянках

parking lot *n* стоянка транспортного средства; автомобильная стоянка; место парковки

parking meter *n* счётчик оплачиваемого времени стоянки транспортного средства

parking ticket. *See* ticket

parking violation *n* нарушение правил парковки

passenger *n* пассажир; пассажирка

passing a stopped school bus *n* обгон стоящего школьного автобуса

passing on the right *n* обгон справа

passing on the shoulder *n* обгон по обочине

payment by mail *n* платеж почтовым переводом

pedestrian crossing *n* пешеходный переход; подземный пешеходный переход

Personal Injury Protection (PIP) *n* защита на случай причинения вреда личности

petty offense *n* мелкое нарушение

point *n* балл (*штраф за каждое нарушение правил доложого движения*)

point system *n* балловая шкала (*система штрафов за нарушения правил дорожного движения, при которой водитель, допустивший нарушение, штрафуется определенным количеством баллов*)

police report *n* справка, выданная полицией

posted speed limit *n* дорожный знак, указывающий допустимую максимальную скорость движения

probationary driver program *n* испытательный срок для начинающего водителя

proof of identity *n* удостоверение личности

proof of insurance *n* документ, подтверждающий наличие страховки на автомобиль

property damage *n* возмещение имущественного ущерба

provisional driver's license *n* временное водительское удостоверение

pull over *v* подъехать к тротуару или к краю дороги и притормозить

"Pull over!" *v* «Прижмитесь к краю тротуара (дороги)!» (*приказ полицейского*)

racial profiling *n* предвзятость полицейского на расовой почве

radar detector *n* антирадар

railroad *n* железная дорога

reaction distance *n* продолжительность реакции; расстояние, проходимое автомобилем за время реакции водителя при торможении автомобиля

reaction time *n* время реакции водителя (*напр.* при торможении автомобиля)

rear-end collision *n* наезд сзади

reckless driving *n* неосторожное вождение; лихачество

red light *n* красный свет (светофора)

reduce speed *v* сбавлять скорость; уменьшать скорость

reduction in points *n* снижение количества штрафных баллов (полученных за нарушения правил дорожного движения)

refusing to submit to a breath test *n* отказ подчиниться проверке на выдох паров алкоголя (с помощью алкогольно-респираторной трубки)

registration *n* регистрация автомобиля

registration card *n* регистрационная карточка автомобиля

registration reinstatement *n* возврат регистрационного номера

reinstatement of a driver's license *n* восстановление водительских прав

Traffic Law

restoration *n* восстановление водительских прав

restriction *n* ограничения в водительских правах (особые требования к водителю, отмеченные в правилах движения)

rest stop/area *n* площадка отдыха (у дороги)

revocation *n* аннулирование водительских прав

right *adj* правый

right of way *n* право первоочередного движения

road *n* шоссе; улица; мостовая; проезжая часть улицы; магистральная улица

road rage *n* агрессивное поведение на дороге

road safety *n* безопасность дорожного движения; правила безопасности дорожного движения

roadside *n, also* **road shoulder** *n* обочина (дороги); придорожная полоса

roll-over *n* опрокидывание автомобиля (дорожное происшествие)

run a red light *v* ехать на красный свет

run a stop sign *v* игнорировать знак остановки

safety responsibility hearing *n* слушание дела о нарушении правил соблюдения безопаности на дороге

Safety Responsibility Law *n* Закон об ответственности за нарушение правил безопасности движения

scene of an accident *n* место аварии; место происшествия

school bus *n* школьный автобус

school zone *n* часть улицы, прилегающая к зданию школы

scofflaw *n* человек, пренебрежительно относящийся к законам, правилам; нарушитель

seat belt law *n* Закон об обязательном пользовании привязным ремнем безопасности во время передвижения в автомобиле

second offense *n* повторное нарушение (правил дорожного движения)

sentence *n* приговор; судебное решение

shoulder *n* плечо; боковая полоса безопасности (на дороге); обочина (дороги)

shoulder harness *n* плечевой ремень безопасности

side collision *n* боковое столкновение

sidewalk *n* пешеходная дорожка (напр. моста); панель; тротуар

sign *n* дорожный знак; указатель

signal for help *v* сигнализировать о помощи; подавать сигнал о том, что необходима помощь

siren *n* звуковой сигнал

slide *n* занос; буксование

slow *adv* медленно

slow speed blocking traffic *n* малая скорость, мешающая движению на дороге

speed bump *n* «лежачий полицейский»

speed contest *n* лихачество

speed limit *n* ограничение скорости движения; дозволенная скорость

speeding ticket. *See* **ticket**
stall on railroad tracks *v* буксовать на железнодорожных путях
standing violation *n* парковка автомобиля под знаком «стоянка запрещена»
state motor vehicle authority *n* автоинспекция
steering wheel *n* рулевое колесо (руль); баранка
stop *v* останавливаться; останавливать
stopping violation *n* проезд под знаком «стоп» без остановки (*нарушение*)
stop sign *n* указатель обязательной остановки
street *n* улица
street race *n* лихачество
subpoena *n* вызов в суд; повестка о вызове в суд (без предварительного ареста)
summary offense *n* нарушение, не влекущее за собой судебное разбирательство
suspended registration *n* временное изъятие регистрационного талона
suspension of a driver's license *n* временное лишение водительских прав
tailgate *v* не соблюдать дистанцию (перед идущим впереди автомобилем)
thoroughfare *n* дорога для движения транспорта
through street *n* сквозной проезд
ticket *n* квитанция штрафа за нарушение правил дорожного движения
    answer a ticket *v* отреагировать на штраф
    challenge a ticket *v* оспорить штраф в суде
    contest a ticket *v* оспорить штраф в суде
    parking ticket *n* штрафной талон за нарушение правил парковки
    respond to a ticket *v* отреагировать на штраф
    speeding ticket *n* штраф за превышение скорости
    traffic ticket *n* штраф за нарушение правил дорожного движения
tinted window *n* окно с тонированным стеклом
tire *n* шина
tire blowout *n* прокол шины
total a car *v* разбить автомобиль вдребезги
tow-away zone *n* район под знаком предупреждения о возможности увоза автомобиля за стоянку в неположенном месте
traffic court *n* суд по делам о нарушениях безопасности движения; транспортный суд
traffic light *n* уличный светофор
traffic offense *n* нарушение правил дорожного движения
traffic rules *npl* правила дорожного движения
traffic sign *n* дорожный знак

Traffic Law

traffic ticket. *See* **ticket**
traffic violations bureau *n* бюро по вопросам нарушений правил дорожного движения
transmission *n* коробка передач; трансмиссия
    automatic transmission *n* автоматическое переключение передач
    gear transmission *n* зубчатая передача
    lever transmission *n* рычажная передача
    manual shift transmission *n* трансмиссия ручного управления
traveling above the speed limit *n* езда с превышением скорости
turn in a license *v* сдать водительское удостоверение (по решению суда)
turn *n* поворот
unattended motor vehicle *n* бесхозное транспортное средство; борошенный автомобиль
underage driver *n* несовершеннолетний водитель
underpass *n* проезд для автомобилей (под проезжей частью улицы)
uninsured motorist (UM) *n* водитель без страховки
uninsured vehicle *n* незастрахованное транспортное средство
unlawful use of median strip *n* запрещенный проезд по разделительной полосе дороги
Vehicle and Traffic Law (VTL) *n* Правила дорожного движения
vehicle code *n* статьи свода правил дорожного движения
vehicle insurance *n* страхование транспортного средства
vehicle registration *n* регистрация автомобиля
vehicular homicide *n* гибель в результате дорожно-транспортного происшествия; смертельный исход в автомобильной катастрофе
violation *n* нарушение правил дорожного движения
violator *n* нарушитель
weave between lanes *v* беспорядочно перемещаться с одной полосы на другую
weaving *n* движение по шоссе «змейкой» (зигзагом)
wheel *n* колесо
    steering wheel *n* рулевое колесо
whiplash *n* травма от внезапного резкого движения головы и шеи
windshield *n* переднее стекло; ветровое стекло; лобовое стекло (*переднее стекло салона автомобиля*)
windshield wiper *n* «дворник»; стеклоочиститель ветрового стекла автомобиля; щётка стеклоочистителя
yellow light *n* жёлтый свет (фары или светофора)
yield *v* уступать дорогу; пропускать
zero tolerance law *n* «полный запрет на спиртное за рулем»

APPENDIX I
Useful Phrases
Полезные фразы

Stop!	Стоять!	[stayAt!]
I am a police officer!	Это полиция!	[Eta palItsiya!]
Stop or I'll shoot!	Стой, или стреляю!	[stOy ili srilAyu!]
You are under arrest!	Вы арестованы!	[vi aristOvani!]
Stand still and don't move!	Стоять! Не двигаться!	[stayAt! Ni dvIgatsa!]
Put your hands behind your head!	Руки за голову!	[rUki za gOlavu!]
Put your hands against the car / the wall!	Руки на машину! / на стену!	[rUki na mashInu! / na stEnu!]
Get out of the car!	Выйти из машины!	[vIyti iz mashIni!]
Lie down on the floor (face down)!	Лежать! Лицом вниз!	[lizhAt! LitsOm vnIs!]
Drop the weapon on the ground!	Брось оружие!	[brOs arUzhiye!]
Don't shoot!	Не стрелять!	[ni strilAt!]
Exit the building!	Покинуть помещение!	[pakInut pamishchEniye!]
Come out with your hands up!	Выходить с поднятыми руками!	[vikhadIti s pOdnatimi rukAmi!]
Open the door, I have a search warrant!	Откройте дверь. У меня ордер на обыск!	[atkrOyte dvEr. u minA Ordir na Obisk!]
Pull over and stop!	Прижмитесь к тротуару и остановите машину!	[prizhmItis k tratuAru i astanavIti mashInu!]
Release that person!	Освободите этого человека (эту женщину)!	[asvabadIti Etava chilavEka (Etu zhEshchinu)!]
Fire!	Пожар!!	[pazhAr!!]
Help!	Помогите! На помощь!	[pamagIti! Na pOmashch!]
Please tell me what happened.	Расскажите, пожалуйста, что случилось.	[raskazhIti pazhAlsta shtO sluchIlas]
I was robbed!	Меня ограбили!	[minA agrAbili]
Please repeat.	Повторите, пожалуйста.	[pavtarIti pazhAlsta]
Please speak more slowly.	Говорите медленнее, пожалуйста.	[gavarIti mEdlineye, pazhAlsta]
Show me your...	Покажите...	[pakazhIti...]
- ID	- ваши документы	- [vAshi dakumEnti]
- driver's license	- ваше водительское удостоверение	- [vAshe vadItilskaye udastavirEniye]
- car registration	- документы на машину	- [dakumEnti na mashInu]
- passport	- ваш паспорт	- [vAsh pAspart]

I am going to give you first aid.	Сейчас я окажу вам первую помощь.	[sichAs ya akazhU vam **p**Ervuyu pOmashch]
Cover this person with a blanket.	Накройте этого человека одеялом.	[nakrOyti Etava chilavEka adiyAlam]
This woman is in labor.	У этой женщины схватки.	[u Etay zhEnshchini skhvAtki]
Do not move this person.	Этого человека нельзя двигать.	[Etava chilavEka nilz**A** dv**I**gat]
Are you choking?	Вы задыхаетесь?	[vi zadikhAitis?]
Is there a doctor here?	Здесь есть врач?	[**zd**Es yEst vrAch?]
Do you speak English?	Вы говорите по английски?	[vi gavar**I**ti pa angl**I**yski?]
Do you understand me?	Вы меня понимаете?	[v**I** min**A** panimAiti?]
What language do you speak?	На каком языке вы говорите?	[na kakOm izik**E** vi gavar**I**ti?]
What country are you from?	Из какой страны вы приехали?	[is kakOy strain vi priyEkhali?]
What is your name?	Как вас зовут?	[kAk vas zavUt?]
Are you lost?	Вы заблудились?	[vi zablud**I**lis?]
Where do you live?	Где вы живете?	[gd**E** vi zhivOti?]
Where are your parents?	Где твои/ваши родители?	[gd**E** tvayI / vAshi rad**I**tili?]
Is there anyone (else) here?	Здесь кто-нибудь есть?	zdEs ktO-nibud yEest?]
Are you hurt?	Вам больно?	[vAm bOlna?]]
What hurts you?	Где больно?	[gdE bOlna?]
Do you need a doctor?	Вам нужен врач?	[vAm nUzhin vrAch?]
Do you wish to make a statement?	Вы хотите сделать заявление?	[vI khat**I**ti **zd**Elat zaivlEniye?]
You may make a telephone call.	Вы можете позвонить.	[vI mOzhiti pazvan**I**t]
You may call a lawyer.	Вы имеете право пригласить адвоката.	[vI imeEiti prAva priglas**I**t advakAta]
You may contact your consulate.	Вы имеете право связаться со своим консульством.	[vI imeEiti prAva sviz**A**tsa sa svayIm kOnsulstvam]
Please come with me.	Пожалуйста, пройдемте со мной.	[pazhAlsta praydOmti sa mnOy]
Please wait here.	Подождите здесь, пожалуйста.	[padazh**d**Iti **zd**Es, pazhAlsta]
Please read this.	Пожалуйста, прочтите это.	[pazhAlsta pracht**I**ti Eta]
Please sign this.	Пожалуйста, подпишите это.	[pazhAlsta patpishIti Eta]
Do you know how to read/write (English/Russian)?	Вы умеете читать/писать (по русски/по английски)?	[vI um**E**iti chitAt/pisAt (parUski? Pa angl**I**yski?)]
Please fill out this form.	Пожалуйста, заполните этот бланк.	[pazhAlsta zapOlniti Etat blAnk]
You are free to go.	Вы свободны.	[vI svabOdni]
Thank you.	Спасибо.	[spas**I**ba]

APPENDIX II
Miranda Warnings
Права арестованного

You have the right to remain silent. If you give up that right, anything you say can and will be used against you in a court of law. You have the right to an attorney and to have an attorney present during questioning. If you cannot afford an attorney, one will be provided to you at no cost. During any questioning, you may decide at any time to exercise these rights, not answer any questions or make any statements.

Вы имеете право хранить молчание. Если вы отказываетесь от этого права, все, что вы скажете, может быть использовано против вас в суде. Вы имеете право на адвоката и на его присутствие во время допроса. Если у вас нет средств, чтобы нанять адвоката, вам будут предоставлены бесплатные юридические услуги . Вы можете в любое время и в течение любого допроса использовать вышеуказанные права, не отвечать на вопросы и не делать никаких заявлений.

[vI im**E**yete pr**A**va khran**It** malch**A**niye. Y**E**sli vI **A**tkazi-vaitis at **E**tava pr**A**va, f**sO** shta vl sk**A**zhiti m**O**zhit b**It** isp**O**lzavana pr**O**tiv v**A**s f su**dE**. vI im**E**ite pr**A**va na advak**A**ta I na iv**O** pris**U**tstviye va vr**E**ma dapr**O**sa. y**E**sli u v**A**s **nE**t sr**E**tstf shtobi nan**A**t advakata, v**A**m b**U**dut pridast-**A**vlini bispl**A**tniye yurid**I**chiskiye usl**U**gi. vI m**O**zhiti v lub**O**ye vr**E**ma I f tich**E**niye lub**O**va dapr**O**sa isp**O**lzavat vIsheukAz**a**niye pravA, ni atvich**A**t na vapr**O**si I ni **dE**lat nikakikh zayavl**E**niy.]

APPENDIX III
Immigration Forms
Иммиграционные анкеты

affidavit of support (I-864) *n* письменная гарантия оказания материальной поддержки (Форма I-864)

affidavit of support contract between sponsor and household member (I-864A) *n* договор между основным спонсором будущего иммигранта и членом его семьи о предоставлении спонсору дополнительных материальных ресурсов для финансовой поддержки будущего иммигранта (Форма I-864A)

application for adjustment of status *n* прошение о предоставлении статуса постоянного жителя США

application for admission *n* прошение о разрешении на въезд в страну

application for advance processing of orphan petition (I-600A) *n* заявление на право ввоза в США усыновлённого ребёнка (обычно подается перед усыновлением)

application for cancellation of removal *n* прошение об отмене депортации

application for certification of citizenship (N-600) *n* прошение о выдаче сертификата о гражданстве США (для детей до 18 лет) (в отличие от сертификата о натурализации)

application for employment authorization (I-765) *n* прошение о предоставлении временного разрешения на работу

application for replacement of naturalization citizenship document (N-565) *n* Прошение о восстановлении сертификата о натурализации

application to register permanent residence or to adjust status (I-485) *n* Прошение о предоставлении статуса постоянного жителя США (Форма I-485) (подается только на территории США)

approval notice *n* уведомление о положительном решении (Форма 1-797)

Arrival-Departure Card/Record (Form I-94) *n* Белая карта; Форма I-194

deportation order (I-851) *n* приказ о депортации (Форма I-851)

green card / permanent resident card (PRC) / resident alien card (I-551) *n* грин-карта; карта постоянного резидента; регистрационная карточка въехавшего в страну иностранного гражданина; Форма –I-551

notice to alien detained for inadmissibility (Form I-122) *n* уведомление иностранному гражданину, задержанному в связи с запретом на въезд (Форма I-122)

petition for alien fiancé(-e) (I-129F) *n* ходатайство о въезде
невесты-иностранной гражданки, жениха-иностранного
гражданина (Форма I-129F) (обязательно заключение
брака в течение 90 дней после въезда в страну)
petition for alien relative (I-130) *n* ходатайство о
воссоединении с родственником-иностранным
гражданином (Форма I-130)
petition for review *n* апелляционное ходатайство о пересмотре
решения, вынесенного нижней инстанцией
petition to classify orphan as an immediate relative (I-600) *n*
ходатайство о классификации сироты как ближайшего
родственника (Форма - I-600) (*см.* immediate relative)

www.ingramcontent.com/pod-product-compliance
Lightning Source LLC
Jackson TN
JSHW011354130125
77033JS00023B/688